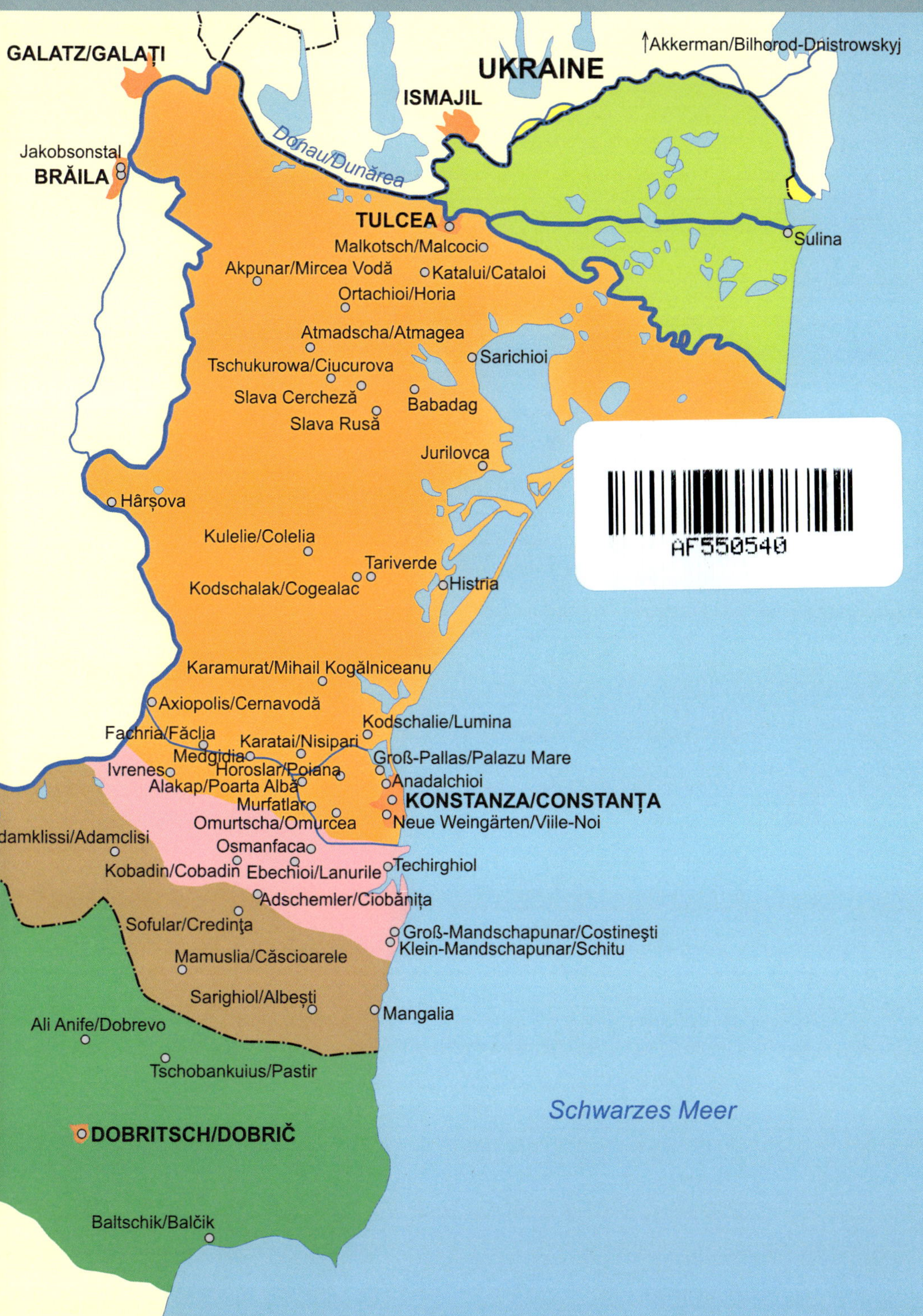
GALATZ/GALAŢI
UKRAINE
↑Akkerman/Bilhorod-Dnistrowskyj
ISMAJIL
Jakobsonstal
BRĂILA
Donau/Dunărea
TULCEA
Sulina
Malkotsch/Malcoci
Akpunar/Mircea Vodă
Katalui/Cataloi
Ortachioi/Horia
Atmadscha/Atmagea
Sarichioi
Tschukurowa/Ciucurova
Slava Cercheză
Babadag
Slava Rusă
Jurilovca
Hârşova
Kulelie/Colelia
Tariverde
Histria
Kodschalak/Cogealac
Karamurat/Mihail Kogălniceanu
Axiopolis/Cernavodă
Kodschalie/Lumina
Fachria/Făclia
Karatai/Nisipari
Medgidia
Groß-Pallas/Palazu Mare
Ivrenes
Horoslar/Poiana
Anadalchioi
Alakap/Poarta Albă
KONSTANZA/CONSTANŢA
Murfatlar
Omurtscha/Omurcea
Neue Weingärten/Viile-Noi
Adamklissi/Adamclisi
Osmanfaca
Kobadin/Cobadin
Ebechioi/Lanurile
Techirghiol
Adschemler/Ciobăniţa
Sofular/Credinţa
Groß-Mandschapunar/Costineşti
Klein-Mandschapunar/Schitu
Mamuslia/Căscioarele
Sarighiol/Albeşti
Mangalia
Ali Anife/Dobrevo
Tschobankuius/Pastir
Schwarzes Meer
DOBRITSCH/DOBRIČ
Baltschik/Balčik

Josef Sallanz

Dobrudscha

POTSDAMER BIBLIOTHEK ÖSTLICHES EUROPA
GESCHICHTE

Dobrudscha

Deutsche Siedler zwischen Donau und Schwarzem Meer

von Josef Sallanz

Gefördert von:

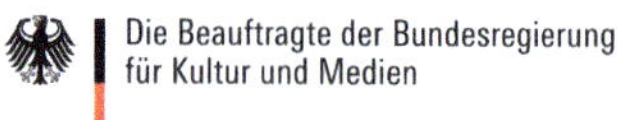

Berliner Straße 135, Haus K1
14467 Potsdam
www.kulturforum.info

Redaktion und Lektorat: Ariane Afsari
Redaktionsassistenz: Greta Dădălău, Thomas Geuchen
Fachlektorat: Thomas Schares, Harald Roth
Gestaltung und Layout: Poli Quintana, www.interlinea.de
Satz: Friedrich, Berlin
Umschlaggestaltung: Burkhard Felies
Abb. Cover (v. l. n. r.): Ausschnitt aus dem Gemälde *Panorama la Balcic* von Vasile Mureşan-Murivale, 2017 (komplett auf S. 56 u.), © Vasile Mureşan-Murivale; Siegfried Leyer auf einem Esel in Kobadin, um 1937, © Siegfried Leyer; römisch-katholische Kirche St. Antonius von Padua in Karamurat, 2014, © Josef Sallanz.
Abb. Nachsatz: Deutsches Bauerngehöft in Tariverde; aus: *Bilder aus der Dobrudscha 1916–1918*. Constanza 1918
Druck und Bindung: booksfactory, Szczecin

ISBN 978-3-936168-73-0

Inhalt

Vorwort und Dank des Autors

Die Dobrudscha ist vielen Mittel- und Westeuropäern nach wie vor wenig bekannt. Dabei bildet heute die Region zwischen Donau und Schwarzem Meer, die sich Rumänien und Bulgarien teilen, einen Grenzraum der Europäischen Union. Und dass in der Dobrudscha hundert Jahre lang auch deutsche Siedler gelebt haben, ist selbst in Rumänien und Bulgarien nur noch wenigen bewusst. Die Generation der 1940 fast vollständig ins Deutsche Reich umgesiedelten Dobrudschadeutschen ist inzwischen achtzig Jahre und älter. Die Landsmannschaft der Dobrudscha- und Bulgariendeutschen hat sich inzwischen aufgelöst. Einige wenige Nachkommen der Dobrudschadeutschen bemühen sich allerdings, die Erinnerung an diese Volksgruppe wachzuhalten und Spuren der deutschen Siedler zu bewahren, beispielsweise mit dem Projekt »Offene Kirche Malkotsch« (s. S. 131 f.). Diesem Unterfangen des Erinnerns und Bewahrens fühlten sich auch mehrere Thementage zur Dobrudscha und zu den Dobrudschadeutschen verpflichtet, die vom Deutschen Kulturforum östliches Europa (Potsdam), dem Institut für Volkskunde der Deutschen des östlichen Europa (IVDE, Freiburg) und dem Institut für deutsche Kultur und Geschichte Südosteuropas e. V. an der Ludwig-Maximilians-Universität (München) in Berlin, Freiburg im Breisgau und in München sowie in Mainz in Zusammenarbeit mit dem Historischen Seminar der Johannes Gutenberg-Universität in den Jahren 2012 bis 2015 durchgeführt wurden.

Aufgrund mehrerer Forschungsaufenthalte im Rahmen meiner Dissertation zum Bedeutungswandel von Ethnizität in der Dobrudscha nach dem politischen Umbruch von 1989 ist mir die Region bereits seit Längerem vertraut. Bei den Diskussionen mit Kolleginnen und Kollegen während dieser Veranstaltungen reifte die Idee, mich nun auch näher mit den schon sprichwörtlich »vergessenen« Dobrudschadeutschen zu befassen. In dem Forschungsprojekt »Deutsche und ihre Nachbarn in der Dobrudscha. Zu den Verflechtungen ethnischer Gruppen zwischen Donau und Schwarzem Meer«, welches von der Beauftragten der Bundesregierung für Kultur und Medien (BKM) gefördert wurde, widmete ich mich in erster Linie Fragen der soziokulturellen Entwicklung der Siedlergruppe der Dobrudschadeutschen, aber auch ihren Kontakten zu den anderen Ethnien in der Region. Das Forschungsprojekt wurde am Historischen Seminar der Johannes Gutenberg-Universität Mainz durchgeführt und von Prof. Dr. Hans-Christian Maner betreut.

In diesem Rahmen hielt ich mich 2014 gut zwei Monate zu Archiv- und Feldforschungen in der Dobrudscha und in Bukarest auf. Meine Recherchen unternahm ich vornehmlich in den Archiven der Verwaltungskreise Konstanza/Constanța und Tulcea sowie im Schularchiv der ehemals deutschen Siedlung Tschukurowa/Ciucurova, in der Ion-N.-Roman-Kreisbibliothek in Konstanza und in der Panait-Cerna-Kreisbibliothek in Tulcea. Außerdem besuchte ich die größeren Orte und Dörfer der Region, um mit der jetzigen Bevölkerung der ehemals deutschen Siedlungen über ihre Wahrnehmung und Erinnerungen an die früheren deutschen Dorfbewohner zu sprechen. Es handelte sich hierbei um die Siedlungen Atmadscha/Atmagea, Malkotsch/Malcoci, Katalui/Cataloi, Sulina und Tschukurowa sowie Tulcea im Kreis Tulcea; Kulelie/Colelia, Tariverde, Kodschalak/Cogealac, Karamurat/Mihail Kogălniceanu, Kodschalie/Lumina, Groß-Pallas/Palazu Mare, Neue Weingärten/Viile Noi, Horoslar/Poiana, Fachria/Făclia, Kobadin/Cobadin, Groß-Mandschapunar/Costinești, Klein-Mandschapunar/Schitu, Mangalia, Sarighiol/Albești, Techirghiol, Mamuslia/Căscioarele und Konstanza im Kreis Konstanza. In der bulgarischen Süddobrudscha besuchte ich die Siedlungen Tschobankuius/Pastir und Kalfa-Ali Anife/Dobrevo sowie Dobritsch/Dobrič und Baltschik/Balčik, wo bis zur Umsiedlung ebenfalls deutsche Siedler zu Hause waren. In zwei Orten ist es mir zudem gelungen, noch dort lebende Dobrudschadeutsche zu interviewen. Dabei konnte ich auch noch einige materielle Spuren der Dobrudschadeutschen entdecken.

Hinzu kamen in Bukarest und in der Dobrudscha Treffen mit Dobrudscha-Spezialisten, mit denen ich über die Ziele des Forschungsprojekts ausführlich diskutieren konnte: Prof. Dr. Tasin Gemil, Direktor des Instituts für Turkologie und zentralasiatische Studien der Babeș-Bolayi-Universität Klausenburg/Cluj, Dr. Dr. h.c. Elena Siupiur und Dr. Stelu Șerban, beide vom Institut für Südosteuropa-Studien der Rumänischen Akademie, Prof. Dr. Valentin Ciorbea und Dr. Enache Tușa von der Fakultät für Geschichte und Politikwissenschaft der Ovid-Universität Konstanza. Außerdem stand ich mit Radoslav Simeonov, wissenschaftlicher Mitarbeiter am Regionalen Historischen Museums im bulgarischen Dobritsch, und mit Vesela Pelova, wissenschaftliche Mitarbeiterin im Bulgarischen Staatsarchiv Regionaldepartement Wraza, in Kontakt.

Von großer Wichtigkeit waren für das Vorhaben auch die Gespräche mit dem ehemaligen Vorsitzenden des Zentrumsforum der Deutschen in Konstanza, Walter Rastätter, der inzwischen verstorben ist, sowie mit seiner Nachfolgerin Anemaria Czernak und der ehemaligen Leiterin des rumänisch-deutschen Kindergartens in der Begegnungsstätte der Deutschen, Frau Vintilă, sowie mit dem Vorsitzenden des Ortsforums Tulcea, Richard Wagner. Des Weiteren habe ich mich in Konstanza und Tulcea mit Vertretern des Demokratischen Verbandes der Turko-Muslimischen Tataren in Rumänien und des Türkischen Demokratischen Verbandes in Rumänien getroffen, um über das Zusammenleben der verschiedenen Ethnien in der Dobrudscha in Vergangenheit und Gegenwart zu diskutieren. Unvergessen sind mir zudem die langen Gespräche mit dem inzwischen verstorbenen Leiter des Archivs des Kreises Konstanza, Dr. Virgil Coman.

Wichtig für das Vorhaben waren ferner die Forschungen am Politischen Archiv des Auswärtigen Amtes (Berlin), dem Bundesarchiv (Berlin) und am IVDE. Letzteres beherbergt unter anderem den bislang kaum ausgewerteten Nachlass von Otto Klett/Johannes Niermann zur Dobrudscha und ihren deutschen Siedlern. Besonders ertragreich waren die umfangreichen ethnologischen Befragungen, die Johannes Niermann (1940–1998),

Professor für Vergleichende Pädagogik an der Universität zu Köln, zwischen 1991 und 1995 unter den umgesiedelten Dobrudschadeutschen in Deutschland vorgenommen hat. Prof. Niermann ist kurz nach Beendigung der Befragungen verstorben. Die umfangreichen Schrift- und Tondokumente aus dem Forschungsprojekt sind bislang kaum ausgewertet. Für diese Publikation konnte somit erstmals wertvolles Material zu den Lebenswelten der Dobrudschadeutschen und ihrer Nachbarn gesichtet werden, aus dem ausführlich zitiert wird, wenn auch der größte Teil der Sammlung noch seiner Erschließung harrt. Susanne Brenneisen, Dr. Hans-Werner Retterath, Prof. Dr. Michael Prosser-Schell und allen Mitarbeitern des IVDE danke ich für die Unterstützung während meines Forschungsaufenthalts in Freiburg.

Ich hatte zudem Gelegenheit, mit einigen Dobrudschadeutschen und ihren Nachkommen in Deutschland zu sprechen, besonders auf dem Dobrudscha-Treffen in Freyburg/Unstrut und während der Dobrudscha-Seminare in Heppenheim und Bad Kissingen. Besonders ausführlich konnte ich mich mit den Familien Leyer (Heilbronn) und Issler (Nördlingen) unterhalten, die mir einiges Bildmaterial für diese Veröffentlichung zur Verfügung stellten. Ihre Beiträge waren nicht zuletzt auch für die Erstellung dieser Überblicksdarstellung über dobrudschadeutsches Leben in dem multiethnischen Gebiet zwischen Donau und Schwarzem Meer von großem Wert.

Nicht zuletzt gilt mein großer Dank dem Deutschen Kulturforum östliches Europa für die Aufnahme meines Bandes in seine Reihe *Potsdamer Bibliothek östliches Europa*.

Willkommen in der Dobrudscha!
Das Weingut Leyer in Kobadin
vor der Weinlese.

Müßig und leblos brach liegt das verlassene Land.
Hier verbirgt keine süße Traube der Schatten des Weinstocks,
und es füllen sich nicht Kufen mit gärendem Most. [...]
Fluren würdest Du sehen, die nackt, ohne Laub, ohne Baum sind.
Wehe, ein glücklicher Mann bleibe nur ferne von hier!

Ovid, Briefe aus der Verbannung, *Tristium III, 10. Mannheim 2011, S. 155*

Die Dobrudscha – Region zwischen Donau und Schwarzem Meer

Die historische Region Dobrudscha erstreckt sich zwischen dem Schwarzen Meer im Osten und der Donau im Westen, dem Donaudelta im Norden und der hügeligen Landschaft Ludogorie in Bulgarien im Süden. Die Norddobrudscha (rum. *Dobrogea Veche* oder *Dobrogea de Nord*, bulg. *Severna Dobrudža*) besteht aus den beiden Verwaltungskreisen Tulcea und Konstanza/Constanța; die im Südosten Rumäniens gelegene Region ist 15 570 Quadratkilometer groß. Die Süddobrudscha (bulg. *Južna Dobrudža*, rum. *Cadrilater, Dobrogea Nouă* oder *Dobrogea de Sud*) erstreckt sich im Nordosten Bulgariens auf einer Fläche von 7 565 Quadratkilometern; sie besteht im Wesentlichen aus den Verwaltungsbezirken Dobritsch und Silistra. Im September 1940 gelangte die

▲ Tor in die Dobrudscha – die ehemalige König-Karl I.-Brücke ist heute nach Anghel Saligny, dem damaligen Leiter der Bauabteilung der Rumänischen Eisenbahn, benannt. Mit 1 662 Metern Länge war sie bei der Eröffnung 1895 eine der größten Eisenbahnbrücken Europas. Heute ist die Eisenbahnstrecke stillgelegt, 1987 wurde fünfzig Meter flussaufwärts die Cernavodă-Brücke für den Auto- und Bahnverkehr eröffnet.

Die in Anlehnung an Auguste Rodins Skulptur *Der Denker* benannte männliche Plastik und ihr weibliches Gegenstück sind im Nationalmuseum für Geschichte und Archäologie in Konstanza ausgestellt.

Süddobrudscha im Vertrag von Craiova an Bulgarien. Die Dobrudscha bildet somit das Grenzgebiet zwischen Südostrumänien und Nordostbulgarien.

Antike

Das Gebiet der Dobrudscha war bereits zur Altsteinzeit (Paläolithikum) von Menschen besiedelt. Während der Jungsteinzeit (Neolithikum) entstanden Kulturen, von denen herausragende Artefakte erhalten sind, beispielsweise die Hamangia-Kultur, die später in der Gumelnitza-Kultur aufging. Bekannt sind etwa das männliche und das weibliche Terrakotta-Idol, die in einem Grab in Cernavodă gefunden wurden und der Hamangia-Kultur (etwa zwischen 5 000 und 6 000 v. Chr.) zugerechnet werden.

In der Antike lebten in der Region die Geten, ein Zweig der mit den Dakern verwandten Thraker, sowie die Skythen, ein Volk der nordostiranischen Sprachgruppe. Ab 700 v. Chr. wurden im Zuge der griechischen Siedlungsexpansion ins Schwarze Meer an der Küste die Handelskolonien Istros (heute die Ruinenstadt Histria), Tomis (Konstanza), Partenopolis (türk. *Mangeapunar,* Groß-Mandschapunar/Costinești), Kallatis (Mangalia) sowie Krounoi bzw. Dionysopolis (Baltschik/Balčik) und an der Donau Axiopolis (Cernavodă) gegründet. Zu dieser Zeit war die Region als Linker Pontos bekannt.

Ab dem 1. Jahrhundert v. Chr. gehörte die Dobrudscha zum Römischen Reich und wurde Mitte des 1. Jahrhunderts n. Chr. als Teil des Thrakerreichs in die rö-

Karte aus der Zeit der Herrschaft des bulgarischen Königs Iwan Assen II., kurz vor der Einnahme der Dobrudscha durch Nogai Khan.

mische Provinz Moesia (Moesien) einbezogen. In römischer Zeit kamen die Goten in die Region, angezogen vom Wohlstand in Moesia. Ab dem Ende des 3. Jahrhunderts wurde die Region selbständige Provinz und lateinisch *Scythia minor* genannt. Rund hundert Jahre später stand das Gebiet der heutigen Dobrudscha über ein Jahrtausend hinweg, bis ins 13. Jahrhundert, abwechselnd unter byzantinischer und bulgarischer Herrschaft. Bereits ab der Mitte des 11. Jahrhunderts sind auch Turkvölker auf dem heutigen Gebiet der Dobrudscha nachgewiesen. Mit Erlaubnis des byzantinischen Kaisers Konstantin IX. Monomachos ließen sich 1048

Petschenegen in der Region nieder. Ebenfalls aus Zentralasien wanderten 1064 die Oghusen ein, die später von den Petschenegen und Kumanen besiegt wurden. Die Überlebenden der Eroberungszüge verblieben auf dem Gebiet der Dobrudscha und Makedoniens. Die Nachkommen der Oghusen sind wahrscheinlich die christlich-orthodoxen Gagausen, die heute hauptsächlich in der Republik Moldau und in der Ukraine leben.

Ende des 13. Jahrhunderts beherrschte der Kommandant der Goldenen Horde (tatar. *Altın Urda*, türk. *Altın Ordu*) Kara Nogai mit seiner Gefolgschaft die Steppengebiete von der Dobrudscha bis zur unteren Wolga und zum Kaukasus. Mitte des 14. Jahrhunderts verlor aufgrund der schwachen Zentralmacht das Zweite Bulgarenreich die Region um Karwuna (Baltschik). Bulgarische Bojaren errichteten auf dem Gebiet das Despotat Dobrudscha (oder Despotat Karwuna), das unter Dobrotiza eine gewisse Eigenständigkeit erlangte. Auf diesen Herrscher geht wahrscheinlich auch der Name »Dobrudscha« zurück; andere Theorien leiten den Namen der Region aus dem slawischen Wort für Eichenwald bzw. Eichenhain (*dăb,* »Eiche«; *rošta,* »Hain«) ab.

Denkmal für den Bojaren Dobrotiza im heute bulgarischen Dobritsch/Dobrič

Schon in seiner frühen Geschichte erweist sich also das Gebiet der Dobrudscha als Durchzugsraum, mit den wechselnden Herrschaften wird auch die Bevölkerung immer wieder umgewälzt, so dass sich so etwas wie ein autochthoner Dobrudschabewohner nicht entwickeln kann. Der bis heute erhaltene Charakter der Region als pluriethnischer Durchmischungsraum wird bereits in der Zeit der Antike angelegt.

Die Dobrudscha unter osmanischer Herrschaft

Die Dobrudscha wurde nach dem kurzen Zwischenspiel als eigenständige Herrschaft in mehreren Etappen vom Osmanischen Reich in Besitz genommen. Bereits Ende des 14. Jahrhunderts eroberte Sultan Bayezid I. die strategisch wichtigen Orte Enisala und Isaccea (türk. *Isakça*).

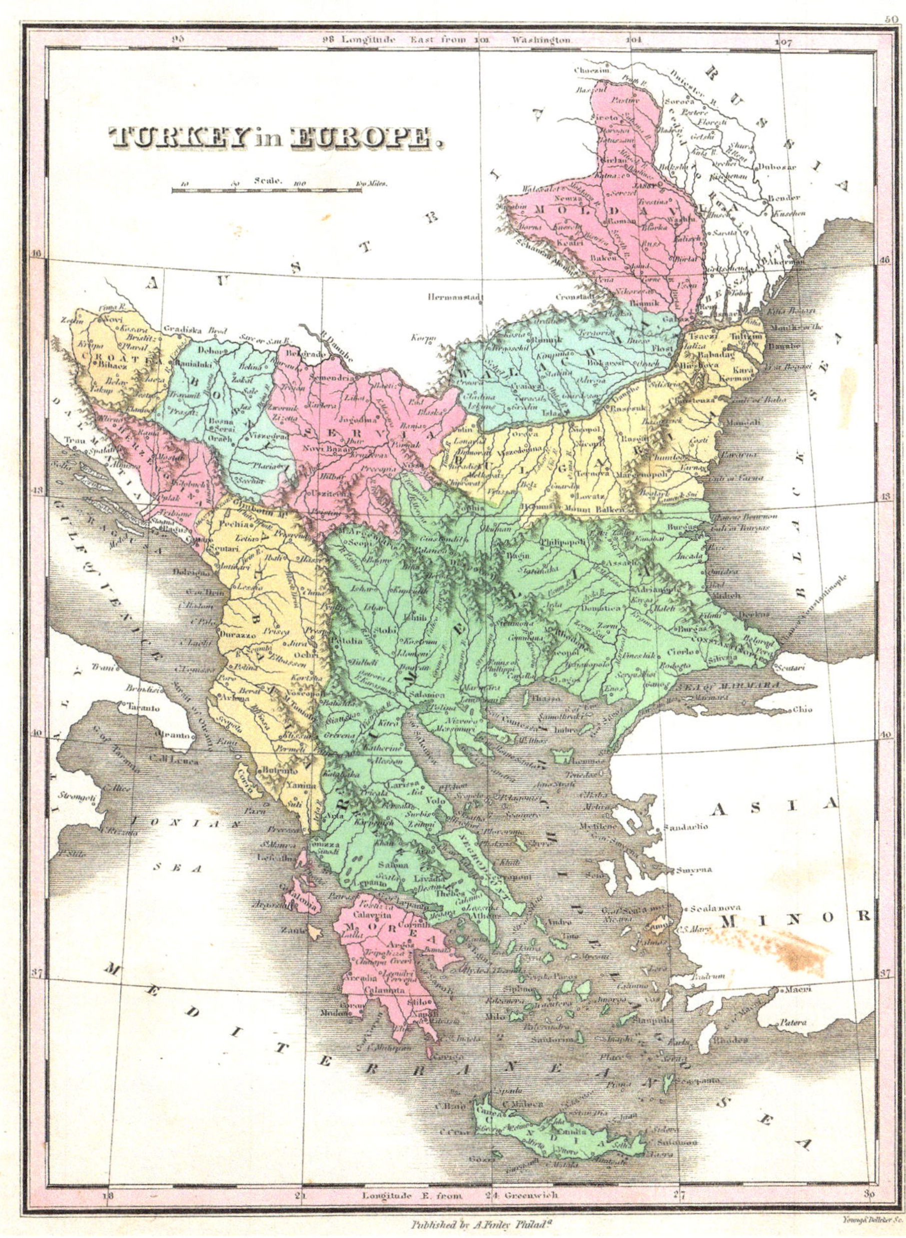

Karte von Anthony Finley aus dem Jahr 1827 mit dem Teil Europas, den das Osmanische Reich im frühen 19. Jahrhundert für sich beanspruchte

Aufgrund der strategischen Bedeutung der Dobrudscha begann er mit der Ansiedlung von nordpontischen Tataren und anatolischen Türken zwischen Donau und Schwarzem Meer. Nach der Niederlage von Sultan Bayezid I. gegen den mongolischen Eroberer Timur Lenk bei der Schlacht von Angora 1402 gelang es dem walachischen Fürsten Mircea dem Alten (*Mircea cel Bătrân*) 1404, die Dobrudscha kurzzeitig in seinen Besitz zu bringen. Während seiner Herrschaft in der Region siedelten sich vermutlich erstmals Walachen dort an.

Nach der Beilegung von Thronfolgestreitigkeiten wurde Mehmed I. neuer Sultan im Osmanischen Reich und eroberte um 1420 die Dobrudscha wieder zurück. Anders als in den Fürstentümern Moldau und Walachei erfuhr das wirtschaftliche, religiöse und kulturelle Leben in der Region danach eine durchgreifende Orientalisierung. Die Moldau und die Walachei gelangten zwar in eine politische Abhängigkeit zur Hohen Pforte und mussten Tributleistungen an Konstantinopel entrichten, wurden aber keine osmanischen Provinzen.

Die Dobrudscha wurde ebenfalls nicht zur eigenständigen osmanischen Provinz (*beylerbeylik*, später *eyâlet*, ab 1845 *vilâyet*), sondern der Provinz Rumelien angegliedert. Die Dobrudscha gehörte mit dem Osten und Nordosten des heutigen Bulgarien und dem heute ukrainischen Budschak zum Sandschak (türk. *sancak*) – also Kreis – Silistra. Im 17. Jahrhundert wurde der Sandschak Silistra der Provinz Özi/Otschakiw eingegliedert, der neben der Dobrudscha auch Südbessarabien mit Akkerman/Bilhorod-Dnistrowskyj, Bender/Tighina und Chilia/Kilija angehörten. Als das osmanische Bessarabien 1812 zu Russland kam und somit ein Großteil der Provinz Özi nördlich der Donau, ging aufgrund der Russisch-Osmanischen Kriege die Bevölkerung in der Region stark zurück, was einen Bedeutungsverlust für die Provinz zur Folge hatte und sie wieder einmal zum militärischen Aufmarsch- und Durchzugsraum machte. Die Dobrudscha wurde mit dem Nordosten des heutigen Bulgarien 1864 Teil der neugegründeten osmanischen Provinz Donau.

Parallel zur Neugliederung wurde auch die Provinzverwaltung nach französischem Vorbild modernisiert, unter anderem weil das Osmanische Reich mit dem Pariser Frieden von 1856 verpflichtet wurde, die Situation seiner nichtmuslimischen Untertanen zu verbessern. Die Großmächte erhielten das Recht, diesbezüglich Inspektionen in den osmanischen Provinzen Rumeliens durchführen zu lassen. Jede Provinz sollte einen Verwaltungsrat *(vilâyet idare meclisi)* erhalten, der aus einem Gouverneur, einigen ernannten Beamten und vier gewählten Vertretern bestand, von denen zwei Nicht-Muslime sein mussten. Gleichzeitig wurden das Schwarze Meer neutral und die Schifffahrt auf der Donau internationalisiert; zur Regelung der Schifffahrts- und Strompolizei-Vorschriften für die Donau wurde die Europäische Donaukommission gegründet, die ihren

Haus der Europäischen Donaukommission in Sulina, Foto von 2014

Sitz zunächst in Sulina und nach dem Ersten Weltkrieg in Galatz/Galați hatte.

Die Präsenz der Kriegsflotten im Schwarzen Meer wurde für Russland und das Osmanische Reich streng reglementiert. Die Stellung des Osmanischen Reiches unter den Großmächten schien 1856 gefestigt zu sein, zumal die durchgeführten innenpolitischen Reformen griffen. Eine erhebliche Schwächung erfuhr die Pforte allerdings 1871, nach der Rücknahme wichtiger Bestimmungen des Pariser Friedens. Folgenschwer für die Hohe Pforte sollte das Jahr 1876 werden: Man sah sich nach dem Staatsbankrott im April und den Aufständen in mehreren Provinzen nun mit den Unabhängigkeitsbestrebungen Rumäniens und Serbiens konfrontiert. Nach dem bulgarischen Aprilaufstand im Drei-Sultane-Jahr 1876 folgte am 30. Mai die Absetzung von Sultan Abdülaziz. Noch im selben Jahr erklärte Serbien dem Osmanischen Reich den Krieg; nach seiner Niederlage musste Serbien einem ungünstigen Friedensschluss zustimmen, was den russischen Zaren Alexander II., der sich als Schutzherr der Balkanslawen verstand, dazu bewog, der Hohen Pforte den Krieg zu erklären.

Die ersten Auflösungserscheinungen des Osmanischen Reiches waren bereits in der ersten Hälfte des 19. Jahrhunderts spürbar geworden. Der »kranke Mann am Bosporus« entließ nach und nach die verschiedenen Regionen des Donau-Balkan-Raums in der europäischen Türkei in die Unabhängigkeit. Durch die Wahl des Bojaren Alexandru Ioan Cuza zum Fürsten der Moldau und der Walachei wurde 1859 die Voraussetzung für die Vereinigung der beiden Donaufürstentümer geschaffen. Die Union der beiden Fürstentümer wurde 1866 mit der Wahl des deutschen Prinzen Karl von Hohenzol-

Krönung des Fürsten Karl aus dem Haus Hohenzollern-Sigmaringen zum König von Rumänien am 25. Mai 1881 in Bukarest. Aus: *Illustrated London News,* June 11, 1881

lern-Sigmaringen zum Fürsten gefestigt. Doch nach dem Russisch-Osmanischen Krieg 1877/78 kam es erneut zu territorialen Veränderungen.

Nach dem Vorfrieden von San Stefano (das heutige Istanbuler Stadtviertel Yeşilköy) beschlossen die Großmächte auf dem Berliner Kongress, der die aus dem Russisch-Osmanischen Krieg erwachsenen Konflikte beilegen sollte, unter anderem Serbien und Montenegro sowie Rumänien als souveräne Staaten anzuerkennen. Das nördliche Bulgarien wurde tributpflichtiges Fürstentum unter osmanischer Oberhoheit; Ostrumelien, der mittlere Teil des heutigen Bulgarien, wurde autonome osmanische Provinz. Der heute bulgarische Südwesten verblieb zunächst beim Osmanischen Reich. Das Russische Reich erhielt von Rumänien die bessarabischen Kreise Bolgrad, Cahul und Ismail; Rumänien bekam wiederum zum Ausgleich die Norddobrudscha mit den Verwaltungskreisen Konstanza und Tulcea. Die Süddobrudscha mit den Bezirken Kaliakra und Durostor wurde dem Fürstentum Bulgarien zugesprochen.

Bevölkerung

Die wiederholten Kriegszüge in dieser Region führten auch in der Neuzeit zu fortwährenden Bevölkerungsbewegungen, die Anzahl und Zusammensetzung der ethnischen Gruppen des Landstrichs zwischen Donau und Schwarzem Meer kontinuierlich veränderten. So beschreibt Paul Traeger 1918 die Dobrudscha als »das Einfallstor aller, die von Norden und Osten nach dem Süden strebten, und ein buntes Gemisch hauste in ihren Steppen neben- und nacheinander«. Nach schweren Kriegen wurde die Region dabei immer wieder nahezu entvölkert. Des Weiteren heißt es bei Traeger, dass die Dobrudscha politisch »nach dem weiten, die Völkerstraße bildenden Tiefland im Osten [...] niemals Kernland eines starken, Schutz gewährenden Staates [war], sondern immer nur Anhängsel, meist ein ziemlich vernachlässigtes«, das »zu allen Zeiten mehr Durchgangsland als Siedlungsland blieb, mehr Straße als Scholle«, so dass »ein Bestehen und Fortleben eines Volkes durch längere Zeit hindurch überhaupt undenkbar« sei (*Bilder aus der Dobrudscha*, S. 235). In der ethnischen Vielfalt der Dobrudscha sieht der Doyen der rumänischen Geschichtswissenschaft, Nicolae Iorga, ein Europa und ein Asien *en miniature,* in dem sich Orient und Okzident begegnen (*România cum era pînă la 1918,* S. 287–314).

Fünf größere Gruppen prägten die ethnische Landschaft der Dobrudscha, hinzu kamen zahlreiche kleinere Ethnien, die von Reisenden durch die Region stets wahrgenommen wurden, sowie Kleinstgruppen, die sich untereinander durch Sprache, Religion und Traditionen unterschieden. Mit Ausnahme der Bulgaren und Türken waren selbst innerhalb der größeren Gruppen Unterschiede festzustellen: Die Rumänen teilten sich nach

Für die Region typischer Ziehbrunnen in Adschemler, an der Tränke zwei Pferde, parallel zur Erhebung ein kleiner Bachlauf. Aufnahme aus der ersten Hälfte des 20. Jahrhunderts

ihrer regionalen Herkunft in Moldauer sowie Walachen und Mokanen aus Siebenbürgen; bei den Tataren waren die Krimtataren in der Überzahl gegenüber den bereits länger in der Dobrudscha siedelnden Nogai-Tataren. Zu den Russen wurden neben den Altgläubigen (Lipowaner) auch die Ukrainer (Chacholen) und andere Angehörige russischer Sekten gezählt. Und selbst die Altgläubigen spalteten sich in zwei Hauptglaubensrichtungen auf. Auch die deutschen Siedler achteten streng darauf, dass die konfessionellen Grenzen zwischen Protestanten, Katholiken und Baptisten nicht aufgebrochen wurden. Während der fast fünf Jahrhunderte dauernden Zugehörigkeit zum Osmanischen Reich war die Dobrudscha in erster Linie von Türken und Tataren bevölkert, nur wenige Rumänen und Bulgaren lebten dort.

Zu Beginn des 16. Jahrhunderts wanderte auf der Händlerroute zwischen Lemberg (ukrain. *Lwiw*) und Konstantinopel eine nicht unerhebliche Anzahl von Armeniern in die Dobrudscha ein. Sie stammten hauptsächlich aus Gebieten, die ebenfalls unter osmanischer Herrschaft standen. Seit dem 16. Jahrhundert sind in der Dobrudscha Roma dokumentiert, die unter dem Einfluss des Osmanischen Reiches und ihres muslimischen Umfeldes zum Islam übertraten. Ab der Mitte des 17. Jahrhunderts sind auch Griechen und Juden in der Region nachweisbar, und zwar hauptsächlich in den wenigen urbanen Siedlungen. Sie waren dort vor allem als Händler ansässig.

In der Dobrudscha ließen sich zu osmanischer Zeit zudem christliche Bevölkerungsgruppen nieder: Nach dem Schisma der russisch-orthodoxen Kirche von 1654 und der Legalisierung der Verfolgung der Reformgegner (russ. *Raskolniki*) durch die Regentin Sofja 1685 flohen etwa eine Million Altgläubige als religiös Verfolgte aus dem Zarenreich. Ein Teil der Altgläubigen siedelte sich in der nördlichen Dobrudscha an, wo sie als (russische) Lipowaner (rum. *lipoveni*) bekannt sind.

Um einer drohenden Russifizierung zu entgehen, flohen nach dem Ende des Russisch-Osmanischen Krieges 1774 außerdem ukrainische Kosaken aus Saporischschja in das Donaudelta.

Lipowaner (s. S. 213 f.) in Slava Rusă

Ab 1841 wanderten deutsche Siedler nach dem Verlust von Privilegien über Bessarabien und die neurussischen Gouvernements Cherson, Jekaterinoslaw und Taurin in die osmanische Dobrudscha ein. Es handelte sich dabei nicht um eine staatlich organisierte, sondern eher zufällige Zuwanderung. Einzige Bedingung war, dass sich die deutschen Zuwanderer dem »Kolonisationsreglement« des Osmanischen Reiches unterwarfen.

Während für die Hohe Pforte zur Unterscheidung der verschiedenen Gruppen in erster Linie die Religionszugehörigkeit das distinktive Merkmal war, trat nach dem Rückzug des Osmanischen Reiches aus der Dobrudscha 1878 die gemeinsame ethnische Herkunft einer Gruppe als unterscheidendes Kriterium wieder stärker in den Vordergrund. Es bezog sich vor allem auf die gemeinsame Sprache, Abstammung, Kultur, Geschichte, Wirtschaftsform und Religion. Ab Mitte des 19. Jahrhunderts verfolgten die Eliten auch im Donau-Balkan-Raum das Ziel, Nationalstaaten nach westeuropäischem Vorbild zu errichten. Die Regierungen erhoben Anspruch auf ein geschlossenes Territorium mit einer ethnisch homogenen Bevölkerung. Die politische Verfolgung solcher Ziele hatte in der Regel eine kulturelle und sprachliche Vereinheitlichung zur Folge, auch zu dem Preis bis heute spürbarer Verwerfungen. In der Dobrudscha wurde die Bevölkerungsmehrheit der Muslime und Bulgaren durch eine groß angelegte Ansiedlungspolitik der Bukarester Regierung zugunsten der rumänischen Bevölkerungsgruppe massiv zurückgedrängt. Durch gesetzliche Regelungen und die Einführung neuer staatlicher Verwaltungsstrukturen wurde das öffentliche Leben in der Region rumänisiert. Repressalien ausgesetzt und teilweise direkt vertrieben, verließen daraufhin große Teile der muslimischen und bulgarischen Bevölkerungsgruppen Rumänien. In der Süddobrudscha fand in dieser Zeit ebenfalls eine staatlich forcierte große Auswanderungswelle von Muslimen statt. Die Umsiedlung der Muslime aus der Dobrudscha in das Osmanische Reich wurde von der Hohen Pforte unterstützt.

Die entstandenen Lücken wurden in der rumänischen Norddobrudscha durch Neusiedler aus der Moldau, der Walachei und aus Siebenbürgen gefüllt. Aufgrund der Neuansiedlungen wuchs die Bewohnerschaft trotz der Abwanderungen kontinuierlich: Gab es in der Norddobrudscha 1889 noch 139 671 Einwohner, zählte man 1899 bereits 258 242 Personen. Im Kreis Konstanza betrug 1878 laut einer rumänischen Zählung der Anteil der Tataren 38 Prozent und der Türken 18 Prozent – bei 23 Prozent Rumänen, 13 Prozent Bulgaren und 8 Prozent sonstigen Minderheiten. Im Kreis Tulcea lagen die Ziffern bei 32 Prozent Rumänen, allerdings auch 25 Prozent Bulgaren, 11 Prozent Tataren und 32 Prozent sonstige Minderheiten, wobei es sich vor allem um russische Lipowaner, Ukrainer, Deutsche und Türken handelte (Schmidt-Rösler, *Rumänien nach dem Ersten Weltkrieg*, S. 523 ff.). Bereits 1911 war der Anteil der

Rumänen in der rumänischen Norddobrudscha auf 61 Prozent gestiegen, und die Anteile der nationalen Minderheiten waren entsprechend gefallen: Tataren auf 13,6 Prozent, Bulgaren auf 13 Prozent, Türken auf 4 Prozent, russische Lipowaner und Ukrainer auf 0,9 Prozent und die der anderen ethnischen Gruppen auf 7,5 Prozent.

Bis 1930 war in beiden Kreisen durch Ansiedlungen aus der Moldau und Siebenbürgen sowie – ab 1923 – von Aromunen (s. S. 201 ff.) vom Balkan in der zu diesem Zeitpunkt rumänischen Süddobrudscha eine rumänische Bevölkerungsmehrheit entstanden. Laut Volkszählung von 1930 wuchs im Kreis Konstanza der rumänische Anteil auf 66,2 Prozent und im Kreis Tulcea auf 62,6 Prozent *(Intstitutul Central de Statistică, Recensământul general al popu-laţiei României din 29 decembrie 1930)*. Gleichzeitig waren bei der türkischen Bevölkerungsgruppe dramatische Rückgänge zu verzeichnen: im Kreis Konstanza von 18 Prozent (1878) auf 6,8 Prozent (1930). In der Zwischenkriegszeit kam es erneut zu einer großen Auswanderungswelle der Dobrudscha-Muslime, die aus ökonomischen, politischen und sozialen Gründen in die Türkei emigrierten; einige Muslime verließen Rumänien auch, weil sie nicht in einem christlich geprägten Staat leben wollten.

Während des Zweiten Balkankriegs 1913 erhob Rumänien Ansprüche auf die in der Dobrudscha liegende bulgarische Stadt Silistra. Am 10. Juli 1913 erklärte

Die Stadt Silistra wurde im 1. Jahrhundert n. Chr. von den Römern gegründet und war wichtiger Militärstützpunkt. Auch im »Goldenen Zeitalter« unter dem bulgarischen Zaren Simeon I. hatte Silistra strategische Bedeutung und diente vor allem der Abwehr der Magyaren. Die Madrider Handschrift des Skylitzes aus dem 12. Jahrhundert zeigt, wie sich der Zar und seine Truppen vor einem Magyarenangriff in die Festung von Silistra zurückziehen.

Die Delegierten der Bukarester Friedenskonferenz 1913, in der Mitte mit der Kette der rumänische Ministerpräsident Titu Maiorescu

die rumänische Regierung dem bereits militärisch geschwächten Bulgarien den Krieg; die rumänischen Truppen konnten fast widerstandslos bis nach Sofia vordringen. Mit dem Frieden von Bukarest vom 10. August 1913, der den von Bulgarien begonnenen Zweiten Balkankrieg beendete, kam die Süddobrudscha zu Rumänien. Durch den Vertrag von Craiova, am 7. September 1940 zwischen dem Zarentum Bulgarien und dem Königreich Rumänien unterzeichnet, wurde die Dobrudscha wieder in einen rumänischen Nordteil und einen bulgarischen Südteil geteilt.

Dies brachte eine ethno-territoriale Entmischung von Bulgaren und Rumänen in der Region mit sich, die mit dem diplomatischen Euphemismus »Bevölkerungsaustausch« umschrieben wurde, wobei es sich aber de facto um eine Zwangsumsiedlung handelte. Innerhalb von drei Monaten mussten rund 100 000 Rumänen die Süd- und etwa 61 000 Bulgaren die Norddobrudscha verlassen. Die Rumänen wurden auf dem Land der überstellten Bulgaren und ab 1941 auch in Bessarabien angesiedelt. Gleichzeitig wurden aufgrund eines Abkommens zwischen dem Deutschen Reich und Rumänien 1940 annähernd alle Dobrudschadeutschen, rund 16 000 Personen, nach Deutschland in Lager der Volksdeutschen Mittelstelle (VoMi) gebracht. Das war die Behörde, die die volkstumspolitischen Ziele der Nationalsozialisten bezüglich der Volksdeutschen umsetzte. Später wurden sie hauptsächlich im Warthegau (besetztes Polen) und im Protektorat Böhmen und Mähren angesiedelt. Ebenfalls 1940 verließ ein Großteil der italienischen Bevölkerung die Dobrudscha. 1943 folgten die Deutschen aus der Süddobrudscha aufgrund einer Vereinbarung zwischen dem Deutschen Reich und Bulgarien.

Somit war in der Dobrudscha bis zum Ende des Zweiten Weltkriegs die ethnische Vielfalt stark zurückgegangen. Bemerkenswert ist auch der Rückwanderungswunsch russischer Lipowaner gegen Ende der 1940er Jahre. So haben sich 1 641 russisch-lipowanische Familien aus Sarichioi, Jurilovca, Slava Rusă, Slava Cercheză und anderen Orten in Rückwanderungslisten einschreiben lassen. Laut offiziellen rumänischen Angaben sollen tatsächlich 3 835 russische Lipowaner in die Sowjetunion übergesiedelt sein (Cojoc, *Evoluţia Dobrogei,* S. 202 f.). Allerdings konnten keine genauen Zahlen ermittelt werden, weil diese Rückwanderung kurz nach dem Zweiten Weltkrieg überwiegend ohne Mitwirkung rumänischer Behörden verlief.

In der rumänischen Dobrudscha verfügen die Rumänen inzwischen über eine deutliche Mehrheit. Die Gesamtbevölkerung ist in den beiden rumänischen Dobrudscha-Kreisen wie in Gesamtrumänien in den letzten Jahren aufgrund von Auswanderung zurückgegangen; 2002 lebten in den Kreisen Konstanza und Tulcea 971 643 Personen, laut der letzten Volkszählung von 2011 hatten die beiden Kreise noch eine Bevölkerung von 897 165 Bewohnern. Der Anteil der ethnischen Rumänen in der Norddobrudscha ist dabei stärker zurückgegangen als der der nationalen Minderheiten. Laut Volkszählung von 2002 bekannten sich in den beiden Kreisen der Region 90,94 Prozent der Bevölkerung zur rumänischen Nationalität, 2011 ließen sich in den beiden Kreisen 83,74 Prozent der Bewohner als Rumänen registrieren. Allerdings ist auch bei den ethnischen Minderheiten die Anzahl zurückgegangen: 2002 waren es 27 589 Türken, 23 409 Tataren und 135 Bulgaren sowie 398 Deutsche, neun Jahre später nur noch 22 500 Türken, 19 720 Tataren und 58 Bulgaren sowie 166 Deutsche. Besonders auffällig ist der Rückgang bei den Ukrainern und den russischen Lipowanern. Während die Ukrainischstämmigen in der Region bei der Volkszählung als ethnische Zugehörigkeit mehrheitlich »rumänisch« angaben, wie der Verfasser während seiner Aufenthalte in verschiedenen Siedlungen erfuhr, ist der Rückgang bei den Lipowanern hauptsächlich auf Arbeitsmigration zurückzuführen. Der Anstieg der Zahl der Roma hingegen

Eine Familie aus Kodschalie wartet Ende 1940 reisebereit auf die Abfahrt aus ihrem Dorf.

kann nicht nur durch hohe Geburtenraten, sondern auch mit ihrem wachsenden ethnischen Selbstbewusstsein erklärt werden, was dazu führte, dass sich nun auch mehr Roma bei der Volkszählung als solche deklarierten und nicht mehr als Rumänen.

Ähnlich ist auch die Situation in den beiden bulgarischen Bezirken in der Süddobrudscha. Die Gesamtbevölkerung in den Bezirken Dobritsch und Silistra ist ebenfalls zurückgegangen: Bei der Volkszählung von 2001 betrug sie noch 357 217 Personen, bei der Volkszählung von 2011 war sie bereits auf 309 151 gesunken. Nach der Religion wurden 2001 im Bezirk Dobritsch 75,78 Prozent als Orthodoxe registriert, 20,57 Prozent als Muslime, 0,15 Prozent als Katholiken, 0,11 Prozent als Protestanten und 3,39 Prozent gaben eine andere oder keine Religion an. Im Bezirk Silistra bezeichneten sich 59,13 Prozent der Gesamtbevölkerung als orthodox, als muslimisch 38,15 Prozent, als protestantisch 0,21 Prozent, als römisch-katholisch 0,14 Prozent und 2,37 Prozent der Bevölkerung gab eine andere oder keine Religion an. Auch bei der Volkszählung 2011 bildeten die Bulgaren die absolute Mehrheit (Bezirk Dobritsch 75,40 Prozent, Bezirk Silistra 57,40 Prozent), es folgen die Türken (Bezirk Dobritsch 13,50 Prozent, Bezirk Silistra 36,09 Prozent) und die Roma mit 8,81 Prozent der Gesamtbevölkerung im Bezirk Dobritsch und 5,11 Prozent im Bezirk Silistra. Die anderen ethnischen Gruppen machten im Bezirk Dobritsch 2,29 Prozent und im Bezirk Silistra 1,41 Prozent aus. Trotz allem stellt die Dobrudscha aber auch heute noch ein ethnisches und kulturelles Mosaik dar, wenngleich die Anzahl der Angehörigen nationaler Minderheiten stark abgenommen hat.

Zu den schönsten Erinnerungen werden die Sommerabende gehören, an welchen ein sanfter Wind vom Meer her Dörfer und Fluren wie Balsam überstrich, an welchen man Zeuge des herrlichen Sonnenuntergangs sein konnte, bevor die Nacht ihr schwarzblaues Zelt entfaltete, von dem sich die Sterne – bedingt durch das nahe Meer – groß und leuchtend abhoben.

Hieronymus Menges,
Die deutsch-katholischen Dörfer in der Dobrudscha, *S. 145*
Der Pfarrer, Monsignore und Prälat Prof. Dr. Menges aus Karamurat war einer der profiliertesten dobrudschadeutschen Persönlichkeiten.

Schlüsselmomente dobrudschadeutscher Geschichte

Einwanderung

Gegen Ende der osmanischen Herrschaft siedelten sich im Jahr 1841 die ersten Deutschen in der Dobrudscha an. Sie kamen vor allem aus dem nördlich an die Donau grenzenden Bessarabien, in das sie aus politischen, religiösen und wirtschaftlichen Gründen erst einige Jahrzehnte zuvor eingewandert waren. Doch aufgrund des geltenden Erbhofrechts wurde dort das Land knapp; die nächsten Auswanderungswellen (1873–1883 und 1890–1892), die sich auch auf die Dobrudscha auswirken sollten, gründeten in der Aufhebung der Privilegien für die Siedler in Russland und in der daraufhin einsetzenden Russifizierungspolitik. Die ersten Siedlungen in der Dobrudscha waren Akpunar/Mircea Vodă und Malkotsch/Malcoci – sie gehen wie alle anderen deutschen Kolonien in der Dobrudscha also nicht auf einen gezielten

▲ Dobrudschadeutsches Haus in Malkotsch, Aufnahme von 2016. Malkotsch, nahe dem Donaudelta gelegen, gilt mit seiner Gründung im Jahr 1843 als das älteste katholische und überhaupt erste deutsche Dorf in der Dobrudscha.

staatlichen Peuplierungsplan zurück, sondern stellten einen ungeordneten Zuzug vor allem aus Bessarabien, aber auch aus dem Gouvernement Cherson, aus Polen, Wolhynien, Galizien und aus dem Kaukasus dar. Als Eigenbezeichnungen verwendeten die eingewanderten deutschen Siedler »Schwaben« oder »Kaschuben«, wobei die Vorfahren der Schwaben aus der Pfalz, dem Elsass, Lothringen, Baden, Württemberg, aus dem Rheinland, Hessen und Bayern, also aus dem Süden Deutschlands stammten, hingegen diejenigen, die sich Kaschuben nannten und ein pommersches Platt sprachen, aus verschiedenen norddeutschen Landstrichen, aber auch aus Ost- und Westpreußen und aus dem Wartheland kamen.

Erste Siedlungsphase 1841–1857

Die ersten deutschen Siedler kamen 1841 aus dem südlichen Bessarabien in die damals osmanische Dobrudscha. Sie blieben den Winter über in Măcin (bei Brăila, am rechten Donauufer), bevor sie sich im darauffolgenden Jahr in dem rund dreißig Kilometer entfernten, von Türken bewohnten Dorf Akpunar niederließen. Zu den damals noch wenigen deutschen Familien kamen bald weitere hinzu; diese Familien hatten sich um 1840 ebenfalls aus Siedlungen in Neurussland auf der Suche nach Land aufgemacht und sich zunächst in der Moldau und der Walachei niedergelassen, wo sie jeweils nur relativ kurze Zeit verblieben, bevor sie weiter in die Dobrudscha zogen. Außerdem kamen 1848 mehrere Familien aus Jakobsonstal nach Akpunar. Der Ort Jakobsonstal lag westlich der Donau etwa sechs Kilometer von Brăila entfernt in der Walachei und ist heute nach Brăila eingemeindet. Das Dorf war gewissermaßen Durchgangsstation für nicht wenige Deutsche evangelischen Glaubens aus Bessarabien und Neurussland, die dann häufig weiter in die osmanische Dobrudscha gingen.

Zu den Neuankömmlingen aus Jakobsonstal zählte auch Adam Kühn, dem in der Erinnerung der Dobrudschadeutschen eine große Bedeutung zugeschrieben wird. Kühn hat vermutlich erst nach dem Sommer 1842 seinen Wohnort Tarutino in Bessarabien verlassen. Im Oktober 1845 wurde ihm sein siebtes Kind, Wilhelmina, in Jakobsonstal geboren, wie es in der Kühnschen Familienbibel steht. Bei den anderen sechs Kindern ist kein Geburtsort verzeichnet, weshalb man davon ausgehen kann, dass diese in der ursprünglichen Heimat Tarutino zur Welt kamen. Im Herbst 1846 lebte Kühn dann in Akpunar, wo er das erste erhaltene Dokument der Dobrudschadeutschen verfasste: das *Tauf und Kirchen Buch über Die Neugebohrene Kinder welche in der Provens Bulgary im Mertschiner Kasa im Dorf Acponar geboren sind. Dorf Acponar den 8ten February 1847.* Akpunar gilt somit als die erste dobrudschadeutsche Siedlung. Das deutsche Dorfviertel von Akpunar wurde, wie später auch die meisten anderen do-

Die ersten deutschen Siedler in der Dobrudscha bauten sich zunächst Erdhütten. Die *bordei* waren zur Hälfte unter der Erdoberfläche platziert, verfügten nur über kleine fensterlose Öffnungen und waren häufig mit Schilf gedeckt. Auf dem Territorium Rumäniens ist das die älteste bekannte dauerhafte Bauweise, die noch bis in die Zeit nach dem Ersten Weltkrieg genutzt wurde.

brudschadeutschen Siedlungen, neben dem bereits bestehenden türkischen Dorf angelegt.

Als erstes trug Kühn in das Taufbuch einen am 1. September 1846 geborenen Jungen ein, es folgten bis zum Juli 1848 weitere 15 Kinder und schließlich der Vermerk »Admadza den 9ten October 1848«. Zwischen Juli und Oktober verließen nämlich die deutschen Siedler Akpunar und gingen nach Atmadscha/Atmagea, vermutlich, weil sie mit den türkischen Nachbarn nicht auskamen. So berichtet es Paul Traeger, der in der Zeit des Ersten Weltkriegs in Atmadscha noch mit einer alten Bewohnerin sprach, die den »Auszug« einst selbst miterlebt hatte. Atmadscha wurde zur Heimat vieler evangelischer Siedler.

Kurze Zeit nach der Ansiedlung deutscher Siedler evangelischen Glaubens in Akpunar kamen 1842 auch deutsche Katholiken in die Dobrudscha. Nachdem sie in der Moldau, in Serbien und Siebenbürgen kein geeignetes Land gefunden hatten, verbrachten sie den Winter in Tulcea, bevor sie sich im Frühjahr 1843 in dem rund sieben Kilometer entfernten Dorf Malkotsch, dem ersten von deutschen Siedlern selbst gegründeten Ort, niederließen. Sie nutzten staatlichen und herrenlosen Boden, mussten das Land

Ein Grundstück an der »Deutschen Straße« (rum. *Str. Nemţească*) in Katalui bei Tulcea, Foto von 2014

aber erst roden, bevor sie ihre Erdhütten (rum. *bordei*) bauen konnten, bei denen nur das Dach über dem Boden liegt.

Nicht lange nach der Gründung dieser beiden Siedlungen gelangten weitere deutsche Kolonisten aus Neurussland nach Tulcea; auch sie waren auf ihrer Landsuche bereits bis nach Serbien gekommen, hatten jedoch dort keine Möglichkeit gefunden, ansässig zu werden. Die Siedler schlossen sich in Tulcea zu einer katholischen Kirchengemeinde zusammen, und bereits 1844 stellte ihnen Bischof Josef Molojani mit Celestin Willym einen katholischen Geistlichen polnischer Herkunft zur Seite, der ausgezeichnet Deutsch sprach. Zudem wurde 1847 Marco Bosniak, ein katholischer Geistlicher aus Italien, nach Malkotsch versetzt. Das Kirchenbuch *Catalogo dello stato dell'anime essistenti in Malcoc 1847, 1. Novembre* verzeichnet in jener Zeit 28 Familien mit 134 Personen.

Der Reisende Wilhelm Hamm berichtete Ende der 1850er Jahre von einer »Deutschen Gasse« in Tulcea, in der sich ärmliche Häuser befanden. In diese Straße zog 1847 auch der katholische Pfarrer bulgarischer Herkunft, Georg Carage, und hielt dort Gottesdienste ab. 1851 hatte er bereits 187 Gläubige zu betreuen, davon waren 120 deutscher Muttersprache. Deshalb lernte Pfarrer Carage Deutsch und eröffnete auch eine kleine Schule. Besagte Straße, die heutige Strada Traian, ist im Volksmund heute noch als *Strada Nemţească* (»Deutsche Straße«) bekannt, obwohl nur noch ganz vereinzelt Nachkommen deutscher Siedler dort wohnen. Das Schulgebäude, in dem der deutschsprachige Unterricht stattfand, steht noch immer. Zwischen 1992 und 2007 wurde auf den Fundamenten der alten katholischen Kirche von 1872 eine größere errichtet.

Die Anfangszeit gestaltete sich für die deutschen Siedler in der Regel schwierig. Das Land musste gerodet und Baumaterial für die Häuser hergestellt werden. Doch recht schnell brachte der Ackerbau

Deutsche Schule und katholische Kirche in Tulcea

Überschuss ein, und so konnten Teile der Ernte verkauft werden. Schon vier Jahre nach der Ansiedlung, so berichtet der preußische Konsul König aus Galatz/Galați 1852 nach einem Besuch in Atmadscha, lebten die deutschen Bauern auf eigenem Hof und verfügten über eigenes Vieh. Auch die Malkotscher Bauern gelangten nach kurzer Zeit zu bescheidenem Wohlstand.

Als 1858 Jakobsonstal von einer schweren Überschwemmung heimgesucht wurde, zogen viele deutsche Bauern von dort fort in das nahe Atmadscha gelegene und bis dahin hauptsächlich von Ukrainern und Türken bewohnte Dorf Tschukurowa/Ciucurova, wo sie in gewohnter Weise ein eigenes Viertel anlegten. Zu ihnen kamen noch weitere Siedler aus Neurussland. Ein Teil der Jakobsonstaler wiederum zog in das bei Tulcea gelegene Dorf Katalui/Cataloi, wo sich ebenfalls noch weitere deutsche Kolonisten aus Neurussland niederließen. Obwohl einige wenige deutsche Siedler in Jakobsonstal zurückgeblieben waren, gelangte die von der Bukarester Niederlassung des Gustav-Adolf-Vereins geschenkte kleine Glocke ebenso nach Katalui wie die vom preußischen Prinzen Albrecht überreichte Altarbibel mit der Widmung seines Bruders: »Der Evangelischen Gemeinde zu Jakobsonstal bey Braila. Friedrich Wilhelm 4., König von Preußen. Charlottenburg 18. September 1857«.

Der Ausbruch des Krimkriegs sorgte unter den deutschen Kolonisten in Neurussland und Bessarabien für große Unruhe. Man befürchtete, dass die Männer trotz der garantierten Privilegien zur Armee eingezogen werden würden. Der entgegen vorheriger gegenteiliger Zusicherungen drohende zwangsweise Militärdienst war neben den üblichen wirtschaftlichen Motiven der Hauptgrund, weshalb ganze Gruppen von Siedlern ihre Dörfer in Neurussland verließen und diesmal unmittelbar in die Dobrudscha abwanderten. Wie bereits in den vorhergehenden Russisch-Osmanischen Kriegen war auch im Krimkrieg die Dobrudscha Aufmarschraum und Schlachtfeld. Die Kriegswirren, von denen die Dobrudscha erheblich in Mitleidenschaft gezogen wurde, erschwerten eine Ansiedlung zu diesem Zeitpunkt oder machten sie mancherorts unmöglich, woraufhin einige wieder in die ursprünglichen neurussischen Siedlungsgebiete zurückkehrten, dort indes auch nicht mehr willkommen waren. Ihre Odyssee fand erst

Deutsche Gehöfte entlang der unbefestigten Dorfstraße von Katalui, ein Holzlattenzaun begrenzt die Grundstücke. Aufnahme aus der ersten Hälfte des 20. Jahrhunderts

zusammen mit dem Krieg ein Ende. Nach dem Pariser Friedensschluss von 1856 ermöglichte ihnen die osmanische Regierung die Niederlassung in der Dobrudscha. Sie siedelten sich in mehreren bestehenden Orten an und gründeten weitere kleine Ortschaften bzw. Ortsteile wie in Omurlar, Măcin oder Nalbant (bei Tulcea), die jedoch zum größten Teil kurzlebig waren, während die ebenfalls in dieser Zeit entstandenen beiden Kolonien Katalui und Tschukurowa bis zur Umsiedlung 1940 Bestand haben sollten.

Zweite Siedlungsphase 1873–1883

Für die deutschen Siedler kam es 1871 in Bessarabien, Cherson, Jekaterinoslaw und Taurin zu tiefgreifenden Veränderungen, denn die für die Siedler seit 1818 zuständige oberste Behörde, das Fürsorgekomitee für die Kolonisten der südlichen Gebiete Russlands, wurde aufgelöst. Das Fürsorgekomitee war in erster Linie zuständig für den Schutz und die Ein- und Erhaltung der Rechte und Privilegien der deutschen Kolonisten sowie für die Leitung ihrer Gemeinwesen. Seit 1871 waren für die deutschen Siedler und ihre Belange wie auch für alle anderen Staatsangehörigen des Zarenreichs die allgemeinen russischen Behörden zuständig. Während sich die Auflösung des Fürsorgekomitees eher mittelbar auf die Verwaltung der deutschen Siedlungen, insbesondere aber auf das Schulwesen und die kirchlichen Angelegenheiten auswirkte, betraf die Einführung der allgemeinen Wehrpflicht 1874 die teilweise auch aus religiösen Gründen den Dienst mit der Waffe ablehnenden deutschen Siedler unmittelbar.

Bereits 1872 besuchten Abgesandte bessarabiendeutscher Siedlungen die Dobrudscha, um sich über Ansiedlungsmöglichkeiten für weitere Siedlergruppen in der Region ins Bild zu setzen. Ein Jahr später, als die ersten deutschen Siedler in den südlichen Gebieten Russlands zur Armee eingezogen wurden, kam es schließlich zu einer neuerlichen Abwanderung aus Neurussland, diesmal wieder unmittelbar in die osmanische Dobrudscha, aber auch in die westliche Moldau und in die Walachei, wo die landsuchenden Siedler Zwischenstation machten, bevor sie schließlich größtenteils doch in die Dobrudscha weiterwanderten.

Die deutschen Bauern aus Neurussland ließen sich nun südlich der bislang von Deutschen gegründeten Siedlungen in der baumlosen Steppe in der mittleren Dobrudscha nieder. Damit war eine neue Phase der Besiedlung eingeläutet. Da hier keine Waldrodungen nötig waren, konnte umgehend mit der landwirtschaftlichen Nutzung des Bodens begonnen werden. Auch hier durfte so viel Land in Anspruch genommen werden, wie man bearbeiten wollte und konnte; als Abgabe an den osmanischen Staat war der traditionelle Zehnt zu leisten.

Die erste deutsche Siedlungsgründung während der zweiten Ansiedlungsperi-

Männer aus Kodschalak bieten ihre Ware auf dem Markt an. Aufnahme von 1938

ode war Kodschalak/Cogealac. Die Angaben über das Gründungsjahr schwanken: Paul Traeger legt sich nicht fest und nennt 1873 oder 1874; das *Heimatbuch der Dobrudscha-Deutschen* gibt das Jahr 1875 an. Die ersten Siedler dieser zweiten Ansiedlungsperiode verbrachten einige Zeit in Katalui, bevor sie sich in Kodschalak niederließen. Sie kamen hauptsächlich aus bessarabiendeutschen Ortschaften und aus dem Gouvernement Cherson und waren überwiegend süddeutscher Herkunft. Es befand sich aber auch eine nicht geringe Zahl preußischer, mecklenburgischer und deutsch-polnischer Abstammung unter ihnen. Kodschalak galt als »schwäbische« Siedlung, weil sich in der Ortschaft schließlich das vorherrschende süddeutsche Element durchsetzte.

Ehemals evangelische Kirche der deutschen Siedler in Kodschalak, Foto von 2014

Der Russisch-Osmanische Krieg von 1877/78 zog die noch junge Siedlung stark in Mitleidenschaft: Sie wurde von den auf dem Rückzug befindlichen Türken und Tscherkessen geplündert und viele ihrer Häuser fielen der Zerstörung anheim. Um ihnen nicht völlig die Existenzgrundlage zu entziehen und ihnen die Möglichkeit zur wirtschaftlichen Erholung von den Kriegsfolgen zu geben, befreite die rumänische Regierung die Kodschalaker nach 1878 für drei Jahre von Steuern. Ein glücklicher Umstand war auch, dass ausreichend besitzloser Boden vorhanden war. Nach der Landvermessung durch die rumänischen Behörden im Frühjahr 1886 wurde zwar in den meisten anderen Siedlungen der Besitz der Haushalte nach der Anerkennung der osmanischen Besitztitel auf lediglich zehn Hektar ergänzt; in Kodschalak allerdings waren es gar pro Person zehn Hektar (höchstens jedoch fünfzig Hektar pro Familie). Zudem erhielt jede Familie einen Hofplatz von zunächst 4 000 Quadratmetern, später waren es dann noch 2 000 Quadratmeter. 25 Jahre lang durfte dieses Land nicht verkauft werden. Wenn in drei aufeinanderfolgenden Jahren die relativ niedrige Steuer nicht gezahlt werden konnte oder wenn die Besitzer auswanderten, ging das Land an den Staat zurück. Gut 1000 Hektar Land gelangten in den folgenden Jahren auf diese Weise in Kodschalak in Staatsbesitz. Dieses Land wurde schließlich Kriegsveteranen zugeteilt; so kamen 65 rumänische Familien in die Ortschaft.

Kodschalak wurde stets als eine der wohlhabendsten dobrudschadeutschen Siedlungen beschrieben. Bereits vor dem Ersten Weltkrieg gab es eine Post-, Telegrafen- und Telefonstation. Der große Marktplatz mit dem Rathaus und dem Gerichtsgebäude verlieh der Gemeinde einen kleinstädtischen Charakter. Jeden Dienstag wurde dort Markt gehalten, der auch von Besuchern aus dem weiteren Umkreis frequentiert wurde.

Laut mündlicher Überlieferung kamen 1873 die ersten deutschen Siedler in die nicht weit von Kodschalak gelegenen Orte Tariverde und Fachria/Făclia. Die älteste bekannte Urkunde aus Tariverde ist ein Kirchenbuch mit dem ersten Eintrag vom 7. Januar 1875. Als Gründungsjahr für Fachria gibt das *Heimatbuch* 1876 an. In diesem Jahr übersiedelte erneut eine größere Anzahl deutscher Bauern aus Bessarabien in die Dobrudscha.

Hof und Haus von Franz Speicher in Karamurat. Farbfotografie aus der ersten Hälfte des 20. Jahrhunderts

Aus dem bessarabischen Krasna kamen 1876 deutsche Siedler in das damals noch große tatarische Dorf Karamurat. Während des ein Jahr später beginnenden Russisch-Osmanischen Krieges flohen die meisten Tataren und Deutschen aus dem Ort; nach Kriegsende kamen viele der tatarischen Bewohner nicht wieder. Die deutschen Kolonisten kehrten Anfang der 1880er Jahre verstärkt zurück, auch deshalb, weil sie 1883/84 durch die rumänischen Behörden zunächst recht großzügig mit Land bedacht wurden. Im Laufe der Jahre ließen sich noch weitere Familien aus Bessarabien und den katholischen Siedlungen von Cherson in Karamurat nieder. Die äußeren Bedingungen für den Zuzug waren in dieser Ortschaft sehr vorteilhaft und ermöglichten den deutschen Karamuratern recht bald einen gewissen Wohlstand. So beschreibt Paul Traeger Karamurat als »das schönste aller deutschen Dobrudschadörfer«:

> Das Bild, das seine Hauptstraße an einem Frühsommertag bietet, ist von unvergeßlichem Reiz. Eine 25 Meter breite Straße, schnurgerade und eben wie ein Tisch, von jeglichem Schmutz und Unkraut aufs peinlichste gesäubert. Ewa 1½ Meter hohe Mauern, blendend weiß getüncht,

schließen die Gehöfte ab und bilden zwei lange, leuchtende Linien, über die sich die frischen Kronen der dahinter liegenden Akazien neigen. [...] Die hellen Wohngebäude, alle in gleichem Abstand, wenden der Straße rote und braune und violette Giebelfelder zu, mit grünen oder blauen Fensterbogen und Hausecken. Die Dächer sind vielfach aus verschiedenfarbigen Ziegeln gefügt. Gegenüber im Hofe schmucke, massive Sommerküchen und die hohen, gleichfalls weiß oder farbig gestrichenen Oberbaue der Keller. [...] Massiv und »geweißelt« sind meist auch die Ställe und Wirtschaftsgebäude im Hintergrunde. Überall Ordnung und Sauberkeit und lachende Farben. Ein Bild, das nicht bloß von Wohlstand und Lebensfreude der Bewohner zeugt, sondern auch von einem Kulturverlangen, wie man es gewiß nicht bei Bauern in der Dobrudscha suchen würde.

Traeger, S. 90

Dieses Zitat ist in zweifacher Hinsicht bemerkenswert: Einerseits beobachtete Traeger mit der erwähnten Farbgebung der Fensterbogen die Übernahme baulicher Details von anderen Dobrudscha- bzw. Deltabewohnern. Die hier verwendeten Farben wurden aus Rohstoffen der Umgebung gewonnen und dienten auch der wichtigen Insektenabwehr. Andererseits kann der heutige Leser den durchaus zeittypischen kolonialen Darstellungsmustern Traegers entnehmen, dass der Deutsche hier als Kulturbringer stilisiert wird.

Ein Standardwerk über die Dobrudschadeutschen

Dr. Paul Traeger bekam 1917 von dem im gleichen Jahr in Stuttgart gegründeten Museum und Institut zur Kunde des Auslandsdeutschtums und zur Förderung deutscher Interessen im Ausland – des späteren Deutschen Auslandsinstituts – den Auftrag, die bis dahin weitgehend unbekannten deutschen Siedlungen in der Dobrudscha wissenschaftlich zu erforschen. Die deutsche Besetzung der Dobrudscha war der eigentliche Auslöser für zwei längere Forschungsreisen in die Region, die Traeger im gleichen Jahr unternahm. Erste Ergebnisse der ethnologischen Feldforschungen erschienen bereits 1918 in dem von der Deutschen Etappenver-

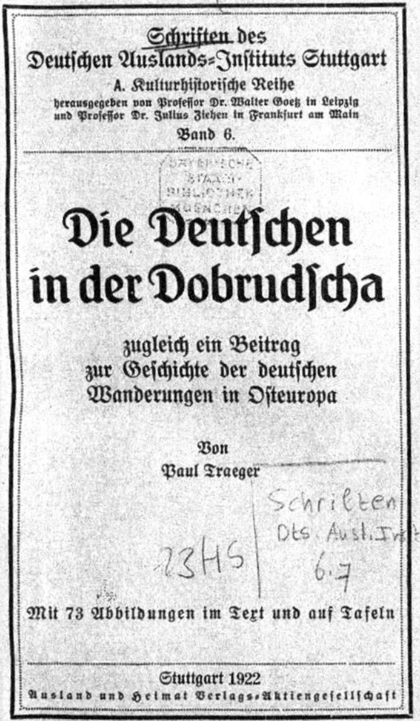
Schriften des
Deutschen Auslands-Instituts Stuttgart
A. Kulturhistorische Reihe
herausgegeben von Professor Dr. Walter Goetz in Leipzig
und Professor Dr. Julius Ziehen in Frankfurt am Main
Band 6.

Die Deutschen
in der Dobrudscha

zugleich ein Beitrag
zur Geschichte der deutschen
Wanderungen in Osteuropa

Von
Paul Traeger

Mit 73 Abbildungen im Text und auf Tafeln

Stuttgart 1922
Ausland und Heimat Verlags-Aktiengesellschaft

waltung herausgegeben Band *Bilder aus der Dobrudscha*. In seinem dort veröffentlichten umfangreichen Beitrag *Studien über die Dobrudscha* beschreibt Traeger sowohl die deutschen Siedler als auch die anderen Ethnien aus der Sicht eines Wissenschaftlers zu Beginn des 20. Jahrhunderts. Im Jahr 1922 erschien das Gesamtergebnis von Traegers Forschungsreisen in Buchform: *Die Deutschen in der Dobrudscha, zugleich ein Beitrag zur Geschichte der deutschen Wanderungen in Osteuropa* gilt bis heute als Standardwerk über die Dobrudschadeutschen.

Im Zentrum seiner Monografie steht die Erforschung der dobrudschadeutschen Siedlungen, die er im Vorwort seines Buches als »rein wissenschaftliche Aufgabe« beschreibt. Ausführlich informiert er über Geschichte, Wirtschaft, Gesellschaft und Kultur der Dobrudschadeutschen. Auffallend ist, dass Traeger in dem Band immer wieder die Gemeinsamkeiten der Dobrudschadeutschen mit den Reichsdeutschen hervorhebt und die Unterschiede zu den anderen ethnischen Gruppen in der Region betont. Er berichtet auch über die ökonomischen Schwierigkeiten vieler Kolonisten, räumt aber den wohlhabenden Ortschaften weitaus mehr Platz ein als den wirtschaftlich weniger erfolgreichen Siedlungen. Traeger verwendet in seinem Band Bildmaterial, das überwiegend in den »vorzeigbaren« Orten aufgenommen wurde.

Während der zweiten Ansiedlungsphase von Deutschen in der Dobrudscha hatten nach dem Russisch-Osmanischen Krieg alle muslimischen Bewohner den Ort Kulelie verlassen. Die ersten deutschen Siedler kamen 1880 in das Dorf, das sich auf einer bläulichen Felsschicht erstreckt, was den Kuleliern den Spitznamen »Blobucklije« (Blaubucklige) einbrachte. Der Boden der Gemarkung Kulelie war nicht sehr fruchtbar, doch gab es in der Gemeinde relativ viele Grundbesitzer, die zwischen zehn und vierzig Hektar Land besaßen. Allerdings lebten auch einige landlose Bauern in Kulelie, die auf gepachtetem Land arbeiten mussten. Aufgrund der großen Entfernung zu den nächsten Städten – Konstanza lag rund fünfzig Kilometer, Tulcea etwa achtzig Kilometer und Hârşova vierzig Kilometer entfernt – war es für die Kulelier schwierig, ihre landwirtschaftlichen Produkte auf den Märkten abzusetzen. Es blieb nur das etwa zwölf Kilometer entfernte Kodschalak mit seinem Wochenmarkt. Offenbar verstanden es die Siedler trotzdem, recht gut zu wirtschaften, denn der Ort mit seinen stattlichen Häusern hinterließ einen positiven Eindruck beim römisch-katholischen Erzbischof von Bukarest, Raymund Netzhammer, der wiederholt auch seine Gemeinde Kulelie besuchte.

Ein Teil der Familien, die sich 1880 in dem von Tataren verlassenen Dorf Horoslar/Poiana niederließen, kam unmittelbar aus bessarabiendeutschen Siedlungen, ein anderer Teil über Neu Plotzk/Scorţaru Nou in der Moldau und Jakobsonstal hierher. Wegen der häufigen Überschwemmungen verließ auch der spätere Siedlungsgründer August Rösner II. Neu Plotzk und zog mit seiner Familie zunächst nach Konstanza, wo er in Erfahrung brachte, dass im zwölf Kilometer entfernten Horoslar ein begüterter muslimischer Grundbesitzer ins Osmanische Reich auszuwandern beabsichtigte. Rösner erwarb dessen Besitz und wurde mit seinen nun fast 2000 Hektar Grundbesitz auf einen Schlag der wohlhabendste deutsche Siedler in der Dobrudscha. In Horoslar besaßen nur wenige Kolonisten eigenen Grund und Boden, sie mussten fast alle »um die Halbscheid« arbeiten, d.h. auf gepachtetem Land.

Um 1880 siedelten sich deutsche Bauern, hauptsächlich aus Atmadscha und Tschukurowa, in Anadalchioi an, wo sie ein eigenes Viertel gründeten. Hinzu kamen noch eine siebenbürgisch-sächsische und eine Schweizer Familie. In dem nur zwei Kilometer von Konstanza entfernten Anadalchioi gab es neben den deutschen Siedlern Rumänen, Türken, Tataren, Bulgaren, Griechen und Roma; jede dieser Ethnien lebte in ihrem jeweils eigenen Viertel. Anadalchioi war eines der ethnisch buntesten Dörfer mit deutschen Siedlern in der Dobrudscha. 1883 schlossen sich die evangelischen Familien von Anadalchioi mit denen in Kon-

Porträt der Familie Rösner in Horoslar, Aufnahme aus der ersten Hälfte des 20. Jahrhunderts

stanza zu einer Gemeinde zusammen. Die Protestanten von Konstanza stammten hauptsächlich aus dem Deutschen Reich, aus Österreich und der Schweiz; sie waren überwiegend beim Eisenbahnbau, in der Industrie und im Handel tätig. Gleiches galt für die deutschsprachigen Katholiken Konstanzas, die ebenfalls eine eigene Gemeinde bildeten.

In das rund 15 Kilometer nördlich von Konstanza gelegene tatarische Dorf Kodschalie kamen 1881 deutsche Siedler aus Neurussland. Trotz der Zusicherungen durch rumänische Behörden wurde ihnen aber das versprochene Land lange nicht überlassen. Der Bukarester evangelische Pfarrer Willibald Stefan Teutschländer fand 1883 bei einem Besuch in Kodschalie die deutschen Siedler in einem desolaten Zustand. Daraufhin veröffentlichte er in der *Bukarester Zeitung* einen Artikel über die unhaltbare Situation der Deutschen in Kodschalie. Dieser Artikel wurde von der in Frankfurt am Main erscheinenden *Deutschen Kolonialzeitung* übernommen, woraufhin in Deutschland Spenden für die Siedler gesammelt wurden. Im folgenden Jahr wurde ihnen schließlich das versprochene Land zugeteilt. Der Besitztitel für das zugeteilte Land sollte ihnen nach zwanzig bzw. dreißig Jahren ausgestellt werden. Da der Boden von guter Qualität und Konstanza als Absatzmarkt nahebei war, kamen die Siedler in Kodschalie bald zu Wohlstand.

Bauernhaus in Kodschalie, Aufnahme aus der ersten Hälfte des 20. Jahrhunderts

Die letzte Ansiedlung von deutschen Bauern während der zweiten Einwanderungsperiode fand um 1883 statt, als sich deutsche Familien, hauptsächlich aus Bessarabien, in dem von seinen türkischen Bewohnern weitgehend verlassenen Dorf Ortachioi/Horia in der Nähe von Atmadscha niederließen. Die Siedler erhielten die pro Familie üblichen zehn Hektar Land, und Zukäufe waren ihnen erlaubt. Nach der Ansiedlung von rumänischen Kriegsveteranen kam es allerdings zu Unstimmigkeiten zwischen den rumänischen Behörden und den deutschen Familien, so dass sich noch in den 1890er Jahren die Mehrheit der deutschen Siedler aus dem Ort zur Auswanderung nach Amerika entschloss, einige wenige gingen zurück nach Neurussland.

Dritte Siedlungsphase 1890–1892

Eine dritte Einwanderungswelle in die Dobrudscha setzte ein, als sich nationalistische Strömungen im Russischen Zarenreich verstärkten und 1890 das Landkaufverbot für nicht-russische Staatsbürger ausgesprochen wurde. Gleichzeitig wurde es Ausländern verboten, im Zarenreich Boden landwirtschaftlich zu bearbeiten, so dass neben dem Kauf auch die Pachtmöglichkeit für deutsche Siedler ohne russischen Pass wegfiel. Außerdem gab es zunehmend Genehmigungsschwierigkeiten beim Neubau von Kirchen und Maßnahmen gegen die Dorfschulen in den deutschen Siedlungen. Ab 1891 durften die deutschen Gemeinschaften ihre Schulen nicht mehr selbst verwalten und Russisch wurde als Hauptunterrichtssprache eingeführt. Wieder entschlossen sich viele Siedler, das Zarenreich zu verlassen. Die meisten wanderten nach Nordamerika aus, wieder ging ein Teil in die Dobrudscha.

Während dieser Auswanderungsphase, die zwei Jahre anhielt, entstand eine Reihe neuer deutscher Siedlungen zwischen Donau und Schwarzem Meer. In einigen dieser Kolonien wie in Caracicula, Osmantscha/Osmancea, Osmanfaca und Valala – alle bei Konstanza gelegen – lebten nur kurze Zeit deutsche Siedler. Sie verließen die Orte wieder, weil es wie zuvor schon andernorts mit den Behörden wegen nicht eingehaltener Versprechungen zu Streitigkeiten kam und der ihnen zugesagte Boden stattdessen rumänischen Kriegsveteranen übereignet wurde.

Anders verhielt es sich mit der 1890 etwa 13 Kilometer westlich von Mangalia gegründeten deutschen Siedlung Sarighiol/Albeşti. Dort erhielten lediglich einige Familien nach einer Wartezeit von vier Jahren je zehn Hektar Land. Erst nach Beschwerden bekamen die anderen Familien 1904 die ursprünglich zugesicherten 15 Hektar Land (für fünf Lei Pacht pro Hektar und Jahr), das nach dreißig Jahren in ihr Eigentum übergehen sollte. Da der Boden in Sarighiol steinig und schwer zu bewirtschaften war, wurde die ökonomische Situation der Bauern als nicht besonders gut beschrieben, trotz des stattlichen deutschen Dorfviertels. Auch in das Seebad Mangalia kamen um 1890 deutsche Familien, zumeist aus Bessarabien und Wolhynien. Dort kam es allerdings nicht zur Anlage eines eigenen deutschen Viertels.

Aus bessarabiendeutschen Ortschaften gelangten 1891 die ersten Siedler in das tatarische Dorf Kobadin/Cobadin, das südwestlich von Konstanza liegt. Dort kauften sie den auswandernden Tataren und Türken Land ab; im Unterschied zu den meisten früheren Ansiedlungen fand eine Zuteilung von Grund und Boden durch rumänische Behörden in Kobadin nicht statt. Die Besitzverhältnisse bei den deutschen Dorfbewohnern waren daher sehr unausgeglichen: Drei deutsche Familien besaßen jeweils mehr als dreihundert Hektar, drei weitere Familien zwischen hundert und zweihundert Hektar, elf zwischen dreißig und achtzig Hektar, etwa ein Dutzend zwischen 2,5 und 15 Hektar. Die Mehrheit der deutschen Dorfbewohner arbeitete auf gepachtetem Land, zumal die Pacht billiger war als die Steuer, wie es bei dem dobrudschadeutschen Lehrer und Heimatschriftsteller Otto Leyer (*Geschichte des deutschen Dorfes Kobadin*, S. 13) heißt. Das gepachtete Land warf hier einen guten Gewinn ab, wenn auch der Landkauf weiterhin als beste Kapitalanlage galt. Leyer beschreibt die ersten Siedler seiner Heimatgemeinde Kobadin so:

> Meist waren es strebsame, tüchtige, bekehrte Deutsche, die durch ihre Hände Arbeit vorwärtskommen wollten. Jede Familie kam mit eigenem Wagen, mindestens zwei Pferden, Ackergerät, dem notwendigen Hausgerät und war mit Nahrungsmitteln für einige Zeit versehen. Geld brachten nicht viele mit, aber alle hatten ein unerschütterliches Gottvertrauen und einen festen Glauben an ihre Zukunft.
>
> Ebd.

Als letzte deutsche Siedlung mit größerer Zuwanderung unmittelbar aus Bessarabien und Cherson gilt der Ort Neue Weingärten/Viile-Noi. In das nur etwa fünf Kilometer südlich von Konstanza gelegene Dorf kamen 1892 zusätzlich einige Familien aus Kobadin und Sarighiol. In dem Viertel der deutschen Siedler lebten zudem einige rumänische Familien. Im

Wohnhaus mit eingezäuntem Obstgarten in Neue Weingärten

deutschen Dorfteil von Neue Weingärten gab es nicht mehr die für dobrudschadeutsche Siedlungen typische breite, lange Hauptstraße, auch die Häuser standen nicht in der gewohnten Regelmäßigkeit nebeneinander. Aufgrund der Nähe von Neue Weingärten zu Konstanza betrieben viele deutsche Siedler keine Landwirtschaft, sondern wurden Arbeiter in der nahen Stadt. Neue Weingärten war die einzige dobrudschadeutsche Siedlung mit einer mehrheitlich adventistischen Gemeinde. 1926 wurde der Ort nach Konstanza eingemeindet.

Die Einwanderung von deutschen Familien aus Neurussland in die Dobrudscha in größeren und geschlossenen Gruppen war nach einem halben Jahrhundert abgeschlossen. Dabei hatten die Siedler häufig in mehreren Orten, nicht selten in verschiedenen Regionen und Ländern Station gemacht, bis ihre Wanderungen in der Dobrudscha ein – oft auch nur vorläufiges – Ende fanden.

Tochterkolonien

Auch nachdem die Zuwanderung aus Neurussland nachgelassen hatte, kam es in der Dobrudscha noch zu Beginn der 1930er Jahre zur Gründung neuer deutscher Siedlungen und Ortsteile. Ein wichtiger Grund für das stetige Weiterwandern der jungen Generation war neben dem wirtschaftlichen Druck der große Kinderreichtum der Dobrudschadeutschen. Dieser führte in ihren Siedlungen in der Regel nicht zu einem deutlichen Anwachsen der Bevölkerung; wenn es keine Möglichkeit mehr gab, Land innerhalb der Gemeindegrenzen zu erstehen, zogen jüngere landlose Familien häufig in andere Orte oder sie schlossen sich zusammen und gründeten neue Siedlungen in der Region. Ungünstige ökonomische Verhältnisse wie zu hohe Pachtforderungen waren ein weiteres Motiv, warum Dobrudschadeutsche ihren Heimatort verließen und Tochterkolonien gründeten.

Vereinzelt kamen auch nach 1893 deutsche Siedler aus Neurussland, vor allem aus Bessarabien in die Dobrudscha. In den neu besiedelten Orten gelang es nur wenigen, auf eigenem Boden Landwirtschaft zu betreiben. Eine solche Siedlung war das rund neun Kilometer südlich

Hof mit Brunnen (rechts) in Fachria, Foto von 2014

von Kobadin gelegene Sofular/Credința. Um 1893 kamen Dobrudschadeutsche aus verschiedenen Dörfern der Region, aber auch noch Deutsche aus Bessarabien und Wolhynien in den Ort. Sie arbeiteten überwiegend auf dem Land der Kobadiner Gebrüder Leyer »um die Halbscheid« oder als Tagelöhner. Zwischen 1896 und 1901 wanderte der Großteil der deutschen Bewohner aus Sofular nach Nordamerika und Argentinien aus.

Eine günstigere Entwicklung nahm die Gemeinde Mamuslia/Căscioarele. In das vorher von Türken bewohnte Dorf an der rumänisch-bulgarischen Grenze kamen 1893 hauptsächlich aus Atmadscha und Tschukurowa deutsche Familien. Da fast alle rumänische Staatsbürger waren, wurde jeder Familie 25 Hektar Land zugeteilt, das innerhalb von dreißig Jahren abbezahlt werden musste; die später hinzukommenden Siedler erhielten nur noch je fünf Hektar. Der Ackerboden der Gemeinde war von sehr guter Qualität, so dass sich recht schnell ein gewisser Wohlstand unter den Siedlern einstellte.

Während in den meisten deutschen Siedlungen jeder Hof über einen eigenen Brunnen verfügte, gestaltete sich die Wasserversorgung in Fachria problematisch, da für rund vierhundert Bewohner lediglich acht Brunnen zur Verfügung standen. Diesem Missstand wurde auf folgende Weise abzuhelfen versucht:

> Vier Brunnen waren 40 m tief, und drei Brunnen waren 50 m tief. In der Mitte des Dorfes war der Gemeindebrunnen, und daneben lag das Wasserbassin. Wenn das Pferd an der Trommel angespannt war, zog es das gefüllte Wasserfaß nach oben, und das leere Faß sank nach unten. Sobald das Faß mit dem Wasser oben angekommen war, wurde das Wasser sofort in das Wasserbecken entleert. In dieser Zeit füllte sich das Faß unten mit Wasser. Nun wurde das Pferd umgedreht, dann zog es das Faß mit Wasser nach oben. Nach einigen Stunden war das Betonbecken voll mit Wasser. Alle Pferde, Fohlen, Kühe und Kälber kamen zur Tränke. Jede Haushaltung konnte morgens, mittags und abends je zwei Eimer Trinkwasser bekommen. Für die anderen Brunnen hatte jeder Hof ein Seil von 50 m Länge und einen Wassersack aus wasserdichtem Tuch. Zum Wassersack sagten die Leute auch »Burduf« [Entlehnung aus dem Rumänischen, Anm. d. Red.]. Wenn der Wassersack im Brunnen gefüllt war, zog das Pferd das Seil über eine feste Rolle und den vollen Wassersack nach oben. Von diesen Brunnen konnten alle Haushaltungen genügend Wasser holen. Nach dem Ersten Weltkrieg waren die Brunnen versandet und hatten wenig Wasser. Dann wurde ein Junge in den Brunnen hinunter gelassen. Unten füllte er mit einem Gefäß den Wassersack schnell mit Wasser. Dann wurde der Wassersack nach oben gezogen. War genug Wasser oben, wurde der Knabe wieder nach oben gezogen.
>
> *Heimatbuch*, S. 423

Vergleichsweise erfolgreich waren auch die deutschen Siedler von Groß-Mandschapunar/Costinești, ein Ort, der häufig auch nur Mandschapunar genannt wurde und auf halbem Weg zwischen Mangalia und Konstanza liegt. Der aus Siebenbürgen stammende Schriftsteller Adolf Meschendörfer übersetzte den türkischen Namen der Siedlung in seinem gleichnamigen Roman mit »Büffelbrunnen«.

Die 1895 in das direkt an der Schwarzmeerküste gelegene Groß-Mandschapunar gekommenen katholischen Siedler waren von dem Politiker und Gutsbesitzer Emil Costinescu zur Ansiedlung eingeladen worden. Mündlich versprach er jedem deutschen Siedler einen Hof mit 5 000 Quadratmetern Garten, der nach zwanzig Jahren in den Besitz der Kolonisten übergehen sollte. Zudem verpachtete er den deutschen Siedlern mehr als 7 000 Hektar seines Landes für zwanzig Jahre. Dank der guten Erträge entwickelte sich die Gemeinde gut, und bald errichtete sie entlang einer den anderen dobrudschadeutschen Siedlungen nachempfundenen breiten Hauptstraße eindrucksvolle Häuser. Bereits 1901 wurde eine katholische Kirche für die rund 48 Familien fertiggestellt. Rund zehn Jahre später begannen die Schwierigkeiten für die Siedler, als die Schwiegersöhne des Gutsbesitzers Costinescu Änderungen des Pachtvertrages verlangten und auch durchsetzten. Nach dem Tod von Costinescu verschlechterten sich die Pachtbedingungen für die deutschen Bauern weiter, so dass mehr als die Hälfte von ihnen nach Amerika auswanderte oder in andere Dobrudschadörfer wegzog.

Ein literarisches Denkmal der Dobrudschadeutschen

Ein kleines Denkmal hat der siebenbürgische Schriftsteller Adolf Meschendörfer den Dobrudschadeutschen in seinem 1936 erschienenen Roman *Der Büffelbrunnen* gesetzt. Kernstück des Romans ist eine Hochzeitsreise in die Dobrudscha. Die Lebenswelt der Dobrudschadeutschen und ihre Verbindungen sowohl zu den anderen in der Dobrudscha lebenden Ethnien als auch zu den anderen auf dem Gebiet Rumäniens lebenden deutschen Volksgruppen werden greifbar und von einem offensichtlich kundigen Beobachter dargestellt, die Dobrudscha der Vorkriegszeit wird auf den Romanseiten wieder lebendig. Sprachlich-literarisch und in seiner kulturpolitischen Dimension nicht durchgängig ein Glanzstück – im Gegensatz zu Oscar Walter Ciseks Novelle *Die Tatarin* –, enthält Meschendörfers Roman gleichwohl kulturhistorisch wichtige Passagen, in denen viel authentisches Leben der Dobrudschadeutschen aufscheint.

Während der Besetzung der Dobrudscha durch deutsche Truppen im Ersten Weltkrieg kehrten 1916 einige frühere Dorfbewohner wieder nach Groß-Mandschapunar zurück. Schließlich entschlossen sich die Siedler, gegen die Erbin des Gutes einen Prozess anzustrengen, der 15 Jahre dauern sollte und den sie letztendlich verloren. Doch nun erhielten sie Unterstützung von Pfarrer Pieger, der mit der Erbin, die gut Deutsch sprach, über den Verkauf des Dorfes verhandel-

Frauen in Groß-Mandschapunar bereiten ein Festmahl im Freien vor; bereits gefüllte Formen stehen auf Holzbänken. Aufnahme aus der ersten Hälfte des 20. Jahrhunderts

te. Nach weiteren Verwicklungen erklärte sich schließlich der Bukarester Erzbischof Alexandru Theodor Cisar bereit, die Zahlungsgarantie zu übernehmen. Zwischen ihm und der Erbin konnte ein Vertrag abgeschlossen werden, so dass 1936 die Mandschapunarer Eigentümer ihrer Hofgrundstücke wurden. Zusätzlich zur Landwirtschaft unterstützte der Fremdenverkehr die Entwicklung des Dorfes – im Zuge der touristischen Erschließung der westlichen Schwarzmeerküste entstanden um 1900 die ersten Seebäder; Groß-Mandschapunar wurde spätestens in den 1920er Jahren zu einem beliebten Ferienort der Siebenbürger Sachsen. In dieser Siedlung kauften sich schließlich auch einige von ihnen Häuser, um dort den gesamten Sommer zu verbringen. Zum Zeitpunkt der Umsiedlung lebten 85 dobrudschadeutsche Familien in dem Ort.

Im Jahr 1897 kamen hauptsächlich dobrudschadeutsche Familien evangelischen Glaubens aus der aufgelösten Siedlung Osmantscha nach Klein-Mandschapunar/Schitu. Zunächst entwickelte sich die deutsche Siedlung gut, doch dann gestalteten sich die Pachtbedingungen immer unvorteilhafter für die Pachtnehmer. Viele Bauern verarmten; die meisten blieben dennoch bis zur Umsiedlung im Ort. Ebenfalls aus Osmantscha gingen 1901 deutsche Siedler nach

Alakap/Poarta Albă, wo sie auf gepachtetem Land arbeiteten. Nach den Überschwemmungen von 1909 und 1914 erhielten sie höher gelegene Bauplätze, auf denen sie eine geschlossene deutsche Siedlung errichteten. Ab 1904 ließen sich einige evangelische Familien in Omurtscha/Omurcea nieder. Der Inhaber der dortigen Mühle war Dobrudschadeutscher, die anderen Siedler arbeiteten zumeist auf gepachtetem Land.

Hauptsächlich aus Malkotsch, Karamurat und Kulelie zogen landlose katholische Familien ab 1907 nach Techirghiol, wo sie entweder in der Landwirtschaft oder im Steinbruch Arbeit fanden. Die deutschen Techirghioler hatten im Gegensatz zu den meisten anderen Dobrudscha-Siedlern ihrer Volksgruppe kein eigenes Viertel, sie hatten sich Häuser in den tatarischen und rumänischen Vierteln der Gemeinde gekauft. Obwohl sie kaum über eigenen Landbesitz verfügten, gelang es ihnen 1934, eine kleine katholische Kirche zu errichten, die heute noch steht und *biserica nemţească* (»deutsche Kirche«) genannt wird.

Im Jahr 1909 gingen aus der ebenfalls aufgelösten Siedlung Osmanfaca sowie aus Karamurat, Kulelie und Groß-Mandschapunar katholische Familien in das sieben Kilometer nördlich von Konstanza gelegene Groß-Pallas/Palazu Mare und errichteten ein eigenes Viertel. Gut die Hälfte der Dorfbewohner war Kleinbauern. Aufgrund der Nähe zur Stadt arbei-

Die katholische Kirche St. Konrad von Parzham in Techirghiol. Aufnahme von 2014

Die Mühle Rösner und Kraus in Kobadin

teten auch einige der Dorfbewohner in Konstanza.

Ab 1922 ließen sich junge, hauptsächlich evangelische Familien in Karatai/Nisipari nieder; sie kamen aus Atmadscha, Tschukurowa und Tariverde und gründeten im Westen des Dorfes ein eigenes deutsches Viertel. Weil in Karatai noch relativ viel Land käuflich zu erwerben war, kamen später auch Familien aus anderen dobrudschadeutschen Siedlungen hinzu. Karatai war somit die letzte größere Siedlungsgründung von Dobrudschadeutschen. Bei der Umsiedlung lebten in dem Dorf 271 deutsche Siedler.

Einige wenige dobrudschadeutsche Familien zogen nach Ebechioi (ab 1908), Murfatlar (ab 1921), Adschemler (ab 1923) und Ivrenes (ab 1932). Einzelne dobrudschadeutsche Bauernfamilien lebten zudem in anderen Dörfern der Region, in denen sie (meistens) keine deutschen Nachbarn hatten. Darüber hinaus gab es in der Dobrudscha noch einige deutsche Mühlenbesitzer, die Dampf- oder Wassermühlen auch außerhalb deutscher Siedlungen betrieben.

Deutsche Siedlungen in der bulgarischen Süddobrudscha

Wechselvoll ist auch die Geschichte der Süddobrudscha, deren Ausdehnung weitgehend identisch ist mit den heutigen bulgarischen Bezirken Dobritsch und Silistra. 1878 kam die vormals türkische Süddobrudscha zum Fürstentum Bulgarien. Nach den Balkankriegen musste Bulgarien 1913 die Süddobrudscha an Rumänien abtreten. Während des Ersten Weltkriegs wurde die gesamte Dobrudscha von den Mittelmächten besetzt. Nach Kriegsende verblieb bis 1940 die gesamte Dobrudscha bei Rumänien, danach wurde die Süddobrudscha wieder Teil Bulgariens.

Die meisten landlosen deutschen Siedler kamen Anfang des 20. Jahrhunderts aus Neurussland einschließlich Bessarabien in die Süddobrudscha, weil es in der Region preiswertes Land zu kaufen gab. So ließen sich in einigen Dörfern deutsche Familien in geringer Zahl oder auch einzeln nieder. Die größte deutsche Siedlung in der Süddobrudscha war das rund zwanzig Kilometer nördlich von Dobritsch gelegene Ali Anife/Dobrevo, ein Dorf, das von den Deutschen auch Kalfa genannt wurde und in dem sich ab 1903 Katholiken hauptsächlich aus dem neurussischen Gouvernement Cherson niederließen. Die Siedler konnten bis zu dreihundert Hektar Boden pro Familie erwerben; so gelang es ihnen schnell, Ali Anife zu einem wohlhabenden Gemeinwesen auszubauen und bereits 1909 mit der Errichtung einer katholischen Kirche zu beginnen, die 1911 eingesegnet wurde. Der wirtschaftliche Erfolg ermutigte die Bauern in Ali Anife, sich landwirtschaftliche Maschinen anzuschaffen, für die sich einige allerdings hoch verschuldeten. Im Zuge der Weltwirtschaftskrise 1931 fehlten vielen Siedlern die finanziellen Mittel, um die Schulden abzubezahlen. Da auch die Preise für Grund und Boden dramatisch gesunken waren, reichte der Verkauf von Land allein nicht aus, um die Schulden zu tilgen, so dass sich viele deutsche Bauern als Knechte und viele junge Frauen in den Städten als Dienstmädchen verdingen mussten. Hinzu kam, dass die rumänische Regierung die Bauern in der nunmehr rumänischen Süddobrudscha – und somit auch die deutschen Siedler – um ein Drittel ihres Landbesitzes enteignete, um Land für die rumänischen Bauern aus Oltenien und für die Aromunen vom Balkan zur Verfügung zu haben. Diese wurden in der Süddobrudscha angesiedelt, um den äußerst geringen rumänischen Anteil an der Gesamtbevölkerung in der Süddobrudscha anzuheben.

Aus Ali Anife wurden 1943 alle deutschen Dorfbewohner umgesiedelt; es handelte sich um 325 Personen. Etwas weniger, nämlich 220 Personen, waren es aus Tschobankuius/Pastir, einer Siedlung, die ebenfalls 1903 von deutschen evangelischen Familien gegründet worden war. Das *Heimatbuch* weist für die Süddobrudscha neben Ali Anife und Tschobankuius sowie den Städten Dobritsch, Baltschik und Silistra noch 17 weitere Orte nach, aus denen 1943 deutsche Familien umgesiedelt wurden. Im Schnitt waren es zwischen einer und vier Familien pro Ortschaft.

Die Anzahl der Dobrudschadeutschen hatte sich bis 1917 hauptsächlich aufgrund des Geburtenüberschusses verdreifacht. Im Jahr 1935 war sie auf 13 000 Personen angewachsen, davon lebten 475 deutsche Siedler in der Süddobrudscha. (*Handwörterbuch des Grenz- und Auslandsdeutschtums*, S. 281). Damit war der Anteil der Deutschen an der Gesamtbevölkerung der Dobrudscha relativ gering, nämlich lediglich 1,5 Prozent. Sie lebten fast ausschließlich im ländlichen Raum der Region; das vorherrschende bäuer-

Deutsche Siedler nach dem Gottesdienst auf der Hauptstraße von Ali Anife, 1940

liche Gemeinschaftsleben und die kulturelle Situation der deutschen Siedler wird als eine karge Existenzweise beschrieben, gekennzeichnet durch »strenge, kirchlich bestimmte Zucht«.

Nach dem Berliner Kongress 1878

Auf dem Berliner Kongress wurde eine Teilung der Dobrudscha beschlossen: Bulgarien wurde die Süddobrudscha mit den Bezirken Kaliakra und Durostor zugesprochen, Rumänien erhielt die Norddobrudscha. Im Gegenzug musste Rumänien Südbessarabien an Russland abtreten. Ein großer Teil der politischen Elite Rumäniens empfand diesen Tausch als schwer zumutbar, denn mit Bessarabien bestanden sehr enge historische und auch ethnische Verbindungen. Zur Dobrudscha hingegen, die überwiegend von türkischen, tatarischen und bulgarischen Bevölkerungsgruppen bewohnt war, gab es kaum Beziehungen. Im Fürstentum Bulgarien wiederum fühlte man sich übergangen, da man die gesamte Dobrudscha in das Staatsterritorium eingliedern wollte. Somit war der Streit um diese Region zwischen den beiden jungen Nachbarstaaten bereits vorprogrammiert.

Am 26. November 1878 erklärte Karl von Hohenzollern-Sigmaringen, seit 1866 Fürst von Rumänien, in einem Manifest, dass den Bewohnern der Norddobrudscha religiöse Freiheit und die gleichen Rechte zugestanden würden wie sie die rumänischen Bürger in den anderen Landesteilen Rumäniens hatten. Um der ethnischen Vielfalt der Region Rechnung zu tragen, wurde das Manifest in rumänischer und bulgarischer Sprache veröffentlicht. Trotz dieser vom Souverän gemachten Versprechungen wurde für die Norddobrudscha schließlich zunächst eine Ausnahmestellung innerhalb des rumänischen Staatsverbands konstituiert. Die Aktivitäten der rumänischen Regierung resultierten dabei in mehreren Gesetzen, die die Eingliederung der Region in den rumänischen Staat steuern sollten: Mit dem »Gesetz über die Organisation der Dobrudscha« *(Legea pentru organizarea Dobrogei)* vom 9. März 1880 wurde die neue rumänische Verwaltungsstruktur auf die Norddobrudscha übertragen. Dem Vertreter der Zentralregierung auf lokaler Ebene, dem Präfekten, wurde dabei eine herausragende Rolle eingeräumt, denn die Polizei, die Bürgermeister und auch die gesamte Verwaltung waren ihm rechenschaftspflichtig. Laut Artikel 3 sollten alle Bewohner der Dobrudscha, die am 11. April 1877 osmanische Bürger gewesen waren, ohne weitere Formalitäten die rumänische Staatsbürgerschaft bekommen. Allerdings erhielten die Neubürger nicht die gleichen politischen Rechte wie die anderen rumänischen Staatsbürger, was zu Unzufriedenheit und Protesten sowohl in der Region selbst als auch in Bukarest und in Bulgarien führte. Besonders der Politiker Mihail Kogălniceanu setzte sich im Bukarester Parlament für gleiche Rechte für alle Dobrudschaner ein.

Fast drei Jahrzehnte später, im April 1909, wurde schließlich ein Gesetz verabschiedet, das formal die Gleichstellung der Bürger in der Dobrudscha kodifizierte. Die Machtfülle des von der Zentralregierung eingesetzten Präfekten blieb allerdings weiterhin völlig unbeschnitten, und somit wurde die Ausnahmestellung der Region im rumänischen Staatsverband nur formal aufgehoben.

Der Politiker Mihail Kogălniceanu war unter Fürst Alexandru Ioan Cuza erster Premierminister Rumäniens, unter der Regierung von Fürst Karl aus dem Haus Hohenzollern-Sigmaringen Innen- und kurze Zeit auch Außenminister. Er galt als liberal und leitete zügig Reformen ein, gleichzeitig aber auch als absolutistisch und prorussisch. Hier sein Grab in Jassy/Iaşi. Foto von 2008

1895-1995

▲ Eine Eisenbahnverbindung zwischen Cernavodă und dem Hafen Konstanza bestand bereits seit osmanischer Zeit, und auch eine Straßenverbindung zwischen Bukarest und Fetești, das Cernavodă am walachischen Ufer der Donau gegenüberlag, war vorhanden. Nur eine Brücke über die Donau fehlte. Diese Lücke ließ König Karl I. schließen und sorgte dafür, dass eine durchgehende und ganzjährige Verbindung per Eisenbahn mit dem Hafen Konstanza geschaffen wurde. Die König Karl I.- Brücke (rum. *Podul Regele Carol I*) wurde am 14. September 1895 in Anwesenheit des Königs eingeweiht. Aufnahme von 1916

Die Hohenzollern und die Dobrudscha

Der 1839 in Sigmaringen geborene Prinz Karl von Hohenzollern-Sigmaringen betrat am 8. Mai 1866 zum ersten Mal rumänischen Boden, den er auf einer recht abenteuerlichen Reise unter dem Namen Karl Hettingen von Düsseldorf aus über Zürich, Wien und Budapest erreichte. In rumänischen Quellen wird von einem euphorischen Empfang am 10. Mai 1866 durch die Bukarester Bevölkerung berichtet. Drei Jahre später heiratete der

◀ Die ehemalige König Karl I.-Brücke ist heute nach Anghel Saligny, dem damaligen Leiter der Bauabteilung der Rumänischen Eisenbahn, benannt. Die eingleisige Brücke wurde nach Salignys Plänen und unter seiner Leitung errichtet. Mit 2632 Metern Länge war sie bei ihrer Eröffnung eine der größten Eisenbahnbrücken Europas. Heute ist die Strecke stillgelegt, 1987 wurde fünfzig Meter flussaufwärts die Cernavodă-Brücke für den Auto- und Bahnverkehr eröffnet.

Emanuel Leyer nahm 1895 in seiner Funktion als Bürgermeister der von ihm mitbegründeten dobrudschadeutschen Siedlung Kobadin an der Einweihung der König Karl I.-Brücke teil. Über die Begegnung des Bürgermeisters mit König Karl I. schreibt Mathilde Welk in ihren Erinnerungen: »Mein Bruder erzählte mir: Damals als die Brücke eingeweiht wurde war er 8 Jahre. Er durfte auch mit Vater mit. Emanuel Leyer war damals Bürgermeister. König Karl war Rumäniens erster König. Es waren mehrere Bürgermeister dort. Als die Reihe an Herrn Leyer kam und der König ihn fragte, wie es gehe u. ihm die Hand reichte, konnte er kein Wort vorbringen, so erschrocken war er. Da ist Lehrer Hanemann vorgetreten u. sagte: Majestät, entschuldigen sie, er ist so erschrocken. Der König legte ihm die Hand auf die Schulter, tröstete ihn u. sagte: Ich bin ja auch nur ein Mensch. Mein Bruder dachte dann, das ist ein rechter König, der hat Rumänien hochgebracht […]« (IVDE, Freiburg, Signatur 4/1/367).

Bei den Leyers wird noch eine Anekdote über ihren Vorfahren weitergegeben. Demnach hatte König Karl I. ihn mit anderen Honoratioren zu einem Essen eingeladen. Danach wurde eine mit Wasser gefüllte goldene Schale zum Händereinigen gebracht und Leyer, dem ältesten Gast am Tisch, als erstes gereicht. Der Bürgermeister nun, mit den Tischsitten bei Hofe offenbar nicht vertraut, trank aus der Schale und reichte sie dem König weiter. Um den Gast nicht bloßzustellen, soll der König ebenfalls aus der Schale getrunken haben (Bericht der Ururenkelin von Emanuel Leyer, Bettina Hengelhaupt).

Zwischen 1910 und 1912 wurde in Konstanza im Auftrag König Karls I. im historischen Zentrum von Konstanza eine Moschee aus Stahlbeton nach Plänen des Architekten Victor Ştefănescu und des Ingenieurs George Constantinescu errichtet. Als Vorbild diente ihnen die Moschee aus dem türkischen Konya. Am 31. Mai 1913 wurde die König Karl I.-Moschee in Anwesenheit des Königs und der Königin eingeweiht.

junge rumänische Fürst Prinzessin Elisabeth zu Wied. Unter seiner Herrschaft wurde die Dobrudscha einer strengen Rumänisierungspolitik unterzogen, die eine große Anzahl an Muslimen und Bulgaren zur Auswanderung ins Osmanische Reich und nach Bulgarien trieb. Als Rumänien 1878 durch den Frieden von San Stefano vom Osmanischen Reich unabhängig wurde, proklamierte man Fürst Karl am 26. März 1881 zum König von Rumänien.

König Karl I. und Königin Elisabeth bereisten des Öfteren die Dobrudscha und suchten den Kontakt zu allen ethnischen Gruppen in der Region, selbstverständlich auch zu den Dobrudschadeutschen. Der 14. November 1878, an dem der König die Dobrudscha erstmals besuchte, wurde seitdem als Tag der Dobrudscha gefeiert. Bei Brăila überquerte er Richtung Ghecet (heute *Smârdan*) die Donau, um die Angliederung der Dobrudscha zu feiern. Ein längerer Besuch in Tulcea und Konstanza sowie weiteren Orten in der Region folgte ab dem 15. Oktober 1879.

So schenkte die rumänische Königin der evangelischen Gemeinde von Kodschalie anlässlich der Erweiterung ihrer Kirche 1903 eine prachtvolle zweibändige Altarbibel. Bei der Umsiedlung 1940 wurde die Bibel vom Kirchenältesten der evangelisch-lutherischen Gemeinde Kodschalie, Friedrich Bröckel, gemeinsam mit dem Predigtbuch in eine eigens dafür angefertigte Kiste verpackt. Auch der Altarteppich aus der Kirche wurde mitgenommen. Mit dem gesamten Gepäck kam auch die Kiste mit der Bibel zunächst in das Umsiedlungslager Seidenstetten, Kreis Amstetten in Österreich. Bröckel führte die Bibel und weitere Gegenstände aus der Kirche von Kodschalie stets mit sich, zunächst in das Umsiedlungslager Raab, Kreis Waidhofen,

Der Grundstein zum Unabhängigkeits-Denkmal *(Monumentul Indepentenţei)* in Tulcea wurde in Anwesenheit König Karls I. im Oktober 1879 (Fertigstellung 1899) gelegt. Ebenfalls unter seinen sowie unter Königin Elisabeths Augen fand 1904 die Einweihung als *Monumentul Reanexării* (»Denkmal der Wiedereingliederung«) statt. Foto von 2014

Die evangelische Kirche von Kodschalie wurde 1890/91 von deutschen Siedlern errichtet. Die Bibel, ein Geschenk der rumänischen Königin an die Gemeinde, ist in Leder gebunden und erschien im damals wegen seiner großformatigen Prachtbände berühmten Max Herzig Verlag (Wien und Leipzig) im Format 30 mal 40 Zentimeter. Sie ist mit 127 ganzseitigen Abbildungen nach Gemälden klassischer Meister geschmückt und trägt eine Widmung der Königin: »Der kleinen Gemeinde steht Gott besonders nahe. Elisabeth. Zur Weihnacht 1903.«

Marinesoldaten stifteten ein Denkmal für die rumänische Königin Elisabeth, die sich als Schriftstellerin Carmen Sylva nannte, das am Tag der Marine 1937 vor dem Kasino von Konstanza eingeweiht wurde. Unter kommunistischer Herrschaft wurde das Denkmal beseitigt. Heute steht es wieder an seinem angestammten Platz. Foto von 2014

und danach in das Lager Frain/Talsperre, schließlich 1943 nach Hork an der March bei Olmütz/Olomouc im Protektorat Böhmen und Mähren. Bei seiner Flucht am 18. April 1945 aus Hork an der March konnte Bröckel die Bibel mitnehmen, der Altarteppich kam ihm aber auf der Flucht abhanden. Nach mehreren Stationen gelangte Bröckel 1946 nach Lonsee, Kreis Ulm/Donau. Im Jahr 1954 erfuhr der Vorstand der Landsmannschaft der Dobrudscha- und Bulgariendeutschen vom Verbleib der Bibel, die Bröckel erfreut nach Heilbronn abgab: »Meine Tochter und Schwiegersohn sind voriges Jahr nach Kanada ausgewandert, wir beide sind alte Leute und viel kränklich, deshalb freuen wir uns, daß unsere Altarbibel nun in das Dobrudscha-Museum kommt und dort von allen Landsleuten besichtigt werden kann« (*Heimatbuch,* S. 306). Momentan befindet sich die Altarbibel von Kodschalie im Donauschwäbischen Zentralmuseum in Ulm.

Während ihrer Aufenthalte in der Dobrudscha traf Königin Elisabeth die Dobrudschadeutschen auch persönlich. Anlässlich eines Besuchs in Mangalia 1905 etwa be-

1925 bis 1929 ließ Königin Maria in Baltschik das Schloss *Tenha Yuva* (türk. »einsames Nest«) nach ihren Vorstellungen von Architekt Emil Guneş errichten. Malerisch in einer Bucht gelegen, wurde die Stadt zu einem Lieblingsort der Königin. Für die Dobrudschadeutschen hatte Baltschik eher indirekte Bedeutung: Da die Hautevolee im Gefolge der Königin die Schwarzmeerküste als Ort der Sommerfrische entdeckte, entwickelte sich auch in der mittleren Dobrudscha um Konstanza der Tourismus rapide, was für die »Schwabendörfer« an der Küste etwa bedeutete, dass sich wohlhabendere Schichten der deutschen Bevölkerungsgruppen in Rumänien Feriendomizile dort (z. B. in Groß-Mandschapunar) zulegten. Viele dobrudschadeutsche Familien vermieteten ihre Wohnhäuser im Sommer an Siebenbürger Sachsen und verbrachten die Sommermonate selbst in den Wirtschaftstrakten. Foto von 2014

grüßte eine Abordnung deutscher Siedler aus dem nahe gelegenen Sarighiol unter der Leitung des Bürgermeisters Jakob Liebelt und des Lehrers Johann Straub die Königin und die Kronprinzessin Maria in dem Seebad. Auf Wunsch des Präfekten von Konstanza sangen die Sarighioler ein Lied auf Deutsch. Die Siedler wählten für die ebenfalls evangelische Königin das Kirchenlied *Lasst mich gehen*. An dem darauffolgenden Tag teilte sie dem evangelischen Pfarrer Graf von Konstanza mit, dass sie sehr überrascht gewesen sei, in Mangalia ihr Lieblingslied dargeboten zu bekommen. Diese Begegnung blieb als »lebhaftes Andenken« in der Erinnerung vieler Sarighioler Deutscher.

Königin Maria im Schlossgarten von Baltschik, im Hintergrund die Stella-Maris-Kapelle. In dieser Kapelle wurde nach ihrem Tod 1938 auf ihren eigenen Wunsch hin ihr Herz aufbewahrt. Ihr Körper wurde im Kloster Curtea de Argeş, Grablege der rumänischen Königsfamilie, bestattet. Nachdem die Süddobrudscha wieder bulgarisch wurde, kam das Herz der Königin in die gleichnamige Kapelle bei der Törzburg/Castelul Bran in Siebenbürgen. Heute befindet sich die Schatulle auf Schloss Pelişor in Sinaia.

Baltschik, damals eine kleine Stadt von gut 6 600 Einwohnern, davon rund 3 000 Bulgaren, etwas mehr als 2 000 Türken sowie Tataren, Griechen, Juden, Armenier, Roma und lediglich 17 Rumänen, wurde aufgrund seiner Anziehungskraft zu einer rumänischen Legende, zum »kleinen Paradies Großrumäniens«. Zahlreiche rumänische Maler verbrachten in der Zwischenkriegszeit ihre Sommer in Baltschik und verewigten den türkisch-bulgarischen Ort auf der Leinwand, wie auch Ion Theodorescu-Sion mit seinem Gemälde *Balcic,* 1927.

Anfang der 2000er Jahre wurde das Thema Baltschik in der rumänischen Malerei wiederbelebt; so gab es eine Ausstellung im Rumänischen Kunstmuseum in Bukarest und einen Bildband zu Baltschik von Doina Păuleanu, *Balcicul în pictura românească* (»Baltschik in der rumänischen Malerei«). Seither widmen sich wieder vermehrt zeitgenössische Maler dem Ort in der Süddobrudscha, wie auch Vasile Mureşan-Murivale in zahlreichen Arbeiten; hier: *Panorama la Balcic,* 2017.

Von den im Zuge des Anschlusses der Dobrudscha an Rumänien verabschiedeten gesetzlichen Maßnahmen erwies sich das Gesetz über den Landerwerb *(Legea pentru imobiliare în Dobrogea)* vom 3. April 1882 als besonders folgenreich für die deutschen Neuansiedler. Danach war es ausschließlich rumänischen Staatsbürgern erlaubt, Grund und Boden zu erwerben, und die rumänische Staatsbürgerschaft konnte erst nach einem zehnjährigen Aufenthalt im Land beantragt werden. Viele deutsche Siedler, die vor 1878 in die Dobrudscha eingewandert waren, hatten auch in den 1880er Jahren noch keine rumänische Staatsangehörigkeit. Zudem besaß etwa ein Viertel der dobrudschadeutschen Landwirte nur zwei bis fünf Hektar Boden. Großgrundbesitzer mit mehr als fünfzig Hektar Boden gab es unter den Dobrudschadeutschen wenige. In Kobadin gründeten deshalb deutsche Siedler 1902 eine Gesellschaft, die sechzehn Mitglieder umfasste. Diese Gesellschaft kaufte insgesamt zweihundert Hektar Land zunächst auf den Namen des bereits eingebürgerten Christoph Rösner. Nachdem alle Gesellschafter nach und nach die rumänische Staatsbürgerschaft erlangt hatten, wurde diese schließlich wieder aufgelöst und das Land unter den Gesellschaftern verteilt.

Das Gesetz legte auch fest, dass die Dobrudschabewohner gültige Rechtstitel für ihr Eigentum nachweisen mussten. Häufig waren die Bodenbesitzverhältnisse in der osmanischen Dobrudscha jedoch nicht eindeutig geklärt worden oder es fehlten Dokumente. Aus diesem Grund mussten viele Türken, Tataren und Bulgaren ihren Besitz dem rumänischen Staat überlassen, was die Auswanderung dieser Bevölkerungsgruppen mitunter forcierte. Hinzu kam die Rumänisierungspolitik in den Bereichen der Administration, des Unterrichtswesens und der Kirche. So wurden ausschließlich versetzte rumänische Beamte aus der Walachei und der Moldau in leitende Funktionen in der Verwaltung eingesetzt, an den rumänischen Schulen wurde der Unterricht in den Minderheitensprachen stark eingeschränkt, und die bulgarischen orthodoxen Priester wurden durch rumänische Popen ersetzt. Durch weitere Gesetze und Verordnungen wie die Gewährung von Privilegien beim Kauf von Immobilien wurde die Ansiedlung von Rumänen aus anderen Landesteilen begünstigt, ihre Wiederabwanderung aus der Dobrudscha hingegen verboten.

Die Vereinigung der Norddobrudscha mit Rumänien 1878 hatte bulgarischen Revisionismus zur Folge. Rumänien wiederum beäugte den Gebietszuwachs Bulgariens um Teile Thrakiens und Makedoniens durch den Londoner Vertrag von 1913 besonders argwöhnisch. Im ersten Balkankrieg von 1912/13 war Rumänien noch neutral geblieben, doch Bukarest sah durch die Vergrößerung des bulgarischen Territoriums ein Ungleichgewicht auf dem Balkan entstehen und forderte daher von Sofia die Süddobrudscha. Nachdem weder die bilateralen Gespräche zwischen dem rumänischen Premierminister Titu

Karte Südosteuropas nach dem Berliner Kongress 1878, aus: *An Historical Atlas* von Robert H. Labberton, E. Elaxton & Co., 1884

Maiorescu und dem bulgarischen Ministerpräsidenten Stojan Danev noch die Vermittlungsversuche Russlands zu dem aus rumänischer Sicht gewünschten Erfolg geführt hatten, trat Rumänien im Juli 1913 an der Seite von Griechenland, Serbien und Montenegro in den Zweiten Balkankrieg ein und besetzte die bulgarische Süddobrudscha. Die rumänische Armee konnte die Süddobrudscha nahezu kampflos einnehmen, da die bereits geschwächte bulgarische Armee ihre Truppen in Makedonien konzentriert hatte.

Am 28. Juli 1913 vereinbarten die Kriegsparteien einen allgemeinen Waffenstillstand. Einen Tag später begannen die Friedensverhandlungen in Bukarest. In der Friedensvereinbarung von Bukarest vom 10. März 1913 musste Bulgarien die Süddobrudscha, die einen rumänischen Bevölkerungsanteil von etwa zwei Prozent besaß, an Rumänien abtreten. Die Annexion der Süddobrudscha durch Rumänien und die Ausdehnung der Rumänisierungspolitik auf dieses Gebiet verstärkten den bulgarischen Revisionismus.

Dieser äußerte sich in der Gründung von Komitadschi, die sich in der Tradition des politischen Untergrunds der nationalen bulgarischen Befreiungsbewegung von der osmanischen Herrschaft der 1860er Jahre sahen; für die rumänischen Behörden waren die Komitadschi lediglich marodierende Banden, und sie bekämpften sie mit allen Mitteln.

Die Dobrudschadeutschen im Ersten Weltkrieg und in der Zwischenkriegszeit

Nachdem die Ernten über Jahre hinweg ertragreich waren und es viele Dobrudschadeutsche zu einem bescheidenen Wohlstand gebracht hatten, fühlten sich die meisten Siedler in der Dobrudscha zu Hause angekommen. Ihre Wünsche waren nun eher praktischer Natur, wie es Ferdinand Bernhard stellvertretend für die meisten anderen Siedler für seinen süddobrudschanischen Heimatort Ali Anife formulierte: »Mehr Land, mehr Pferde, mehr Scheunen, vielleicht auch eine von den neuen Mähmaschinen« (Bernhard, *Kalfa,* S. 198).

Doch über die Verwandten aus Bessarabien und Neurussland erreichten die deutschen Siedler beängstigende Nachrichten. Der aufziehende Krieg beunruhigte die Gemüter auch in der fernen Dobrudscha, weil befürchtet wurde, dass der Krieg auch diese Region erreichen würde, denn Rumänien und Bulgarien beanspruchten jeweils die gesamte Dobrudscha für sich.

Zu Beginn des Krieges erklärte Rumänien am 3. August 1914 seine Neutralität. Doch mit Fortschreiten der Kriegshandlungen wurde es immer wahrscheinlicher, dass Rumänien durch Kriegseintritt Gebietsgewinne zu erwarten hätte, denn seine Lage und die Ölfelder machten es zum attraktiven Verbündeten, sowohl für die Entente als auch für die Mittelmächte. Nach dem Tod König Karls I. und dem Bündnis Bulgariens mit den Mittelmächten 1915 – geschlossen in der Absicht, eine Revision des Friedens von Bukarest zu erzielen – stellte sich Rumänien 1916 auf die Seite der Entente. Zuvor hatte Ministerpräsident Ion Brătianu ausgehandelt, dass eine 200 000 Mann starke alliierte Truppe in der Dobrudscha aufgestellt werde, um

Die 1912 neu errichtete römisch-katholische Kirche in Ali Anife

Deutsche Dobrudschanerinnen und Soldaten der deutschen Armee in Sofular, 1917

Generalfeldmarschall August von Mackensen bei der Donauüberquerung mit den deutschen Truppen am 23. November 1916 bei der bulgarischen Stadt Swischtow; am gegenüberliegenden Ufer erwartete sie das rumänische Zimnicea.

die Bulgaren von einem Angriff abzuhalten, außerdem wurde eine Geheimkonvention abgeschlossen, in der die Ententemächte Bukarest den Zugewinn Siebenbürgens und der Bukowina sowie den Verbleib der Dobrudscha zusicherten.

In Bulgarien wurden unmittelbar nach der Kriegserklärung Rumäniens und dem Überfall auf Siebenbürgen unter dem Oberbefehl des deutschen Generalfeldmarschalls August von Mackensen deutsche, bulgarische und türkische Truppen an der Donau und an der Grenze zur Dobrudscha zusammengezogen. Vielen deutschen Siedlern wurde die Brisanz der Situation schnell bewusst. Als beispielsweise in der Nähe der dobrudschadeutschen Siedlung Fachria rumänische Pioniereinheiten zum Schutz der Donaubrücke stationiert wurden, war vielen Bewohnern des Ortes klar, dass ihr Dorf evakuiert werden würde. In zahlreichen dobrudschadeutschen Ortschaften begannen die Bewohner eilig, tonkrugförmige Gruben auszuheben, um darin Wertsachen wie Hausgeräte, aber auch Weizen zu verstecken. Die Wände der Gruben wurden ausgebrannt und mit Strohmatten ausgelegt. Danach versuchte man, die Spuren mit frischem Rasen zu verwischen. Noch ehe von Mackensen mit seinen bulgarischen und türkischen Verbänden in die Dobrudscha einmarschierte und die rumänisch-russischen Verbände zurückdrängte, erteilten rumänische Behörden den Befehl, die Dörfer räumen zu lassen. Kurz darauf wurden die in Fachria und anderen Siedlungen verbliebenen Frauen mit den Kindern aus ihren Heimatorten evakuiert; sie konnten nur das Allernötigste mitnehmen.

Ebenso waren die zurückgebliebenen Dobrudschadeutschen von den Requirierungen für die Armee betroffen, denn die rumänische Verwaltung beschlagnahmte die gerade eingebrachte Getreideernte und Pferde in solchen Mengen, dass es teilweise zu Versorgungsengpässen bei den Dobrudschadeutschen kam. Die Bukarester Regierung sah in dieser Zeit die in Rumänien lebenden Deutschen als potentielle Kollaborateure an und führte eine Reihe von antideutschen Maßnahmen wie die Schließung der deutschen Schule in Konstanza durch.

Internierungen und Kriegsalltag

Neben Staatsangehörigen der Mittelmächte wurden ohne vorhergehende Benachrichtigung auch deutsche, bulgarische, türkische sowie tatarische Bewohner der Dobrudscha, vor allem ältere Männer und Jugendliche, die nicht in der rumänischen Armee dienten, verhaftet. Meist wurden sie zunächst in Lager im Kreis Ialomiţa in der Walachei westlich der Donau gebracht, bevor sie in der rumänischen Region Moldau interniert wurden. Darüber berichtet Peter Menges aus Karamurat:

> Von der Jalomitza ging es im Dezember 1916 zu Fuß bis nach Galatz und von dort bis Deleni in der Nähe von Jassy. Der Winter in Deleni war für das Interniertenlager furchtbar. Über die Hälfte der Lagerinsassen starb an Seuchen und Unterernährung. Uns Selbstversorgern ging es weiterhin ganz leidlich.
>
> Menges, *Aus meinem Leben*, S. 102

Internierte berichteten von unwürdiger Behandlung durch die rumänischen Aufseher, die ihnen gegenüber auch vor Schikanen nicht zurückschreckten. Hinzu kam laut Aussagen von Lagerinsassen, dass aufgrund der unzureichenden Verpflegung häufig jene hungern mussten, die weder über die nötigen finanziellen Möglichkeiten zur Selbstversorgung verfügten, noch arbeiten konnten, um mit dem Verdienst Lebensmittel zu kaufen. In einigen dobrudschadeutschen Siedlungen wurden unter dem Vorwurf der Spionage für den Feind auch Frauen verhaftet und interniert.

In nicht wenigen dobrudschadeutschen Familien kam es zu der grotesken Situation, dass die Väter wegen Unzu-

Der in der rumänischen Armee dienende dobrudschadeutsche Andreas Leyer aus Sofular wurde mehrfach ausgezeichnet, sein Vater hingegen von den rumänischen Behörden interniert.

verlässigkeit interniert wurden, während gleichzeitig die Söhne in der rumänischen Armee dienten – wehrfähige dobrudschadeutsche Männer kämpften in der rumänischen Armee mit 23 Divisionen auf Seiten der Entente:

> Die Söhne der Männer, die verschleppt wurden, standen allesamt als rumänische Soldaten auf rumänischer Seite, um als Deutsche gegen Deutsche kämpfen zu müssen. Sie taten ihre Pflicht, und es sind im Verhältnis zum mindesten ebenso

viele Dobrudschadeutsche auf rumänischer Seite gefallen wie Rumänen.

Forchert, *Warum ich über unsere Umsiedlung froh war*, S. 155

Auch der gebürtige Schweizer Gottlieb Steinmann, der in Horoslar mit einer Dobrudschadeutschen verheiratet war, wurde trotz seiner schweizerischen Staatsbürgerschaft interniert. Erst nach elfeinhalb Monaten gelang es ihm, unter großen Mühen in die Schweiz auszureisen. Selbst Würdenträger deutscher Abstammung wie der Bürgermeister von Malkotsch, Josef Tuchscherer, der mehrmals Dorfschulze der deutschen Gemeinschaft seines Heimatortes war und in verschiedenen rumänischen Organisationen hohe Ämter innehatte, wurden nun als nicht zuverlässig eingestuft und interniert. Desgleichen wurden deutsche Siedler aus der Süddobrudscha in moldauische Lager gebracht. Viele Internierte kehrten nicht in ihre Heimatdörfer zurück. Der Heimatdichter Johann Adam aus Tschukurowa stellte in seinen Erinnerungen die Frage: »Wie sollten wir es verstehen, daß sie uns als rumänische Staatsbürger so zusammengetrieben hatten?« Er empfand die Internierung als eine »große Beleidigung« und beschrieb sie als »großes Verbrechen« gegenüber den andersnationalen Dobrudschabewohnern (Adam, *Aus meiner Internierung*, S. 61).

Internationaler Mircea der Alte-Heldenfriedhof *(Cimitirul Internaţional al Eroilor – »Mircea cel Bătrân«)* in Mircea Vodă, Dobrudscha, auf dem bulgarische, rumänische, russische, deutsche und serbische Gefallene des Ersten Weltkriegs beerdigt sind.

Anhand der 1939 von Johann Adam erstellten Liste wird deutlich, dass auffallend viele der Internierten der geistigen Elite unter den Dobrudschadeutschen angehörten, Pfarrer oder Lehrer waren. Die Liste mit den in den Jahren 1916 bis 1918 internierten Dobrudschadeutschen, die von Otto Klett ergänzt wurde und wohl trotzdem unvollständig blieb, verzeichnet 217 Personen, von denen 71 die Internierung nicht überlebt haben (Klett, *Die Internierten*).

Die Kinder erlebten die Tage des Feldzugs anders. Gänzlich angstfrei berichtet etwa Johannes Florian Müller aus Karamurat:

> Als Bub von 6 Jahren war das alles für mich sehr aufregend. Aber ich habe mich mit allen Soldaten gut vertragen und hielt mich den ganzen Tag bei den Soldaten auf. Die Kosaken imponierten mir durch ihre Reitkunst. […] Die Bulgaren hatten die

> Feldküche in unserem Schuppen; jeden Tag bekam ich bei ihnen gut zu essen und brachte auch meiner Mutter oft Brot und Essen für ihre hungrigen zehn Kinder. [...] Die Franzosen habe ich dankbar in Erinnerung, denn ein französischer Offizier hat mir ein Paar Stiefel geschenkt und mir aus rotem Plüsch ein paar Hosen machen lassen.
>
> Müller, *Ostdeutsches Schicksal am Schwarzen Meer*, S. 129

Das nie konfliktfreie Verhältnis zu den Rumänen wird ebenso im Kriegsalltag des Kindes deutlich. Müller erzählt weiter, wie rumänische Truppen den aufgegebenen Ort erneut besetzen:

> Angst und Schrecken gingen durch die deutsche Gemeinde. [...] Nach einer angstvollen Nacht flohen wir auf einem Leiterwagen [...] zu den Bulgaren nach Cicraci. [...] Am dritten Tag zogen die geflohenen Familien wieder nach Karamurat zurück [...]. Als wir zu Hause ankamen, war alles weg aus dem Haus.
>
> Müller, ebd.

Nach den kurzen Wochen des Dobrudscha-Feldzugs entstand für die Dobrudschadeutschen eine vollkommen neue Situation. Auch wenn viele Familien weiter auf die Rückkehr internierter Familienmitglieder hofften, manche vergeblich, rückten sie nun in eine bevorzugte Stellung, denn sie gehörten ethnisch-kulturell zu den Siegermächten, auch wenn sie die rumänische Staatsbürgerschaft hatten.

Besatzung der Dobrudscha durch die Mittelmächte 1916–1918

Bereits Ende Oktober 1916 kontrollierten die Mittelmächte große Teile der Dobrudscha. Schließlich wurde nach der Eroberung der wichtigsten Lebensader der Dobrudscha, der Bahnlinie Cernavodă-Konstanza, in Abstimmung mit der Heeresleitung eine deutsche Etappenverwaltung unter dem Kommando des Generalmajors Friedrich von Unger eingerichtet.

Erstaunt und überrascht waren die deutschen Soldaten, als sie in einigen Dörfern zwischen Donau und Schwarzem Meer wie selbstverständlich auf Deutsch begrüßt wurden und sie in diesen Siedlungen fernab von Deutschland deutschem Brauchtum begegneten. Zwar hatten einige der Soldaten von den Deutschen in Siebenbürgen und im Banat gehört, doch die Existenz Deutscher in der Dobrudscha war für viele von ihnen eine verblüffende Neuigkeit. Durch den freundlichen Empfang der Dobrudschadeutschen und aufgrund des friedlichen Verhaltens der anderen Bevölkerungsgruppen gegenüber den deutschen Militärangehörigen verschwand rasch das Gefühl der Bedrohung, das bei den Soldaten während der Feldzugstage vorgeherrscht hatte.

Im Dezember 1916, kurz nach der Rückkehr der ersten Frauen in ihre Heimatorte, kam auch der Ort Kobadin in das Gebiet der Deutschen Etappenverwaltung in der Dobrudscha. Die deutschen Soldaten

Das Kindermädchen Agathe Hoffart mit einem Kind in der »Kinderplacht«. Aufnahme von 1940

wurden in die Häuser der Siedler einquartiert und lebten mit ihnen während ihrer Stationierung in der Dobrudscha eng zusammen; sie unterstützten die Frauen während der Abwesenheit ihrer Männer bei der Bewältigung der landwirtschaftlichen Arbeiten. Das gegenseitige Kennenlernen förderte selbstverständlich auch Unterschiede zwischen Kolonisten und Soldaten zutage. So hatten zum Beispiel die Dobrudschadeutschen aus ihren alten Siedlungsgebieten in Neurussland den Brauch übernommen, Kleinkinder in Tüchern, in der sogenannten Kinderplacht, zu tragen.

Auch in anderen Bereichen gab es Andersartigkeiten: So war für den deutschen Soldaten Gustav Rühl beispielsweise neu, »daß die Hühner im Sommer nicht im Hühnerstall schliefen, sondern hoch in die Bäume flogen, um dort zu übernachten« (*Als deutscher Soldat während des Ersten Weltkrieges in der Dobrudscha*, S. 115). Andererseits berichtet der Heimatschriftsteller Otto Leyer (*Geschichte des deutschen Dorfes Kobadin in der Dobrudscha*, S. 24), dass die deutschen Kobadiner sich während der Besatzungszeit nur schwer wieder daheim zurechtfanden, denn sie waren »die militärisch straffe Zucht und Ordnung« der deutschen Armee nicht gewohnt, so dass es häufig zu Verstößen kam, die entsprechend geahndet wurden, was zu Unzufriedenheiten unter den Siedlern führte. Auch fanden die Frauen bei ihrer Rückkehr in vielen Siedlungen nicht nur die Häuser geplündert vor, sondern auch ihre Verstecke. Ebenso waren die Speicher und Ställe leer, die landwirtschaftlichen Geräte verschwunden oder unbrauchbar. Wieder einmal war die Dobrudscha militärisches Aufmarschgebiet – über die praktischen Folgen für die Bewohner berichtet zum Beispiel Therese Erker aus Karamurat: »Einmal mussten wir ein Stück Raps mit der Sense mähen, weil man wegen der vielen Schützengräben nicht mit der Mähmaschine hinzukam« (JdDD 1963, S. 50).

In der deutschen Presse wurde über die positive Aufnahme der deutschen Soldaten während des Ersten Weltkriegs durch die Dobrudschadeutschen und besonders über ihre Siedlungen immer wieder be-

richtet. Es wurde über die sauberen und gepflegten deutschen Dörfer, die Anstrengungen der Siedler, den deutschsprachigen Unterricht auszubauen, sowie über ihren Fleiß und ihre Frömmigkeit geschrieben, aber auch die Abgrenzung der deutschen Siedler von den anderen ethnischen Gruppen blieb nicht unerwähnt.
Wie stark die Besatzer das Leben der Dobrudschadeutschen nun mitbestimmten, erläutert auch der bereits zitierte Johannes Florian Müller:

> In den meisten deutschen Häusern waren deutsche Soldaten einquartiert. In meinem Elternhaus wohnten zwei Soldaten; einer davon war Lehrer [...], ich lernte mit ihm lesen, schreiben und rechnen [...]. Die deutsche Verwaltung hat im Januar 1917 die deutsche Schule in Karamurat eröffnet. Über 100 Kinder kamen zum Unterricht. [...] Divisionspfarrer Nötges kam oft [...]. Er bereitete 215 Kinder auf die Firmung vor, die Erzbischof Netzhammer am 1. Mai 1918 hielt.
>
> Müller, *Ostdeutsches Schicksal am Schwarzen Meer*, S. 129

Ein deutscher Weltkriegsteilnehmer berichtet aus Konstanza:

> Die schöne Ovid-Statue war in wunderlichem Chauvinismus auf bulgarischen Befehl niedergelegt worden mit der Begründung, Ovid sei Italiener gewesen. Die Kommandantur veranlaßte natürlich sofort ihre Wiederaufrichtung. Am 27. Januar [1917] wurde gebührenderweise Kaisers Geburtstag gefeiert. Am Abend gut aufgezogene Kompaniefeiern, festlich geschmückte Räume, Ansprachen, Theateraufführungen und – Tanz mit deutschen Mädeln, echten, frischen, deutschen Mädeln, die mit ihren Müttern aus den deutschen Dörfern nördlich Konstanza herbeigeholt waren!
>
> Kabisch, *Der Rumänienkrieg 1916*, S. 176

Die Besatzer brachten den Dobrudschadeutschen außerdem eine deutsche Buchhandlung in Konstanza, ein deutschsprachiges Theater mit regelmäßigen Vorstellungen, außerdem erschien in der Region zum ersten Mal eine deutschsprachige Tageszeitung: Bereits ab dem 24. November 1916 gab es den *Dobrudscha-Boten* (nicht zu verwechseln mit dem in der Bundesrepublik durch die Landsmannschaft der Dobrudschadeutschen herausgegebenen Periodikum) täglich auf vier Seiten, ab April 1917 in 4000 Exemplaren, mit einer bulgarisch- und türkischsprachigen Beilage. Die hohe Auflage zeigt, dass diese Zeitung nicht ausschließlich von den Soldaten gelesen wurde. Die erste und einzige deutschsprachige Tageszeitung in der Dobrudscha erschien bis zum letzten Besatzungstag.

Eine gewisse Rolle spielten die Dobrudschadeutschen auch bei der »Kulturmission« der Besatzer. In den publizistischen Darstellungen, besonders in dem von der Etappenverwaltung herausgegebenen Band *Bilder aus der Dobrudscha*, wird durchweg in Text und Bild ihr höherer zivilisatorischer Stand im Vergleich mit

August von Mackensen

Der Held von Tannenberg, in der Heimat mit dem Nimbus des unbesiegten Kriegshelden behaftet, hatte bereits eine Reihe strategisch wichtiger Siege für die Mittelmächte in den Schlachten bei Gorlice-Tarnów, Brest-Litowsk und im zweiten Serbien-Feldzug orchestriert, als ihm das Kommando über die Donauarmee, einer aus bulgarischen und türkischen Verbänden sowie deutschen und österreichischen Rumpftruppen bestehende Armeegruppe, übertragen wurde. Er stand dabei direkt neben Erich von Falkenhayn, der zuvor als Generalstabschef der zweiten Obersten Heeresleitung geschasst worden war und nun den Zweifrontenkrieg gegen Rumänien führen sollte. Nachdem die Donauarmee unter Mackensen in einem Blitzfeldzug die Dobrudscha und Teile der Walachei erobert hatte, während Falkenhayns Siebenbürgen-Armee an verschiedenen Pässen die Südkarpaten überwand, konnten sich die beiden Armeegruppen bei der Schlacht um Bukarest vereinigen und den Rumänien-Feldzug nach einigen Wochen siegreich beenden. Rumänische Armee und Regierung zogen sich nach Jassy/Iaşi im nicht eroberten moldauischen Landesteil zurück.

Die ganze Walachei und die Dobrudscha wurden in der Folge von den Mittelmächten besetzt, Mackensen wurde Militärgouverneur des besetzten Rumänien, Falkenhayn an die Palästina-Front versetzt. Zwei einflussreiche Militärführer wurden damit möglicherweise kaltgestellt, für die Dobrudschadeutschen hingegen bedeutete der Sieg der Mittelmächte, dass sie aus dem Dunkel der Geschichte traten. Mit der Militärverwaltung kamen für sie nicht nur Pfarrer, Lehrer, landwirtschaftliche Arbeitskräfte, sondern auch deutsche Buchhandlungen, deutsches Theater, intensive Kontakte zu Deutschen »da oben aus dem Reich«. Mackensen spielte nach Kriegsende eine eher unrühmliche Rolle als strammer Militarist und Steigbügelhalter Hitlers; Falkenhayn gelang es in Palästina, ein Pogrom an den Juden nach dem Muster des Völkermords an den Armeniern zu verhindern.

Generalfeldmarschall August von Mackensen 1916 in Konstanza

den anderen die Dobrudscha bewohnenden Gruppen hervorgehoben. Die Bilder und Beschreibungen von den Elendsquartieren der Roma und Tataren etwa kontrastieren scharf mit den »blitzsauberen« Schwabendörfern. Die in dieser Zeit und in diesem Kontext gegebenen Beschreibungen, etwa auch in Paul Traegers Monografie über die Dobrudschadeutschen, wirken bis heute nach, die bereinigte Wahrnehmung wird bereitwilliger perpetuiert, die auch während der Besatzungszeit wahrgenommenen Diskrepanzen und Zwiespältigkeiten hingegen weniger gern und oft weitererzählt.

Das Ende des Ersten Weltkriegs und der Besatzung der Dobrudscha durch die Mittelmächte wirft auch die Dobrudschadeutschen wieder in existenzielle Sorgen und Nöte. Der Bukarester Erzbischof Raymund Netzhammer berichtet von einem Besuch in Mandschapunar am 1. Oktober 1918:

> Aufs Beste werden wir aufgenommen und in aller Augen zeigt sich Freude über unseren Besuch. Gleich nach der Ankunft in der kleinen Gemeinde erscheinen Schulze, Beisitzer und Bauern. Diese und alle Dorfbewohner befinden sich wegen dem plötzlichen Abmarsch der deutschen Soldaten in großer Aufregung. Sie fürchten jetzt, den Bulgaren ausgeliefert zu werden. Da gerade jetzt auch der Soldatenlehrer Befehl bekommen hat, mit Sack und Pack das Dorf zu verlassen und nach Constanța zu kommen, ruft ein Bauer in seinem Idiom wehmütig aus: »Jetzt haben wir also auch unseren Lehrer verspielt!« Die Bauern erzählen, daß Pater Nötges [der kath. Militärgeistliche, der sich auch um die kath. Dobrudschagemeinden kümmerte, Anm. d. Red.] gestern da war und Gottesdienst abgehalten habe; nachher habe er von ihnen Abschied genommen. Zur Trauer gesellt sich nun noch die Sorge: man stehe wegen dem Fehljahr vor der Hungersnot und man besitze keine Saatfrucht. Arme Leute!
>
> Netzhammer, *Bischof in Rumänien*, S. 841 f.

Die Nachkriegstage werden für die meisten Dobrudschadeutschen weniger schlimm als befürchtet. Endgültig endet beispielsweise der Sonderstatus als Bürger zweiter Klasse. Auch in die Dobrudscha zieht bis zu einem gewissen Maße die Moderne ein, man lebt nicht mehr »hinter dem Mond«.

Die Auswirkungen der Bodenreform auf die Dobrudschadeutschen

In der Dobrudscha wurde die Bodenreform aufgrund des Gesetzes für die Agrarreform in Oltenien, Muntenien, der Moldau und der Dobrudscha im Altreich *(Legea pentru reforma agrară din Oltenia, Muntenia, Moldova și Dobrogea din Vechiul Regat)* vom 17. Juli 1921 durchgeführt. Mit dem Begriff Altreich (rum. *Regatul Vechi* oder *Regat)* werden die schon vor dem Ersten Weltkrieg zu Rumänien gehörenden Regionen Moldau, Walachei und Dobrudscha bezeichnet. Es

Das inzwischen abgerissene Gutshaus Michael Emanuel Leyers, das durch seine für die Dobrudschadeutschen untypische Bauweise im Dorfbild von Sofular besonders hervorstach, aufgenommen bei einem Besuch seiner Nichte Gerlinde Stiller, geb. Leyer, 1965. JdDD 12 (1967), S. 115

wurden neben den Gutsbesitzern mit einer landwirtschaftlichen Nutzfläche von mehr als hundert Hektar alle Besitzungen der Krone, von Stiftungen, von Ausländern und im Ausland wohnenden Rumänen enteignet. Auch in den dobrudschadeutschen Siedlungen kam es hierdurch zu Veränderungen der Besitzverhältnisse. Von den Dobrudschadeutschen in Kobadin verloren Michael Leyer 391,5 Hektar, Emanuel E. Leyer zweihundert Hektar, Wilhelm Klett 96 Hektar und Christoph Rösner 95 Hektar Land (Leyer, *Geschichte des deutschen Dorfes Kobadin,* S. 26). Als Entschädigung wurden ihnen pro Hektar Staatspapiere im Wert von je 1600 Lei ausgegeben, die sich allerdings als nicht besonders werthaltig erweisen sollten. Nutznießer der Agrarreform waren Weltkriegsveteranen, landlose Bauern sowie Kleinbesitzer. So erhielt jeder Kriegsteilnehmer fünf Hektar Land. Falls ein solcher bereits Land besaß, wurde der Besitz auf bis zu fünf Hektar aufgestockt. Dadurch erhielten auch landlose dobrudschadeutsche Kriegsteilnehmer, die auf Seiten der rumänischen Armee gekämpft hatten, nun eigenen Grund und Boden. In Kobadin beispielsweise waren dies 41 Deutsche, die zwischen ein und fünf Hektar zugewiesen bekamen. Insgesamt wurden ihnen 221 Hektar überlassen. Bevor den neuen Grundbesitzern allerdings das volle Eigentumsrecht zugesprochen wurde, musste jeder von ihnen pro Hektar Land 1100 Lei an den Staat bezahlen. Ehemalige Soldaten, deren Eltern bereits Land besaßen, gingen hingegen leer aus.

Das Ziel der Landreform war es, möglichst vielen Bauern Land zuzuteilen. Weil vielerorts allerdings nicht genügend Ackerfläche zur Verfügung stand, wurde in solchen Fällen die Zuteilung auf vier Hektar oder weniger begrenzt. In den beiden Dobrudscha-Kreisen Konstanza und Tulcea wurde insgesamt eine landwirtschaftliche Nutzfläche von 115 271 Hektar an die Bewohner von rund dreihundert Dörfern übereignet (Lup, *Dobrogea agricolă de la legendă*, S. 121).

Mit dieser eilig durchgeführten Agrarreform sollte auch den Ängsten der rumänischen Elite vor einem Überschwappen der Revolution aus der Sowjetunion und Ungarn auf Rumänien begegnet werden. Allerdings führte die Übereignung von Grund und Boden an Personengruppen, die bis dahin keine Landwirtschaft betrieben hatten, zu einem starken Produktionsrückgang. Als weitere negative Konsequenz aus dieser Bodenreform wurde vom ehemaligen Landwirtschaftsminister und Unterstützer der Agrarreform Constantin Garoflid die Zerstückelung der landwirtschaftlichen Nutzflächen aufgezeigt. Tatsächlich fehlten den Kleinbetrieben oft die finanziellen Mittel, um Saatgut und Zugtiere kaufen oder in moderne Landwirtschaftstechnologien investieren zu können. Die steigenden Steuern auf die Einfuhr von Landmaschinen und auch auf den Export von Agrarprodukten erschwerten die Situation der Kleinbauern und der mittelgroßen Gutsbesitzer zusätzlich und verstärkten somit auch die rückläufige Produktion. So konnte Rumänien wesentlich weniger Weizen exportieren, und viele Kleinbauern betrieben reine Subsistenzwirtschaft, weil ihnen das nötige Kapital fehlte, um eine kostenintensive Modernisierung ihrer Produktions- und Wirtschaftsweise vorzunehmen.

Politische und kulturelle Interessenvertretungen der Dobrudschadeutschen

Im Gegensatz zu den Siebenbürger Sachsen und Banater Schwaben verfügten die Dobrudschadeutschen bis zu Beginn des 20. Jahrhunderts über keinerlei politische, kulturelle und wirtschaftliche Organisationen, die ihre Interessen in der Politik und vor den Behörden hätten vertreten können. Während bei den meisten anderen deutschen Bevölkerungsgruppen Rumäniens ein recht ausgeprägter städtischer Mittelstand vorhanden war, der politisch aktiv war und es verstand, Abgeordnete auf den Listen ungarischer oder rumänischer Gruppierungen unterzubringen und dann auch Vertreter eigener Parteien nach Budapest und nach 1918 nach Bukarest zu schicken, fiel es der überwiegend rural geprägten deutschen Siedlergesellschaft in der Dobrudscha äußerst schwer, sich in Bukarest politisch Gehör zu verschaffen. Ihr Horizont ging nicht über die dörfliche Gemeinde hinaus.

In Siebenbürgen bestand unter dem Dach der evangelischen Kirche ein eigenständiges konfessionelles Schulwesen, womit die Siebenbürger Sachsen einer von der österreich-ungarischen Doppelmonarchie betriebenen Magyarisierung der Schulen entgehen konnten. Ein derart gut entwickeltes konfessionelles Schulwesen fehlte in der Dobrudscha, denn sowohl die Kirchen als auch die deutschen Siedlungen in der Dobrudscha verfügten nicht über Gemeinschaftseigentum in dem Umfang, dass damit ein gut funktionierendes deutschsprachiges Schulwesen in der Region hätte finanziert werden können. Manchmal wurde auch, trotz der gesetzlichen Regelungen, die Durchführung des von den deutschen Siedlern finanzierten muttersprachlichen Unterrichts von Seiten der örtlichen Schulleitung erheblich erschwert.

Die Situation in Bezug auf den muttersprachlichen Unterricht sowie die allgemeine ökonomische Lage der Dobrudschadeutschen veranlassten am 26. Januar 1913 Vertreter deutscher Siedler aus einigen Dörfern, den »Verband der Deutschen in der Dobrudscha«, der in manchen Quellen auch »Deutsch-rumänischer Kolonistenverband« genannt wird, zu gründen. Der wohl wichtigste Erfolg dieses Verbandes war, dass ein Teil derjenigen Dobrudschadeutschen, die noch nicht über die rumänische Staatsbürgerschaft verfügten, dank der Hartnäckigkeit von Eduard Brenner gegenüber den rumänischen Behörden eingebürgert werden konnte. Über weitere Aktivitäten dieser Interessenvertretung ist nichts bekannt.

Delegierte in Tariverde

Während der deutschen Besatzung der Dobrudscha wurde am 23. Juni 1918 in Tariverde unter Beteiligung von Major Hartmann, Adjutant Leutnant Krussig und Divisionspfarrer Nötges von der deutschen Armee eine Delegiertenversammlung von Dobrudschadeutschen einberufen. Bei der Versammlung ging es laut Protokoll vorrangig um wirtschaftliche und ethnische Interessen der Siedler. Im Zentrum stand dabei die Gründung eines Vereins der Dobrudschadeutschen, der sich für den deutschsprachigen Unterricht und eine Verbesserung der ökonomischen Situation der Kolonisten in der Region einsetzen sollte, wobei man sich am Genossenschaftswesen der Siebenbürger Sachsen und Banater Schwaben orientieren wollte. Diese Delegiertenversammlung zeitigte allerdings keine bleibenden Ergebnisse.

Noch in den 1920er Jahren erwarteten die politischen Gestalter der deutschen Minderheit in Siebenbürgen und im Banat keine große Unterstützung durch die dobrudschadeutsche Bevölkerung für ihre Anliegen – zum einen, weil die Anzahl der Dobrudschadeutschen recht gering war, zum anderen, weil sie politisch nicht organisiert waren. Hinzu kamen die schlechten Verkehrsverbindungen zwischen den dobrudschadeutschen Siedlungen und Bukarest, Siebenbürgen und dem Banat. Ein hemmender Faktor war zudem, dass die meisten Dobrudschadeutschen, die überwiegend in der Landwirtschaft tätig waren, viel zu beschäftigt mit der Bewirtschaftung ihrer Höfe waren, als dass sie sich übergeordneten politischen

Eduard Brenner (2. Reihe, 3. v. r.) wurde am 8. Dezember 1870 im bessarabischen Sarata geboren. In seiner Heimatstadt ließ er sich zum Lehrer ausbilden. Im Frühjahr 1892 siedelte er in die Dobrudscha über. Zunächst übernahm er die Lehrerstelle in Kobadin, 1901 wurde er Lehrer in Fachria. Sechs Jahre später gab er den Lehrerberuf auf und wurde Winzer im gleichen Ort. Er war Mitbegründer des Verbandes der Deutschen in der Dobrudscha und ehrenamtlich in weiteren Vereinen tätig. Mit seiner Familie wurde er, wie die meisten Winzer aus Fachria, in der Steiermark angesiedelt. Er verstarb 75-jährig 1945 auf der Flucht bei Marburg an der Drau/Maribor.

und kulturellen Angelegenheiten hätten widmen können. Auch verfügten die deutschen Dobrudschabauern über keine eigene deutschsprachige Presse, und nur ein geringer Teil der deutschen Siedler las die deutschsprachigen Periodika aus den anderen deutschen Siedlungsgebieten Rumäniens oder gar aus Deutschland. Insgesamt hatten die Dobrudschadeutschen, wie auch die Bessarabiendeutschen selbst, kaum Verbindungen zu den Siebenbürger Sachsen und Banater Schwaben; die Bessarabiendeutschen fühlten sich trotz der Vereinigung Bessarabiens mit Rumänien als Folge des Ersten Weltkriegs eher mit den Russlanddeutschen verbunden.

Anfang der 1920er Jahre kam es schließlich zur Gründung eines Verbandes der Dobrudschadeutschen »zum Zwecke des wirtschaftlichen, sittlichen und kulturellen Gedeihens« der deutschen Siedler. Am 17. März 1924 wurde in Konstanza von Michael Emanuel Leyer, Eduard Brenner, Wilhelm Klett, Friedrich Ritter und anderen der »Verband rumänischer Staatsbürger deutscher Abstammung in der Dobrudscha« aus der Taufe gehoben. Laut Satzung richtete er sich an alle rumänischen Staatsbürger deutscher Nationalität in der Dobrudscha. Der Verband wollte die Dobrudschadeutschen bei der Bewahrung ihrer ethnischen Identität unterstützen, sie bei den rumänischen Behörden vertreten und in ihrer ökonomischen Entwicklung fördern, laut Satzung durch: »a) die Errichtung von Volksschulen, Mittelschulen, Handels-, Landwirtschafts-, Kunst-, Gewerbe- und Hochschulen; b) Gründung von Lesehallen, Museen, Ausstellungen, Büchereien, Verlagshandlungen usw.; c) Schaffung von Gemeinschaften, Genossenschaften und Verbänden; d) Errichtung von Kredit- und Versicherungsanstalten und Institutionen für gegenseitige Hilfe; e) Schaffung von Anstalten für Krankenfürsorge und Rechtshilfe; f) Gründung einer Auskunftskanzlei« (*Die völkischen Organisationen der Dobrudschadeutschen,* in: JdDD 7, 1962, S. 20 f.). Als höchste Instanz des Verbandes galt der Volksrat, der aus den Bezirksvorständen der Dobrudscha gebildet wurde. Der Bezirksvorstand bestand aus den Vertretern der Gemeindegruppen.

Am Volkstag des Verbandes in Kodschalak am 15. und 16. Mai 1926 nahmen Delegierte aus 23 dobrudschadeutschen Siedlungen teil. Die Redner betonten ihre Zugehörigkeit zur deutschen Minderheit Rumäniens und verkündeten ihre Unterstützung der Regierung von General Alexandru Averescu bei den kommenden Parlamentswahlen. Auf dem Volkstag sprach auch der Vorsitzende der Filiale Dobrudscha der regierenden Volkspartei *(Partidul Poporului)* ein Grußwort, in dem er die wirtschaftlichen und kulturellen Leistungen der Dobrudschadeutschen lobte. Wie üblich wurden Loyalitätstelegramme an König Ferdinand, den Premierminister und den Präfekten des Kreises Konstanza geschickt. Trotz des Wahlsiegs der Volkspartei konnten die Dobrudschadeutschen jedoch keinen Abgeordneten nach Bukarest schicken, denn ihr Kandidat war auf der Liste der Volkspartei auf einem der hinteren Plätze positioniert.

Ein äußerst wichtiges Thema auf dem Volkstag war der deutschsprachige Unterricht in der Dobrudscha. Bernhard Capesius trat ein für eine Wiedereinführung des Unterrichts in deutscher Sprache an den staatlichen Schulen in den deutschen Siedlungen auf Grundlage der bestehenden Gesetze. Der katholische Pfarrer von Karamurat, Josef Schubert, hob die Notwendigkeit von deutschsprachigen Konfessionsschulen für die Bewahrung der ethnischen Identität der deutschen Siedler hervor. Allerdings verfügten weder die katholischen noch die evangelischen Kirchengemeinden der Dobrudschadeutschen über ausreichende finanzielle Mittel, um dies bewerkstelligen zu können. Ein weiteres wichtiges Thema war die Gründung von Wirtschaftsorganisationen nach dem Genossenschaftsprinzip, basierend auf den grundlegenden Werten der Selbsthilfe, Selbstverantwortung und Solidarität. Dabei wollte man sich am Genossenschaftswesen der Siebenbürger Sachsen orientieren; allerdings konnten auch in diesem Bereich keine großen Erfolge erzielt werden (PAAA R 60.175).

Zum ersten Verbandsvorsitzenden wurde Michael Emanuel Leyer, Gutsbesitzer aus Sofular, gewählt, der sein Amt 1927 an Eduard Brenner abgab. Anschließend leitete Hans Wenzel aus Konstanza den Verband ein Jahr lang, ihm folgte 1930 der Arzt Otto Mauch aus Bessarabien, der auch die Niederlassung des Bukarester Diakonissenkrankenhauses in Konstanza leitete.

Die nun endlich entstandene politische Organisation der Dobrudschadeutschen führte allerdings ein Schattendasein, denn sie verfügte über keine hauptamtlichen Angestellten, »weil die Bauern nicht bereit waren, für ihre Organisation Gelder aufzubringen«, wie es der Sohn von Dr. Mauch, Gerhard Mauch, in den Erinnerungen an seinen Vater formulierte: »Sie versuchten, ihre Interessen auf eigene Art zur Geltung zu bringen, d.h. in Einzelaktionen, aber sie kümmerten sich wenig um ihre politische Vertretung« (Mauch, *Otto Mauch, Arzt und Volksratspräsident in der Dobrudscha*, S. 153). Da der Verband

Michael Emanuel Leyer wurde am 23. November 1881 im bessarabischen Plotzk geboren; er starb am 28. Januar 1931 in Sofular an einer Lungenentzündung. Seine Ehe mit Katharina Klett aus Kobadin blieb kinderlos. Leyer war 1922 maßgeblich an der Gründung des Verbandes rumänischer Staatsbürger deutscher Abstammung in der Dobrudscha beteiligt, denn ihm war bewusst, dass die ökonomischen und kulturellen Belange der Dobrudschadeutschen nur mit einer starken Organisation im Rücken wirksam zu vertreten waren. Aus diesem Grund unternahm er auch mit verschiedenen Mitstreitern Reisen durch die einzelnen Siedlungen der Region, informierte die deutschen Dobrudschabewohner über den Sinn und die Ziele einer solchen Institution und versuchte, sie dafür zu gewinnen. Er wurde der erste Vorsitzende dieses Verbandes. Als Kreisabgeordneter setzte er bei den rumänischen Behörden durch, dass alle Kirchengemeinden derjenigen deutschen Siedlungen, die über kein eigenes Land verfügten, je zehn Hektar Land erhielten. JdDD 4 (1959), S. 94

Innenraum der ehemaligen evangelischen Kirche von Sarighiol, Aufnahme von 2017

Von Ende August bis Anfang September 1938 unternahmen 22 dobrudschadeutsche Bauern aus mehreren Siedlungen eine Erkundungsfahrt nach Siebenbürgen und in das Banat, um sich vor Ort mit dem Genossenschaftswesen, dem Acker- und Pflanzenanbau sowie der Viehzucht vertraut zu machen. Die Teilnehmer der Fahrt waren: liegend v.l.n.r.: Philipp Unterschütz aus Karatai; Gustav Grieb, Kobadin; Emanuel Ternes, Karamurat. Sitzend v.l.n.r.: Johann Mehl, Kodschalie; Emanuel Stiller, Fachria; Florian Hirsch, Karamurat; Simon Brandt, Malkotsch; Johann Menyes, Kobadin; Gottfried Hopp, Fachria; Paul Ruscheinski, Karamurat; Heinrich Habermann, Fachria. Stehend v.l.n.r., erste Reihe: Friedrich Büttner, Karatai; Rudolf Rösner, Kobadin; Raimund Ruscheinski, Karamurat; Karl Mehl, Kodschalie; Christian Klett, Kobadin; Ferdinand Schlaps, Kobadin; Franziskus Schmidt, Malkotsch; Johann Suckert, Kodschalie; Eduard Deeg, Neue Weingärten. Stehend v.l.n.r., zweite Reihe: Willibald Ruscheinski, Karamurat; Gottlieb Steinmann, Horoslar und die beiden Begleiter Lothar Fabritius und Pless aus Siebenbürgen und dem Banat. JdDD 3 (1958), S. 65.

nur über ehrenamtliche Mitarbeiter verfügte, die sich ausschließlich in ihrer Freizeit der Verbandsarbeit widmen konnten, blieben die Erfolge dieser politischen Interessenvertretung bescheiden. So gelang es dem Verband kein einziges Mal, in der Umsetzung von Wahlvereinbarungen mit der jeweiligen Regierungspartei einen Dobrudschadeutschen auf die vorderen Plätze der Wahlliste zu positionieren und somit einen Abgeordneten ins Bukarester Parlament zu entsenden.

Die Rumänisierungspolitik Bukarests in der Dobrudscha und in den anderen hinzugewonnenen Gebieten wie auch die Wirtschaftskrise Ende der 1920er und zu Beginn der 1930er Jahre führten zu starken Unzufriedenheiten bei der deutschen Bevölkerung. Ihre soziale, ökonomische und politische Situation verschlechterte sich. Die Preisschwankungen für Getreide betrafen auch dobrudschadeutsche Bauern; Unterstützung von der rumänischen Regierung war nicht zu erwarten. Deshalb wanderten in den 1930er Jahren erneut, wie schon so oft, viele Dobrudschadeutsche aus, vor allem nach Amerika. Die in der Region verbliebenen Deutschen versuchten verstärkt, Kontakt mit den anderen deutschen Siedlungsgebieten Rumäniens aufzunehmen. Erst 1931 aber gelang es dem Verband rumänischer Staatsbürger deutscher Abstammung in der Dobrudscha, sich dem landesweiten Verband der Deutschen in Rumänien anzuschließen, was eines der Hauptanliegen von Otto Mauch gewesen war. Dadurch versprach er sich eine bessere Vertretung der politischen, kulturellen und ökonomischen Interessen der Dobrudschadeutschen in der rumänischen Hauptstadt. Schließlich verfügten vor allem die Siebenbürger Sachsen und Banater Schwaben über gut ausgebaute organisatorische Strukturen, zudem waren sie zahlenmäßig wesentlich bedeutender als die relativ kleine Gruppe der Dobrudschadeutschen.

So gelang es dobrudschadeutschen Vertretern auf der Hauptversammlung des Verbandes der Deutschen in Rumänien vom 22. bis 24. Oktober 1932 im bessarabischen Tarutino, die Dobrudscha, die bislang »volksorganisatorisch« zum rumänischen Altreich gezählt wurde, als selbständiges Siedlungsgebiet mit eigener Volksorganisation zu etablieren. Am 30. Oktober 1932 wurde eine Versammlung der deutschen Volksgemeinschaft in Konstanza einberufen, an der rund zweihundert Bauern aus fast allen deutschen Siedlungen der Dobrudscha teilnahmen. Ein Hauptdiskussionspunkt war das Erziehungswesen in deutscher Sprache. Konfessionelle Schulen und Kindergärten in deutscher Sprache wurden als »unbedingt anzustrebendes Ziel« festgelegt. Die Proteste von Dobrudschadeutschen gegen die zunehmende Rumänisierung des Unterrichtswesens erreichten allerdings nicht die gleiche Intensität wie die der Bessarabiendeutschen. Diese verfügten mit der »Wernerschule« in Sarata über eine Lehrerbildungsanstalt, die als Bollwerk gegen die Rumänisierungspolitik galt. Die deutsche Gemeinschaft in der Dobrudscha verfügte über keine solche Institution, weswegen auch Dobrudschadeutsche die Lehrerbildungsanstalt in Sarata besuchten. Doch die Anzahl der dobrudschadeutschen Studenten in Sarata war viel zu gering, um größere Auswirkungen auf die Dobrudscha haben zu können, auch hinsichtlich des nationalsozialistischen Gedankenguts, das dort zunehmend auf Begeisterung stieß.

Die »Erneuerungsbewegung« in der Dobrudscha

Nachdem Hitler im Januar 1933 zum Reichskanzler ernannt worden war, gewann die sich immer stärker am Nationalsozialismus orientierende »Erneuerungsbewegung« von Fritz Fabritius zunehmend an Einfluss unter den Deutschen Rumäniens und somit auch in der Dobrudscha. Aus beruflichen Gründen verzichtete Otto Mauch 1934 auf eine Wiederwahl, so wurde Johannes Klukas aus Kodschalak Vorsitzender des Volksrats für die Dobrudscha. Nach der Umbenennung der »Erneuerungsbewegung« in »Deutsche Volksgemeinschaft in Rumänien« im Herbst 1935 wurde Klukas zum Gauobmann für die Dobrudscha. Fritz Fabritius wurde zum Vorsitzenden der »Volksgemeinschaft« gewählt; seinem politischen Widersacher Alfred Bonfert, dem Vorsitzendem der Deutschen Volkspartei Rumäniens, ging das vom Nationalsozialismus beeinflusste »Volksprogramm« der »Volksgemeinschaft« allerdings nicht weit genug, weshalb es zu heftigen Auseinandersetzungen innerhalb der Dachorganisation der Rumäniendeutschen kam.

Der Streit zwischen »Volksgemeinschaft« und Volkspartei hatte auch Auswirkungen auf die Dobrudscha. Klukas, ein Anhänger von Fabritius, bemühte sich allerdings, die Dobrudschadeutschen und ihre Belange aus diesen Auseinandersetzungen herauszuhalten. So schreibt Klukas rückblickend in einem allgemeinen Bericht über das Dobrudschadeutschtum am 30. Dezember 1940 für die Einwanderungszentralstelle in Lodsch (damals NS-deutsch Litzmannstadt, poln. Łódź), die den geraubten Besitz der getöteten und deportierten Juden und Polen an »Volksdeutsche« verteilte:

> Ich appellierte damals an Bonfert und Fabritius, beide bittend, die Dobrudscha zu verschonen, da wir ja ganz andere Probleme hätten. [...] Die wenigsten der Leute konnten verstehen, worum es ging, sie gingen mit der Führung.
>
> BA R69/180

Die dobrudschadeutschen Bauern interessierten sich in der Regel tatsächlich wenig für Politik. Eine viel bedeutendere Rolle nahmen bei ihnen die traditionellen dörflichen Lebenswelten und die konfessionelle Zugehörigkeit ein, die in dieser

Johannes Klukas machte nach der Schule in Kodschalak eine Lehre der Bauschlosserei Briener im schweizerischen Winterberg. Nach Tätigkeiten im elterlichen Laden und in der *Banca Populară* wurde er Bürgermeister seines Heimatortes und 1934 Volksratsvorsitzender. Als Gauobmann war er vehementer Verfechter der Umsiedlung.

Zeit aufgrund der Bukarester Rumänisierungspolitik eher noch bestimmender wurden, während die junge Generation sich eher für das nationalsozialistische Gedankengut und die »Volkstumspolitik« interessierte.

Als sich 1938 Berlin einschaltete und den »innervölkischen Friedensschluss« herstellte, der gewissermaßen die Gleichschaltung der deutschen Volksgruppe in Rumänien einläutete, kam auch die politische Einheit der Deutschen in Rumänien zustande. Johannes Klukas befürwortete eine organisierte Vorumsiedlung von verarmten und landlosen Dobrudschadeutschen, sowie später auch die vollständige Umsiedlung der deutschen Dobrudschabewohner. Obwohl das Interesse der bäuerlich geprägten dobrudschadeutschen Bevölkerung, aktiv am politischen Leben teilzunehmen, äußerst gering entwickelt war, wurde Klukas noch kurz vor der Umsiedlung von seinem politischen Widersacher Paul Unterschütz, einem Bonfert-Anhänger, als Gauobmann abgelöst. Auch Unterschütz setzte sich dann entschieden für die Umsiedlung ein und war in der Folge als »Volkstumssachverständiger« bei der Umsiedlungskommission tätig.

Umsiedlung, Flucht und Integration

Die Dobrudschadeutschen hatten bis in die 1910er Jahre kaum Verbindungen zu Deutschland, nicht zuletzt deshalb, weil ihre Vorfahren überwiegend über Bessarabien und Neurussland in die Dobrudscha gekommen waren. Erst während des Ersten Weltkriegs hatten viele von ihnen erste persönliche Begegnungen mit Deutschen aus dem Deutschen Reich, genauer gesagt mit deutschen Soldaten, als diese in die Region gelangten. Viele deutsche Siedler äußerten bereits damals den Wunsch, nach Deutschland auszuwandern, wie Paul Traeger berichtet. Die Internierung von Dobrudschadeutschen durch rumänische Behörden während des Ersten Weltkriegs ließ bei manchen Siedlern zusätzlich den Wunsch reifen, nach Deutschland zu emigrieren. Tatsächlich zogen bereits einige Familien nach Kurland, die Heimat der Vorfahren einiger Dobrudschadeutschen, während die Dobrudscha unter der deutschen Etappenverwaltung stand. Aufgrund der weiteren Kriegsentwicklung wurden die-

Siebenbürgisch-Deutsches
Tageblatt
Allgemeine Volkszeitung für das Deutschtum in Rumänien

Nr. 19144 — Sibiu-Hermannstadt, Dienstag, 9. Februar 1937 — 64. Jahrgang

Italien und die Türkei

Was man vom Vierjahresplan erwartet

Erklärungen des Leiters der DAF Dr. Ley

In der Ausgabe vom 9. Februar 1937 zitiert das *Tageblatt* den Leiter der Deutschen Arbeitsfront, Dr. Ley: »Wir werden uns um den Bau von Arbeiterwohnungen kümmern, um die Aufgaben der Siedlung, um die Ausgestaltung des Arbeitsplatzes. Wir werden weiterhin Erholungsheime, Seebäder und Schiffe bauen« (*Siebenbürgisch-Deutsches Tageblatt*, 34. Jg.).

se Ansiedlungsversuche in Kurland allerdings nicht ausgeweitet (Traeger, *Die Deutschen in der Dobrudscha*, S. 138).

Zu kleineren Ansiedlungen von Dobrudschadeutschen im Deutschen Reich kam es bereits früher. In den 1880er und 1890er Jahren wurde in der Dobrudscha die Arbeit der preußischen Ansiedlungskommission in Posen und Westpreußen bekannt. Anschließend ließen sich Deutsche besonders aus den Orten Anadalchioi, Kodschalie, Horoslar, Alakap, Fachria, Kobadin, Sarighiol, Mangalia und Mamuslia im Kreis Briesen nieder, wo sie in Pfeilsdorf eine fast reine Dobrudschanersiedlung gründeten; auch in den Kreisen Thorn, Kulm, Schwetz und Bromberg siedelten sich Dobrudschadeutsche an (Traeger, ebd., S. 137 f.).

Auch die Auswanderung nach Übersee, vor allem in die Vereinigten Staaten sowie nach Kanada, die Ende des 19. Jahrhunderts begonnen hatte, dauerte weiterhin an.

Vorumsiedlung

Nach 1918 entwickelten sich engere Kontakte zwischen den dobrudschadeutschen Siedlungen und Deutschland. So hatte der Landesverband Hessen des Vereins für das Deutschtum im Ausland (VDA) nicht nur die deutschen Lehrer und den deutschsprachigen Unterricht in der Region finanziell unterstützt, sondern er übernahm auch die Kosten für Fortbildungsreisen von Pfarrern und Lehrern aus der Region nach Deutschland. Hinzu kam, dass die rumäniendeutsche Presse ein äußerst positives Deutschlandbild verbreitete.

Die Diskussion um eine planmäßige Rückwanderung nach Deutschland verstärkte sich ab Ende der 1930er Jahre und kreiste hauptsächlich um die Frage der Überlebensfähigkeit der Dobrudschadeutschen als ethnische Gruppe. Denn nicht nur das politische Leben der Deutschen in dieser Region war relativ schwach entwickelt; auch die ökonomischen Schwierigkeiten der deutschen Siedler, die über kein Land verfügten oder nur über landwirtschaftlichen Kleinstbesitz, wurden immer größer. Besonders in den kleineren deutschen Siedlungen verarmten zahlreiche kinderreiche Familien Ende der 1930er Jahre. Dies führte zu einer Landflucht deutscher Siedler, was mitunter die Aufgabe ganzer Siedlungen zur Folge hatte.

In einem Schreiben an den Landesobmann Fritz Fabritius vom 23. Oktober 1938 beklagt der Gauobmann der Dobrudscha, Johannes Klukas, dass aus Groß-Mandschapunar acht Familien aufgrund von fehlendem Land und schlechter Behandlung insbesondere durch die Gendarmerie nach Deutschland abgewandert seien. Er weist auch darauf hin, dass sich rund zweihundert Familien aus kleineren Streusiedlungen, wie Tschobankuius, Adschemler, Mangalia, Dobritsch/Basardschik, Sofular, Groß-Pallas oder Ortachioi aus denselben Gründen mit Auswanderungsgedanken trügen. Deshalb sprach sich Klukas dafür aus, die verarmten Siedler in einer geregelten Aktion im »Mutterland« anzusiedeln, denn für eine Umsiedlung in andere dobrudschadeutsche Siedlungen, wo es noch Land zu kaufen gab, würden die finanziellen Mittel fehlen. Also schlug Klukas vor, vorab drei- bis vierhundert ärmere Familien nach Deutschland umzusiedeln, um der einsetzenden Landflucht entgegenzusteuern (Jachomowski, *Die Umsiedlung*, S. 27). Fabritius war mit der Aktion einverstanden, und so kamen von Anfang 1939 bis Sommer 1940 im Rahmen dieser sogenannten Vorumsiedlung rund 1600 bis 1700 Dobrudschadeutsche, also gut zehn Prozent der deutschen Dobrudschabewohner, ins Deutsche Reich.

Wachposten am Eingang zur Volksdeutschen Mittelstelle in der Adolf-Hitler-Straße, Einsatzstab Lodsch, 1940. Foto von Hans Wagner

Umsiedlung

Die recht schwierige wirtschaftliche und kulturelle Lage bei einem nicht unerheblichen Teil der Dobrudschadeutschen ließ besonders bei der landlosen Bevölkerung den Wunsch nach einer Umsiedlung reifen, so dass Klukas mit seiner Politik des »Hinauf ins Reich« (Otto Klett, *Deutsches Volksblatt*, Februar 1939; Jachomowski, *Die Umsiedlung*, S. 47) keinem großen Widerstand begegnete.

Laut einem Bericht des deutschen Konsuls Lörner in Galatz für das Berliner Auswärtige Amt hätten sich diese Tendenzen buchstäblich zu einer »Auswanderungspsychose« entwickelt (Jachomowski, *Die Umsiedlung*, S. 27). In dessen Anwesenheit sagte daraufhin Werner Lorenz, Chef der Volksdeutschen Mittelstelle, dem Gauobmann Klukas bereits im Herbst 1939 die Umsiedlung der Dobrudschadeutschen zu. Überlegungen des rumäniendeutschen Politikers Hans Otto Roth oder des Hermannstädter Schulrats Gustav Rösler, die Dobrudschadeutschen in Siebenbürgen anzusiedeln, wurden von reichsdeutscher Seite nicht weiterverfolgt, weil diese Ideen den Berliner Plänen entgegenstanden (Jachomowski, *Die Umsiedlung*, S. 50–52).

Zuvor war die Umsiedlung propagandistisch geschickt vorbereitet worden. So kamen 1939 Studenten aus dem Deutschen Reich in die meisten deutschen Siedlungen der Dobrudscha; sie sollten nicht nur die Umsiedlung schmackhaft machen, sondern auch für die Sache der Nationalsozialisten begeistern. Sie wurden bei den Dobrudschadeutschen privat untergebracht, um »uns alles schönzureden«, wie Mathilde Klein (*Von Malkotsch nach Welbsleben,* S. 23) aus Malkotsch in ihren Erinnerungen feststellt, »damit wir dem Aufruf zum Auswandern folgten«. Für die Kinder der Kolonisten tat sich eine neue Welt auf, denn sie wurden von den Studenten – die wiederum, um möglichst alle Kinder zu erreichen, in den deutschsprachigen Unterricht gingen – für ihre Verhältnisse reich beschenkt. Sie bekamen Süßigkeiten, die es in der Regel nur an großen Feiertagen gab, und kleine Geschenke. Zudem verstanden die Studenten ihren Aufenthalt in der Dobrudscha nicht als Urlaub, sondern sie halfen ihren Gastgebern auch auf dem Feld und erklärten, dass im Reich nicht mehr mit dem »einscharigen Pflug« gearbeitet werde, sondern dass überall Maschinen zum Einsatz kämen.

Für die Dorfjugend waren die Begegnungen mit den jungen Reichsdeutschen ein besonderes Erlebnis, denn sie brachten ihnen neue deutsche Lieder und Tänze bei, unternahmen Ausflüge mit ihnen und schwärmten nebenbei von den »vorbildlichen« Verhältnissen im Dritten Reich,

Tanzende junge Paare in Alakap, kurz vor der Umsiedlung, die Mädchen in Tracht, die Jungen im Anzug. Aufnahme von 1940

Die deutschen Siedlungen in der Dobrudscha wurden in den Novembertagen des Jahres 1940 von Kauflustigen aus den Nachbardörfern »überfahren«. Alle bewegliche Habe wechselte zu Schleuderpreisen den Besitzer.

während die Eltern sich mit der Familie und den Nachbarn über Bleiben oder Gehen beratschlagten. Die feste Zusage, in der neuen Heimat wieder einen Hof zu bekommen, überzeugte schließlich viele Dobrudschadeutsche, sich umsiedeln zu lassen, besonders diejenigen, die nur über wenig oder gar kein Land verfügten. Aber nicht alle waren für die Umsiedlung zu begeistern. So hört Lydia Bergen (Bergen, *Kindheit in der Dobrudscha*, S. 140) aus Atmadscha in ihren Erinnerungen ihre Mutter sagen: »Kinder, laßt sie gehen. Das hier ist unser Zuhause. So viel gibt man nicht auf und geht ins Ungewisse, wir bleiben hier.« Der Heimatdichter Johann Adam aus Tschukurowa fasste die damals vorherrschende Stimmung unter den Dobrudschadeutschen in seinem Tagebuch zusammen:

> Es geht alles so widerstandlos vor sich, dass die Gegner der Umsiedlung gar nicht zu Worte kommen. Einer, der dennoch wagt, dagegenzusprechen, wird von der ganzen Kommission aufgesucht und bearbeitet. Er geht auch mit.
>
> JdDD 1, 1956, S. 45

Von Gauobmann Klukas wurden die Dobrudschadeutschen als »nichthaltbarer Splitter« eingestuft, ihre Überlebensfähigkeit als Ethnie in der Region als nicht gegeben angesehen. Die Entscheidung, sie ins Deutsche Reich zu verbringen, wurde letztendlich in Berlin getroffen; Dobru-

Die Umsiedlungskommission traf Anfang November 1940 in der Dobrudscha ein.

dschadeutsche selbst waren am Zustandekommen des deutsch-rumänischen Umsiedlungsvertrages nicht unmittelbar beteiligt. Die Umsiedlung insgesamt mehrerer deutscher Volksgruppen aus dem östlichen Europa ist vielmehr auf folgende Ereignisse zurückzuführen: Zum einen auf den deutsch-sowjetischen Nichtangriffspakt, bekannt als Hitler-Stalin-Pakt, der am 24. August 1939 (mit Datum vom 23. August 1939) in Moskau vom deutschen Reichsaußenminister Joachim von Ribbentrop und vom sowjetischen Volkskommissar für Auswärtige Angelegenheiten Wjatscheslaw Molotow unterzeichnet wurde und der ein geheimes Zusatzprotokoll enthielt, das die Einflusszonen des Deutschen Reiches und der Sowjetunion nach dem Krieg festlegen sollte. Zum anderen auf den Überfall auf Polen am 1. September 1939 durch das nationalsozialistische Deutschland und Hitlers Reichstagsrede vom 6. Oktober 1939, in der er seine völkische »Lebensraum«-Politik erläuterte und auf die Umsiedlung volksdeutscher Minderheiten aus Ost- und Südosteuropa in »neue deutsche Siedlungsgebiete« einging.

Unmittelbar nach dem Abschluss der Verhandlungen zwischen dem Deutschen Reich und der Sowjetunion über die Umsiedlung der Bessarabien- und Nordbukowinadeutschen begann das Deutsche Reich am 8. Oktober 1940 Verhandlungen mit Rumänien über die Umsiedlung der Deutschen in der Dobrudscha und der Südbukowina. Am 22. Oktober 1940 wurde in Bukarest die »Vereinbarung zwischen der Deutschen Regierung und der Königlich Rumänischen Regierung über die Umsiedlung der deutschstämmigen Bevölkerung in der Südbukowina und der Dobrudscha in das Deutsche Reich« unterzeichnet.

Ergänzt wurde diese Vereinbarung durch zwei Zusatzprotokolle.

Umsiedlungsberechtigt waren nun alle über 18-jährigen »Angehörigen des deutschen Volkstums«, die ihren Wohnsitz in der Dobrudscha und der Südbukowina hatten, und laut Zusatzprotokoll auch die Volksdeutschen aus diesen beiden Regionen, die zwar nicht im Umsiedlungsgebiet wohnten, aber Familienangehörige dort hatten. Folglich konnten sich laut Ergänzungsabkommen alle Volksdeutschen, die in Rumänien ihren Wohnsitz hatten und ursprünglich aus der Dobrudscha stammten, der Umsiedlung anschließen. Am 5. November 1940 begann die Umsiedlung der Dobrudscha- und Südbukowinadeutschen, zum großen Teil mit dem gleichen Personal, das bei der Umsiedlungsaktion in Bessarabien und der Nordbukowina gearbeitet hatte. Bereits einen Monat später, am 3. Dezember 1940, war die Aktion abgeschlossen.

Die leeren Siedlungen der Dobrudschadeutschen waren allerdings bald wieder

Registrierung vor der Umsiedlung in Murfatlar, November 1940

bevölkert, wie der Gebietsarzt des Dobrudschakommandos, Otto Fischer, nach einer letzten Kontrollfahrt nach Kodschalak berichtete. Aromunen aus der bulgarischen Süddobrudscha, die in den 1920er Jahren aus dem Balkan zur Rumänisierung der Süddobrudscha dort angesiedelt worden waren, wurden nun die Häuser der dobrudschadeutschen Siedler zugewiesen.

Taxatoren

In nur wenigen Wochen organisierten Taxatoren mit Hilfe von Dolmetschern und Ärzten die Umsiedlung. Die Taxationsgruppe reiste am 26. Oktober 1940 mit dem Zug von Berlin über Budapest und Bukarest nach Konstanza, wo sie am 30. Oktober 1940 ankam. Bis zum 3. November wurde sie in ihre Aufgaben eingewiesen, ihr wurde der deutsch-rumänische Staatsvertrag erläutert, und es wurden zwei Probetaxaturen durchgeführt. In die Dobrudscha wurden ein Gebietstaxator, sieben Ortstaxatoren und zwei Ersatztaxatoren entsandt. Ihre Aufgabe war es, das dem rumänischen Staat verbleibende Vermögen der umzusiedelnden Dobrudschadeutschen zu erfassen: Grund und Boden, Gebäude, Geschäftswert, lebendes und totes Inventar, Vorräte und Hausmobiliar. In dem Bericht des Gebietstaxators Dr. Hans von Sparr heißt es dazu:

> Das Vermögen war in Reichsmark anhand der Reichsmark-Taxformulare und

der Inventarhilfslisten unter Zugrundelegung von Verkehrswerten in Ostdeutschland – diese Verkehrswerte waren für alle landwirtschaftlichen Betriebsmittel in einem Schätzrahmen festgelegt – und in Lei anhand der Vermögenslisten der DAS unter Zugrundelegung der im deutsch-rumänischen Staatsvertrag festgesetzten Leipreise für landwirtschaftliche Betriebsmittel zu schätzen.

Sparr, *Die Arbeitsberichte der Taxatoren,* S. 73 f.

Unter erheblichem Zeitdruck stellten die ortsunkundigen Taxatoren die Vermögenswerte fest. Während die rumänische Regierung abwartend agierte und der deutschen Seite in hohem Maße entgegenkam, war das Erzbischöfliche Ordinariat von Bukarest gegen eine Umsiedlung der dobrudschadeutschen Katholiken.

Die Dobrudschadeutschen begrüßten das Vorhaben mehrheitlich, auch wenn viele nur schweren Herzens aus der ihnen inzwischen zur Heimat gewordenen Dobrudscha weggingen. In der Erinnerung beschreibt Mathilde Klein (*Von Malkotsch nach Welbsleben,* S. 22 ff.) die Umsiedlung als »Vertreibung aus dem Paradies«. Allerdings schlossen sich dem Fortzug fast

Ein Taxator (rechts) bei der Arbeit in Karamurat

Tatarische Kobadiner nehmen vor der Umsiedlung Abschied von ihrem deutschen Nachbarn, im Hintergrund der Zug, mit dem die Umsiedler nach Cernavodă gelangten. Das Großgepäck war schon vorher abgeholt worden und wurde nach Wien vorausgefahren.

Im Donauhafen Cernavodă stehen die Schiffe der Donau-Dampfschifffahrts-Gesellschaft bereit, um die Dobrudschadeutschen donauaufwärts abzutransportieren. Foto: November 1940. Im Hintergrund ist die ehemalige König Karl I.-Brücke zu sehen.

alle an, schon deshalb, um nicht allein als Deutsche in der Region zurückzubleiben. Im Schlussbericht über die Taxation im Gebiet Do 5 (Kodschalie) schreibt der Taxator Hasso Klotzsche, dass es

> bezeichnend ist, dass sich einige große und wohlhabende Bauern sehr schwer zur Umsiedlung entschlossen haben (z. B. Steinmann aus Horoslar). Der ärmere Teil der Bevölkerung war jedoch erfreut über die Umsiedlung, allerdings in der stillen Hoffnung, dass es ihnen in Deutschland wirtschaftlich besser gehen würde.
>
> JdDD 1, 1956, S. 90

Die Dobrudschadeutschen wurden per Bahn zum Donauhafen Cernavodă gebracht. In Cernavodă, berichtet Theophil Hopp aus Fachria, standen die Geschäftsleute, bei denen die Dorfbewohner stets einkauften, zur Verabschiedung auf der Straße, zum Teil hatten sie Tränen in den Augen und konnten nicht glauben, dass die Deutschen ihre schmucken Dörfer verließen (*Heimatbuch*, S. 172). Zuständig für den Ablauf der Umsiedlung war die reichsdeutsche Behörde Volksdeutsche Mittelstelle.

Von Cernavodă aus erfolgte die Verschiffung der Dobrudschadeutschen auf dem Donauweg bis Semlin bei Belgrad. Im hiesigen Zwischenlager kamen die Umsiedler nach etwa drei Tagen an, dort mussten sie dann nochmals drei Tage in Zelten verbringen. Zwar war es empfindlich kalt, doch Verpflegung und Stimmung waren nach verschiedenen Berichten äußerst gut. Von Semlin aus ging es mit der Bahn weiter ins Deutsche Reich. Der letzte Transport von Dobrudschadeutschen passierte die Reichsgrenze am 13. Dezember 1940. Damit hatten die deutschen Siedlungen in der Dobrudscha aufgrund der nationalsozialistischen »Volkstumspolitik« aufgehört zu existieren.

Für die rund 16 000 deutschen Umsiedler aus der Dobrudscha – einschließlich der etwa fünfhundert Deutschen aus Bulgarien, die 1943 folgten – begann nun ein Leben in Massenquartieren. Die Dobrudschadeutschen kamen übergangsweise in über hundert Lagern in den Reichsgauen Mainfranken und Niederdonau unter. Bei der Umsiedlung hieß es, dass die Ansiedlung der Dobrudschadeutschen im März 1941 erfolgen solle. Doch ihre Ansiedlung im »Osten« geriet ins Stocken, weil die entsprechenden freien Höfe fehlten. Die meisten wurden erst 1942, also nach Ablauf von etwa zwei Jahren, hauptsächlich im Warthegau und im Protektorat Böhmen und Mähren angesiedelt, eine Minderheit sogar noch später oder gar nicht mehr. In den letzten Kriegsmonaten befanden sich noch immer 1 271 Dobrudschadeutsche in den Übergangslagern.

Umsiedlung der deutschen Siedler aus der Süddobrudscha

Nach der Umsiedlung der Volksdeutschen aus der Norddobrudscha und aus

Dobrudschadeutsche Umsiedler auf dem Schiff.

Ankunft von Umsiedlern in Österreich; von den verschiedenen Stationen aus wurden sie weiter auf die einzelnen Lager verteilt. Mancherorts wurden sie auch mit Blasmusik von der SA oder der Hitlerjugend feierlich empfangen und in die neue Unterkunft begleitet.

Bessarabien packte auch die Bulgariendeutschen ein »allgemeines Umsiedlungsfieber«, wie das Auswärtige Amt feststellte (Jachomowski, *Die Umsiedlung*, S. 123), besonders in den deutschen Siedlungen Ali Anife und Tschobankuius, die bis zur Abtretung der Süddobrudscha an Bulgarien sehr enge Kontakte zu den anderen dobrudschadeutschen Siedlungen im nördlichen Teil der Region gehabt hatten. Die deutschen Süddobrudschaner fühlten sich nach 1940 isoliert und allein gelassen. Zudem war ihre ökonomische Situation überaus unvorteilhaft, und nach ihrem Empfinden kümmerten sich die bulgarischen Behörden fast ausschließlich um die aus der Norddobrudscha umgesiedelten Bulgaren. Süddobrudschadeutsche würden von den bulgarischen Behörden zurückgewiesen, heißt es in einem Vermerk des Auswärtigen Amtes vom Oktober 1941 (PA Inland II D 30/3), schließlich hätten sie ja die Möglichkeit, nach Deutschland zu gehen und dort in Arbeit zu kommen. Berlin hatte allerdings die Absicht, die Bulgariendeutschen insgesamt erst nach Beendigung des Krieges umzusiedeln.

Abschied

Der evangelische Friedhof in Kobadin/Cobadin war wenige Jahre vor der Umsiedlung der Deutschen bedeutend erweitert und mit einem stattlichen Eingangstor mit der Inschrift »Sei getreu bis in den Tod« versehen worden. In einem Artikel im *Jahrbuch der Dobrudschadeutschen* von 1956 schreibt Dekan Hans Petri über die Abschiedsfeier am 14. November 1940: »Nachdem der Kurator, Ferdinand Schlaps, mit gleichgerichteten Worten sich an die Gemeinde gewendet und somit gewissermaßen seine bewährte ehrenamtliche Tätigkeit abgeschlossen hatte, konnte jeder Teilnehmer noch einige Minuten an den Gräbern seiner Angehörigen verweilen; dann wurde der Friedhof abgeschlossen und wir begaben uns zusammen zu dem gänzlich leer stehenden Bethause, wo die Musikkapelle, die uns das Reformationsfest so eindrucksvoll hatte gestalten helfen, mit ihren Klängen zum gemeinsamen Gesang von: Nun danket alle Gott aufforderte. Noch einmal läutete die Glocke – dann zogen wir zum Heldendenkmal, auf dessen Marmortafeln manche deutsche Namen eingezeichnet waren als Beweis, daß die Dobrudschadeutschen stets der Obrigkeit untertan gewesen sind, die Gewalt über sie hatte. Die rumänische und die deutsche Hymne, beide von der Gemeindekapelle begleitet, umrahmten die Feier, an welcher sich auch fast die gesamte rumänische, türkische und tatarische Ortsbevölkerung beteiligte; in ihrem Namen sprach der orthodoxe Ortspfarrer herzliche Worte des Abschieds, die von dem Kurator ebenso herzlich erwidert wurden.«

Das Tor zum Friedhof in Kobadin 2015, 75 Jahre nach der Umsiedlung der Dobrudschadeutschen

Die Umsiedlung der Deutschen aus Bulgarien erfolgte dann aber in verschiedenen Einzelaktionen und hatte folglich einen anderen Charakter als die der Dobrudschadeutschen aus Rumänien. Zunächst wurde sie verschoben, auch weil der größte Teil der Umsiedler aus der Norddobrudscha, aus Bessarabien, aus der Bukowina oder aus dem Baltikum selbst nach Monaten noch in den Übergangslagern leben musste. Schließlich wurden aufgrund eines deutsch-bulgarischen Notenwechsels vom 21. November 1941 von der Volksdeutschen Mittelstelle zunächst 423 mittellose Deutsche registriert, die etwa zur Hälfte aus der Süddobrudscha stammten. In den hier verbreiteten Streusiedlungen nahm allein die Zeit für die Registrierung über 14 Tage in Anspruch. Mit der Bahn wurden die mittellosen Umsiedler in die Donauhäfen Rustschuk/Russe, Orechowo und Lom gebracht und mit dem Dampfer »Johann Strauß« nach Deutschland überführt.

Kommandoführer Lackmann, der die Vorumsiedlung der Bulgariendeutschen leitete, berichtete, dass auch die in Bulgarien verbliebenen Deutschen möglichst bald ins Reich umgesiedelt werden wollten, denn ihre Umgebung sei »keineswegs deutschfreundlich gesinnt« (Jachomowski, *Die Umsiedlung,* S. 125). Außerdem sei ihre Stellung in Bulgarien seit der Umsiedlung der mittellosen Deutschen weiter geschwächt worden. Allerdings waren auch hier einige wohlhabendere Bauern sowie die katholische Kirche, besonders der niederländische katholische Pfarrer von Ali Anife, gegen die Umsiedlung. Doch die Volksdeutsche Mittelstelle verfolgte die Umsiedlungspläne energisch weiter.

Das Dampfschiff »Johann Strauß« wurde einst unter den Namen »Carl Ludwig« und »Grein« in Dienst gestellt und erhielt nach der Versenkung eines nach dem berühmten Komponisten benannten anderen Schiffes 1945 dessen Maschine. Es war das luxuriöseste der Donau-Dampfschiff-fahrts-Gesellschaft und nahm die dobrudschadeutschen Umsiedler 1940 im Donauhafen Brăila an Bord.

Am 22. Januar 1943 erfolgte ein weiterer Notenwechsel, in dem in fünf Punkten die Änderung der Staatsbürgerschaft und verschiedene Ausfuhrbestimmungen geregelt wurden. Daraufhin wurden rund 1200 Personen aus Bulgarien mit dem Dampfer über die Donau ins Reich verbracht und zunächst in oberbayerischen

Verladung des Großgepäcks während der Umsiedlung von Deutschen aus der bulgarischen Süddobrudscha im Donauhafen Rustschuk/Russe, März 1943. Rechts im Bild sind stehend Waldemar Frank – er war Obmann für die Umsiedlung – und neben ihm Obmann Johann Bernhard zu sehen.

Übergangslagern untergebracht. Schließlich tauschte man am 23. Oktober 1943 einen weiteren Notenwechsel mit der Regierung Bulgariens, in welchem vermögensrechtliche Fragen behandelt wurden. Damit war auch die Umsiedlung der Bulgariendeutschen abgeschlossen. Im Dezember 1943 befanden sich 1945 deutsche Umsiedler aus Bulgarien im Deutschen Reich, davon kamen rund fünfhundert aus der Süddobrudscha. Im bulgarischen Teil der Dobrudscha verblieben etwa fünfzig Deutsche.

Neuansiedlung im »Osten«

Die meisten Umsiedler favorisierten eine Ansiedlung im Osten, also im Warthegau oder in Böhmen und Mähren, denn damit hätten, zumindest laut gängiger Vorstellung, nicht nur die gewachsenen Dorfgemeinschaften aus der Dobrudscha erhalten bleiben können, sondern man hoffte auch auf »Naturalersatz«, also auf einen eigenen Hof. Ein Wohnsitz im Reichsgebiet war aus Sicht der meisten Dobrudschadeutschen weniger erstrebenswert, denn schließlich standen dort keinerlei Höfe als Ausgleichsobjekte für die Umsiedler zur Verfügung – es gab dort nichts zu verteilen; die Bauern hätten hier einer unselbständigen Tätigkeit nachgehen müssen. Ehemals besitzlose Landarbeiter, die nun eine Wohnung und einen Arbeitsplatz in der Industrie zugewiesen bekamen, akzeptierten das neue Umfeld eher als diejenigen Umsiedler, die in der Dobrudscha einen eigenen Hof besessen hatten.

In der Dobrudscha hatten 2086 Deutsche einen eigenen landwirtschaftlichen Betrieb gehabt, davon waren 1914 für die Ansiedlung im Osten vorgesehen. Lediglich 172 Bauern sollten laut Abschlussbericht der Einwandererzentralstelle keinen eigenen Hof in den Ansiedlungsgebieten erhalten (Jachomowski, *Die Umsiedlung*, S. 150). Je länger die Dobrudschadeutschen auf ihre Ansiedlung warten mussten, desto lauter wurde die Kritik, die sich im besonderen Maße gegen die Art und Weise des Umsiedlungsvorgangs richtete, vor allem aber auch gegen das Auseinanderreißen der in der Dobrudscha gewachsenen Dorfgemeinschaften:

> Schon auf dem Schiff, das uns von Cernavoda nach Semlin brachte, ging der Papierkrieg los, Formulare mußten ausgefüllt werden über alles mögliche. So mußten wir auch wählen und schriftlich festlegen, mit wem als Nachbar wir angesiedelt werden möchten. Jedermann wählte danach sich diejenigen Verwandten und Bekannten aus, mit denen er eine gute, ersprießliche Zusammenarbeit erhoffte. Und was wurde daraus? – Schon bei der Ansiedlung kamen wir meilenweit auseinander, wir wurden eben da eingesetzt, wo es den Herren vom Aussiedlungsstabe gefiel; es war, als ob sie sich nur lustig gemacht hätten über unsere Wünsche und Hoffnungen. Und heute? – Wer weiß, ob man seinen damals gewählten »Nachbarn« nochmals sehen wird. Und was ist aus uns freien Bauern geworden? Arbeiter in den Fabriken, auf dem Bau, beim Straßenbau usw., oft an Arbeitsplätzen, die der Einheimische verschmäht, da kommen unsere einst freien Bauern hin, weil sie außer der Landwirtschaft keinen Beruf erlernt haben. In Rumänien waren wir die nur geduldeten Nemtzi [Deutsche], die aber wegen ihren Leistungen doch geachtet waren; – hier, daheim im Reich, sind wir die Flüchtlinge, die nach Meinung so mancher alles vom Vater Staat geschenkt bekommen und deshalb auch beneidet werden bei allen Anschaffungen, die wir durch fleißige Arbeit und Sparsamkeit uns leisten können.
>
> Brenner, *Als Umsiedler zwischen 1940 und 1945*, S. 96

Viele Illusionen der Dobrudschaner gingen im Deutschen Reich und den Ansiedlungsgebieten recht schnell verloren. Denn gewachsene Traditionen und vorhandene Wertvorstellungen fanden keine Berücksichtigung bei der Neuansiedlung auf dem unrechtmäßig enteigneten Besitz von Polen und Tschechen, wie viele Dobrudschadeutsche schnell registrierten. Zudem war der neu erlangte Besitz häufig nicht vergleichbar mit dem in der Dobrudscha aufgegebenen. Der Erhalt der umgesiedelten Volksgruppen in Dorfgemeinschaften war überdies von den deutschen Behörden nicht erwünscht. Es bestanden Planungen, dass es in jedem Ort im Osten auch Reservierungen für Reichsdeutsche geben sollte; und die Umsiedler sollten nach stammesmäßigen Bezügen und nicht nach Herkunftsland auf die Ortschaften verteilt werden. Dies sollte zur Begründung eines neuen deutschen »Stammes« im Osten führen und verhindern, dass herkömmliche gewachsene Volksgruppen aus der Dobrudscha oder Bessarabien weiter bestehen.

> Vor der »Einbürgerung«, das heißt dem Erhalt der deutschen Staatbürgerschaft, mussten sich die Umsiedler 1941 einer sogenannten »Schleusung« unterziehen. Hinter diesem Begriff verbarg sich eine Untersuchung nach rassischen Gesichtspunkten und daraus resultierend eine Einreihung in eine nationalsozialistische Werteskala von I bis IV. Entsprechend dieser Bewertung wurden die Menschen dann in »O«, »A«, und »S«-Fälle eingeteilt. Die O-Klassifikation galt als die beste, diese Fälle sollten auf Bauernhöfen in den eroberten Ostgebieten angesiedelt werden. A-Fälle sollten keine eigenen Höfe erhalten, sondern in den Arbeitsprozess im »Altreich« eingegliedert werden. S-Fälle dagegen, darunter verstand man sogenannte »Fremdstämmige«, versuchte man möglichst schnell wieder nach Rumänien abzuschieben. Die Klassifizierung von 14 973 untersuchten Dobrudschadeutschen ergab im April 1941: 13 547 O-Fälle, 1 380 A-Fälle und 46 S-Fälle.
>
> Hahner, *Heimatgeschichtlicher Museumsführer*, S. 20

Noch 1944 (Aufnahmejahr) befanden sich Dobrudschadeutsche in »Übergangslagern«, hier in Mährisch-Kromau/Moravský Krumlov

Trotz der Sonderregelungen für Umsiedler wurde ein großer Teil der Männer zur Wehrmacht eingezogen oder meldete sich – nicht immer freiwillig – zur Waffen-SS, denn seit der Umsiedlung waren sie deutsche Staatsbürger und unterlagen der Militärpflicht:

> Im Jahre 1942 ging es zur Ansiedlung in das Wartheland. Wie es dort zugegangen ist, war alles gegen unseren Willen. Wir wurden in die SA [sic!] gezwungen. Das war keine gute Sache. Zu allem musste man immer antreten, wir wurden dauernd

Deutsches Reich

Einbürgerungsurkunde

Der Emanuel Leyer

in Sonntagberg, geboren am 3. Oktober 1874

in Jakobsohntal/Rumänien, sowie seine Ehefrau

Mathilde,

geborene Würth, ~~und folgende von ihm kraft elterlicher Gewalt (§ 1626 BGB.) gesetzlich vertretene Kinder:~~

1. ~~geboren am in~~
2. ~~» » »~~
3. ~~» » »~~

haben mit dem Zeitpunkt der Aushändigung dieser Urkunde die deutsche Staatsangehörigkeit (Reichsangehörigkeit) durch Einbürgerung erworben. Die Einbürgerung erstreckt sich nur auf die vorstehend aufgeführten Familienangehörigen.

Mauer-Öhling, den 5. Juni 1941

Der Reichsminister des Innern
Der Sonderbeauftragte
I. A. [Unterschrift]

Gebühr: Gebührenfrei
Tgb.-Nr. 575519/II

K.

F 25 (11. 38) Reichsdruckerei, Berlin

Die Umsiedler verloren die rumänische Staatsangehörigkeit und erlangten 1941 die deutsche.

> gequält. Ich kenne keinen von meinen Landsleuten, der dort nicht widerwillig mitgemacht hätte.
>
> Schmolke, *Kurzer Bericht über meine Erlebnisse im Jahre 1945*, S. 108

Die Frauen mussten dann meistens mit »Unterstützung« der polnischen oder tschechischen Nachbarn ihre neuen Höfe allein bearbeiten, was nicht selten zu Spannungen und schwerwiegenden Problemlagen führte.

Dobrudschadeutsche in Konzentrationslagern

Die Unzufriedenheit unter vielen dobrudschadeutschen Umsiedlern mit den Lebensbedingungen in Deutschland wuchs bereits in den Übergangslagern.

Rasch desillusioniert von den Realitäten im Deutschen Reich, wollten einige nach Rumänien zurückkehren. Sehr deutlich dokumentiert ist dies in einem Schreiben, das von mehreren dobrudschadeutschen Bauern aus Malkotsch unterschrieben ist. Darin bitten sie darum, in die Dobrudscha zurückkehren zu dürfen. Die Orthografie der Abschrift des sich im Bundesarchiv [R 69/185] befindlichen Gesuchs an eine nicht näher benannte Behörde in Berlin wurde beibehalten:

> Hochgeerte Brüder Deitschland Berlin.
>
> Mir teitschen Bauern aus der Tobrotscha [Dobrudscha] aus dem dorf Malkotsch komen mit unserem Schreiben zu eich um Euch unser weh zu sagen mir sind ins Reich gegangen Auf dem Hochgeerten her Fürer seinen ruf um hier under Schutz zu sein weger dem Rusischen Bolschewismus und jetz wenden mir uns an eich lieve Brüder Teitschlans das ir uns eine auskunft geben solt wi und was mir zu Machen haben vir uns Bauern ist es hir nicht wie mir diese Landarbeit hir nicht gewent sind Weil wi ir wist das dort das land kein Mischt oder Kunstiger [Kunstdünger] b[r] auch mir dengen so der Sig Teitschlants Ist bis ietz schon weit in Ruslant drinen und wen mir Bauern ale wider zurik komendeten bis am Monat Okdober das mir noch di Winderfrucht Bauen Kenten dan wer es doch beser vir eich und vir uns den wen man nicht gewend ist im Taglon arbeiten das ist hart for einen und fir eich ist es wider warum sollt ihr uns im Reich hir sitzen und ales aufessen und Nichts arbeiten darum live Brüder hilft uns so vil ir meglich kind das mir wider in unsere alte heimat zurik komen mir wolen von herzen eich hilflich sein Mit unserer Landwirtschaften und wolen eich das Getreite ales zukomen [l]asen blos was mir fir und unser fich zum Essen Brauchen mechted ir uns zukomen lasen also seit nochmals gebited aus ganzem Herzen und Antworted uns Kleich auf disen Brif mit grus
>
> Heil Hitler Michel Baumstark
>
> Ich bite schreibt auf dise Atrese zurik
>
> Her Lorenz Koch Hamelburk Wangelstr. 35 Meinfranken.
>
> Jetz unterschreiben mir uns hochachtungsfol.
>
> (Unterschriften)

Da sie mit ihrer Situation im Deutschen Reich nicht zurechtkamen, lehnten besonders die Umsiedler aus Malkotsch die Annahme der deutschen Staatsangehörigkeit ab; auch ließen sie sich nicht im Warthegau oder im Protektorat Böhmen und Mähren ansiedeln. Stattdessen wollten die Bauern wieder zurück in die Dobrudscha. Eine Rückkehr nach Rumänien war allerdings nicht mehr so einfach möglich und auch nicht vorgesehen, denn die Dobrudschadeutschen hatten vor der Umsiedlung ihre rumänische Staatsbürgerschaft aufgegeben. Es war ihnen laut Umsiedlungsvertrag vom 22. Oktober 1940 künftig nur ein besuchsweiser Aufenthalt »unter den für die Ausländer allgemein geltenden Voraussetzungen« in Rumänien gestattet. Als sich diese dobrudschadeutschen Umsiedler weigerten, Personalangaben für die Ein-

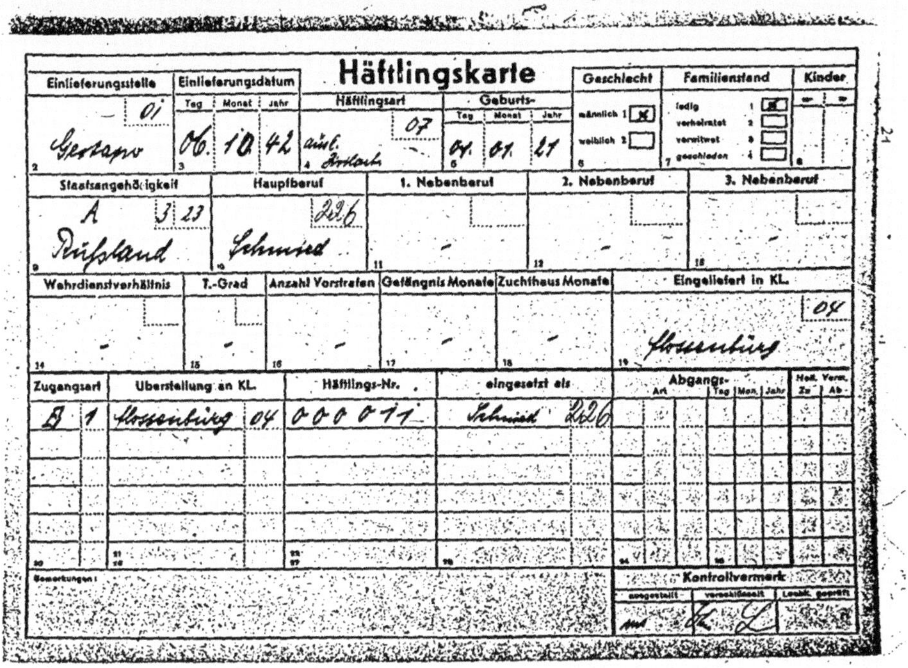
Häftlingskarte

Einlieferungsstelle	Einlieferungsdatum (Tag / Monat / Jahr)	Häftlingsart	Geburts- (Tag / Monat / Jahr)	Geschlecht	Familienstand	Kinder
01 Gestapo	06. 10. 42	07 ausl. Arbeiter	01. 01. 21	männlich 1 [x] / weiblich 2	ledig 1 [x] / verheiratet 2 / verwitwet 3 / geschieden 4	

Staatsangehörigkeit	Hauptberuf	1. Nebenberuf	2. Nebenberuf	3. Nebenberuf
A 3 23 Rußland	226 Schmied			

Wehrdienstverhältnis	T.-Grad	Anzahl Vorstrafen	Gefängnis Monate	Zuchthaus Monate	Eingeliefert in KL.
					04 Flossenbürg

Zugangsart	Überstellung an KL.	Häftlings-Nr.	eingesetzt als	Abgangs- Art / Tag / Mon. / Jahr	Heil. Verw. Zu / Ab
B 1	Flossenbürg 04	000011	Schmied 226		

Bemerkungen:

Kontrollvermerk: ausgestellt / verschlossen / Lochk. geprüft

Häftlingskarte des Konzentrationslagers Flossenbürg. Ferdinand Roth, geboren am 12. Dezember 1915 in Jakobsonstal bei Brăila, ist laut Aussagen von Mithäftlingen an den ihm im KZ Flossenbürg zugefügten Misshandlungen am 8.10.1942 verstorben – einige Tage, bevor die anderen Dobrudschadeutschen entlassen wurden. Der Lagerarzt gab als offizielle Todesursache »Herzschwäche bei akuter Enteritis« (Darmentzündung) an.

bürgerung zu machen, wurden sie im Juli 1942 schließlich ins Konzentrationslager Flossenbürg überführt. Im *Heimatbuch der Dobrudscha-Deutschen* (1986 ist ab Seite 46 eine Namensliste von 88 Männern veröffentlicht, die überwiegend aus Malkotsch stammten – darunter auch der Initiator des obigen Gesuchs, Michael Baumstark. Weitere kamen aus Tulcea, Tariverde, Kodschalak, Jakobsonstal, Ortachioi und Atmadscha. Einer weiteren Liste zufolge wurden zeitgleich zwölf Frauen aus Malkotsch und Tulcea aus den gleichen Gründen im KZ Ravensbrück, dem größten Frauenkonzentrationslager auf deutschem Gebiet, in »Schutzhaft« gesetzt.

Im KZ Flossenbürg mussten die Häftlinge im Steinbruch arbeiten, viele wurden misshandelt. Mitte Oktober 1942 erklärten sich am Ende fast alle dobrudschadeutschen KZ-Insassen mit der Einbürgerung und Ostansiedlung einverstanden, danach wurden sie aus dem KZ entlassen. Stark gezeichnet von der Inhaftierung kamen sie in den Übergangslagern bei ihren Familien an. Die Angst der entlassenen Häftlinge aus der Zeit im KZ steckte so tief, dass sie oft selbst engsten Familienangehörigen nichts über die Erlebnisse berichteten. Diese Angst ging fallweise so weit, dass beispielsweise erst im Jahr 2015 bei einem Dobrudschaner-Treffen

Malkotscher aus dem KZ. Quelle: Lebensweg

in Freyburg an der Unstrut ein zum Zeitpunkt der Inhaftierung noch Minderjähriger bereit war, mit dem Verfasser über seine Haft im KZ zu sprechen, nachdem ihm zugesagt wurde, weder Namen noch Foto von ihm zu veröffentlichen.

Kriegsende, Flucht und Rückkehr

Mit Beginn der zweiten Januarhälfte 1945 erhielten die Deutschen in den besetzten Ostgebieten und somit auch die oft erst vor kurzer Zeit angekommenen Umsiedler aus der Dobrudscha den Evakuierungsbefehl, von dem viele überrascht wurden. Die Umsiedler, die nicht rechtzeitig in den Westen fliehen konnten, wurden teilweise erst 1950 aus Polen nach Deutschland entlassen. Aus Böhmen flohen die meisten Umsiedler im April 1945. Therese Erker aus Karamurat, deren Mann während ihrer Flucht an der Ostfront kämpfte, schreibt darüber 1961 im *Jahrbuch der Dobrudschadeutschen*:

> Eines Tages kam die Betreuerin zu mir und erzählte, daß die meisten Deutschen schon ihre Sachen eingepackt haben, wir müßten fort von hier. Ich wußte von nichts, man hatte mir noch nichts gesagt gehabt. Ich bat sie, wenn etwas Sicheres im Gange ist, mich zu verständigen. Ich machte mich ans Einpacken, ich nahm die Sachen und nähte sie in Decken ein, dann machte ich mich über meine Hühner und briet sie ein und gab sie in die Einmachgläser. Ich erfuhr dann, daß eine Zusammenkunft in einer Ortschaft ist und alle Umsiedler erscheinen müssen. [...] Am nächsten Tag lud [ich] das Notwendigste auf, setzte meine elfjährige Tochter mit dem kleinen Benno auf den Wagen und ich mit meinem neunjährigen Sohn fuhren mit den Fahrrädern hinterdrein.
>
> Erker, *Unsere Flucht*, S. 154 f.

»Aus Umsiedlern, Ansiedlern waren wir nun Flüchtlinge geworden«, heißt es bei Gerlinde Stiller (JdDD 5, 1960, S. 66); diese Flüchtlinge gelangten nun unter manchmal dramatischen Umständen nach Deutschland oder Österreich. Andere wiederum wurden zur Rückkehr in ihr Geburtsland gezwungen.

Rund 2500 Dobrudschadeutsche (Jachomowski, *Die Umsiedlung*, S. 202), die in Böhmen und Mähren angesiedelt worden waren und nach Kriegsende ihr neues Ansiedlungsgebiet nicht rechtzeitig verlassen hatten, kamen in Kontakt mit den sowjetischen Truppen und durften nicht nach Deutschland weiterziehen, sondern wurden nach Rumänien zurückgeschickt.

Paula Wychowaniec aus Neue Weingärten beschreibt eine ähnliche Situation folgendermaßen:

> An der bayrischen Grenze angekommen, ließen uns amerikanische Soldaten nicht durch. Sie waren wohl freundlich zu uns, aber was sollte diese Sperre? Nach einigen Tagen mußten wir uns aufstellen, und Militärpolizei setzte uns in Marsch – Richtung Osten. Dort aber war der Russe. Wir wurden so bewacht, daß niemand entkommen konnte. Es kamen auch schon russische Soldaten, die uns in Empfang nahmen. Nun waren wir ausgeliefert, und keine Hoffnung war mehr da. [...] Der Russe verkündete uns, daß jeder nach dorthin gebracht würde, wo er geboren ist. Wir konnten es nicht glauben, daß wir unsere alte Heimat wiedersehen sollten. Wie wird es dort sein? Wie wird man uns dort aufnehmen? Fragen über Fragen tauchten auf.
>
> Wychowaniec, *Zurück nach den Neuen Weingärten*, S. 149

Die meisten »Rückkehrer« gelangten mit ihren Pferdewagen über die Slowakei und Ungarn nach Arad in Rumänien. Von dort aus ging es in der Regel mit der Eisenbahn weiter in die Dobrudscha, wo sie in ihren Heimatorten in ihren ehemaligen Häusern Aromunen antrafen, die nach der Umsiedlung der Dobrudschadeutschen dort angesiedelt worden waren. Die ehemaligen deutschen Siedler hatten neben ihrer rumänischen Staatsbürgerschaft auch alle Besitzansprüche in der Dobrudscha verloren. Sie kamen nun in Schuppen und Ställen unter und hielten sich mit Gelegenheitsarbeiten über Wasser; einige der Rückkehrer wurden auch in Arbeitslager geschickt.

Obwohl nicht wenige Rumänen vor Ort die Rückkehr der Dobrudschadeutschen begrüßten, nahmen die meisten Betroffenen im Frühjahr 1947 desillusioniert das Angebot wahr, sich in die sowjetische Besatzungszone Deutschlands überführen zu lassen. Der Großteil von ihnen zog

Der Karamurater Anton Götz (links), 1953 aus russischer Kriegsgefangenschaft nach Marktheidenfeld heimgekehrt, rechts Jakob Liebelt

von dort aus schließlich weiter nach Westdeutschland.

Von der Roten Armee gefangen genommene dobrudschadeutsche Männer, die in der Waffen-SS oder im Volkssturm gedient hatten, kamen als Kriegsgefangene in die Sowjetunion. Friedrich Schmolke aus Groß-Pallas berichtet darüber:

> Von uns Zusammengetriebenen [in Konin, Warthegau] kamen nur Mateis Daniel mit seinem jüngsten Sohn Karl, Maas Eusebius mit Sohn und Weber und ich in Gefangenschaft nach Rußland. Mateis Daniel und Weber sind in der Gefangenschaft gestorben. Wir andern haben sie überlebt und sind wieder zurückgekommen, und wir danken unserm Gott, daß er uns unser Leben und die Freiheit wieder geschenkt hat.
>
> Schmolke, *Kurzer Bericht über meine Erlebnisse,* S. 110

Lydia und Christian Brandenburger in Schwaigern im Landkreis Heilbronn

Allerdings konnten sich nicht alle zurückgekehrten Dobrudschadeutschen 1947 dieser Überführung in die sowjetische Besatzungszone anschließen. Einige flüchteten ohne Genehmigung über Ungarn und Österreich nach Bayern, nicht wenige wurden von den rumänischen Behörden festgenommen, verhört und in Lager nach Großwardein/Oradea an der ungarischen Grenze gebracht.

Als ihnen die Möglichkeit eröffnet wurde, in Landwirtschaftlichen Produktionsgenossenschaften zu arbeiten, machten die meisten davon Gebrauch. So gelangten sechs dobrudschadeutsche Familien in das banatschwäbische Dorf Grabatz/Grabaţi, wo sie von den Banater Schwaben mit großem Verständnis für ihre Situation aufgenommen wurden, wie etwa Lydia Brandenburger aus Tschukurowa sich gut fünfzig Jahre nach den Ereignissen erinnert (*Der Dobrudscha-Bote* 18, 1995, 61, S. 20). Nach längeren Wartezeiten und wiederholten Bemühungen durften einige Familien 1951 zu ihren Verwandten in die DDR ausreisen. Lydia Brandenburger lebte ein Jahr lang in Wolmirsleben bei Magdeburg bei ihrem Vater, 1952 flüchtete sie weiter nach Stuttgart; ihre Eltern und ihr jüngster Bruder folgten ihr einige Jahre später nach Baden-Württemberg.

Nicht wenige deutsche Dobrudschaner sahen ihre Umsiedlung kritisch, nicht nur, weil sie keine Entschädigung für ihr in der Dobrudscha zurückgelassenes Hab und Gut erhielten – ihre Berücksichtigung im Lastenausgleichsgesetz von 1952 bot nur einen teilweisen finanziellen Ersatz dafür –, sondern insbesondere auch deshalb, weil die gewachsenen Strukturen mit der Umsiedlung zerstört worden waren und die meisten nicht mehr als Bauern arbeiten konnten:

> Wenn ich zurückdenke, waren die letzten 20 Jahre nicht schön. Schaue ich aber durch diese 20 Jahre weiter in die Vergangenheit zurück, so liegt dort die unvergeßliche Zeit einer wunderschönen, unbeschwerten Jugend und unauslöschliche Erinnerungen an Elternhaus, Heimat und Familie.
>
> Erker, *Unsere Flucht 1945*, S. 181

Eduard Forchert aus Kodschalak, der nach Kanada ausgewandert ist, bewertet hingegen 1966 rückblickend die Umsiedlung der Dobrudschadeutschen durchweg positiv:

> Die Umsiedlung war unsere Rettung. Wir hätten nach dem Krieg zumindestens das Schicksal der Siebenbürger Sachsen und der Banater Schwaben geteilt. Unsere Bauern säßen nicht mehr auf ihren Höfen. Das Land wäre ihnen weggenommen worden. Wem soll ich noch weiter etwas aufzählen? Ich glaube, daß 99 Prozent unserer Landsleute über unsere Umsiedlung heute froh sind und dafür auch dankbar.
>
> Forchert, *Warum ich über unsere Umsiedlung froh war*, S. 161

Neubeginn in der Nachkriegszeit

Nach dem Kriegsende wurde umgehend damit begonnen, die ehemaligen Bewohner der Vertreibungs- und Umsiedlungsgebiete namentlich in Heimatortskarteien zu erfassen, um Familienzusammenführungen zu ermöglichen. Nach der statistischen Auswertung des vorhandenen Karteimaterials von 1964 wurden für die Zeit vor Kriegsende namentlich 15 718 Deutsche aus der rumänischen und bulgarischen Dobrudscha gezählt. Von den vor Kriegsende bekannten Dobrudschadeutschen wurden 13 489 Personen »als lebend festgestellt« (Jachomowski, *Die Umsiedlung der Bessarabien-, Bukowina- und Dobrudschadeutschen*, S. 203).

Die meisten Dobrudschadeutschen flohen nach dem Zweiten Weltkrieg nach Süddeutschland. Viele, etwa zehn Prozent, zog es aber auch weiter in die Vereinigten Staaten und nach Kanada. In den 1950er und auch noch in den 1960er Jahren wanderten immer wieder Dobrudschadeutsche aus Deutschland nach Amerika aus. Bis heute nicht genau zu ermitteln ist die Anzahl der Dobrudschadeutschen, die nach dem Zweiten Weltkrieg durch Verschleppung, Hunger, Zwangsarbeit und Gewalt ums Leben kamen; 152 Fälle sind bekannt und belegt. Nicht abschließend geklärt werden konnte bisher das Schicksal von 758 Dobrudschadeutschen.

Verteilung der Dobrudschadeutschen nach 1945

Bundesrepublik (einschl. Berlin-West):	8559
DDR (einschl. Berlin-Ost):	2318
In der alten Heimat:	721
In den übrigen Aussiedlungsgebieten:	31
Im westlichen Ausland:	
In Europa	384
Außerhalb Europas	1476
Insgesamt	13489

Jachomowski, *Die Umsiedlung*, S. 203

Die Dobrudschadeutschen in der Bundesrepublik

Kurz nach dem Zweiten Weltkrieg kam es in den westlichen Besatzungszonen zur Gründung von Institutionen, die sich auch den Belangen der Dobrudschadeutschen widmeten. So gründete Karl Rüb 1945 in Stuttgart das »Hilfswerk für evangelische Umsiedler innerhalb der Landeskirche Württembergs«, dessen Aufgabe darin bestand, die Bessarabien- und Dobrudschadeutschen zu betreuen. Bereits ein Jahr später entstand das »Hilfskomitee für die ev.-luth. Deutschen aus Bessarabien und der Dobrudscha im Hilfswerk der evangelischen Kirche in Deutschland«; für die Dobrudschadeutschen war Pastor Herbert Hahn im Vorstand des Hilfskomitees. 1948 wurde schließlich unter der Leitung von Pastor Hahn das Hilfskomitee der Dobrudschadeutschen ins Leben gerufen, das für die evangelischen Dobrudschaner zuständig war.

Nachkriegsalltag in einem Gemeinschaftsraum im Flüchtlingslager auf der Schlotwiese in Stuttgart.

Als ab 1948 die westlichen Besatzungsmächte die Gründung von Interessenverbänden der Vertriebenen erlaubten, gründete Karl Rüb in Stuttgart den »Verband der Umsiedler aus Bessarabien und der Dobrudscha«; ein Jahr später kam noch der »Verband der Umsiedler aus der Dobrudscha und dem Südbuchenland« hinzu. Schließlich wurde in Heilbronn im Mai 1950 die »Landsmannschaft der Dobrudschadeutschen« gegründet; im Juli 1955 benannte man aufgrund eines Antrags der Bulgariendeutschen den Verein in »Landsmannschaft der Dobrudscha- und Bulgariendeutschen« um. Erster Vorsitzender der Landsmannschaft wurde der Studienrat Otto Klett aus Kobadin.

Hochzeitsfoto von Edith Klett und Pastor Herbert Hahn vom 31. August 1931. Herbert Hahn wurde am 27. Dezember 1900 in Kuloba auf der Krim geboren. Mit seinen Eltern siedelte er nach Bessarabien über und machte in Tarutino sein Abitur. Nach dem Studium der Theologie in Tübingen, Marburg, Leipzig und Wien ließ er sich 1926 als Pfarrer in Kobadin in der Dobrudscha nieder, von wo aus er noch weitere neun Gemeinden betreute. Hahn war ein Befürworter der nationalsozialistischen Umsiedlungspolitik. Nach dem Zweiten Weltkrieg begann er mit seiner Frau Edith und weiteren Mitstreitern mit der staatlich geförderten Arbeit an der Heimatortskartei der Dobrudschadeutschen, denn viele Flüchtlinge verfügten über keine Dokumente mehr und wussten nicht, wo ihre Verwandten nach dem Krieg verblieben waren. Hahn war Gründungsmitglied der Landsmannschaft der Dobrudschadeutschen und ihr langjähriger Vorsitzender.

Jahrbuch der Dobrudschadeutschen

Otto Klett wurde 1910 in Kobadin geboren. Er besuchte in seinem Heimatort die Grundschule, die Allgemeine Hochschulreife legte er am Deutschen Evangelischen Lyzeum in Bukarest ab. Nach seinem Studium der Geografie, Geschichte, Soziologie und Archäologie arbeitete er bis zur Umsiedlung als Lehrer in Neue Weingärten. Mit der Geschichte der Dobrudschadeutschen beschäftigte er sich bereits während seiner Studienzeit; er plante, ein Archiv und Museum der Dobrudschadeutschen einzurichten und begann mit der Sammlung von Museumsobjekten und Archivmaterial. Nach der Umsiedlung war Klett bei der Waffen-SS und stellver-

tretender Leiter der Kulturabteilung im »Kommando Dobrudscha«. Nach der Rückkehr aus der Gefangenschaft war er zunächst beim Hilfskommitee der Bessarabiendeutschen tätig und ab 1947 bis zu seinem krankheitsbedingten Ruhestand 1963 als Lehrer in verschiedenen baden-württembergischen Schulen. Klett war der erste Vorsitzende der 1950 gegründeten Landsmannschaft der Dobrudschadeutschen. Als Herausgeber der insgesamt 22 Bände der Jahrbücher der Dobrudschadeutschen und mit seinen zahlreichen weiteren Aktivitäten leistete er einen unschätzbaren Beitrag zum Erhalt des kulturellen Gedächtnisses der Dobrudschadeutschen. Allerdings hat er auch aktiv an der Verstrickung der Dobrudschadeutschen in die nationalsozialistische »Volkstumspolitik« mitgewirkt und sich dem Naziregime als Sachverständiger angedient.

Eine große Anzahl Dobrudschadeutscher siedelte sich schließlich im Landkreis Heilbronn an. In Nordhausen bei Heilbronn gründeten 37 Dobrudschadeutsche, die aus Fachria stammten, ein Viertel, dem im Juni 1955 der Name »Fachria-Siedlung« gegeben wurde. In einigen Ortschaften wurden auch Straßennamen vergeben, die an die Dobrudscha erinnern sollen; so gibt es in Mainaschaff bei Aschaffenburg eine Malkotschstraße oder in Heilbronn eine Dobrudschastraße. An manchen Orten ist so eine bleibende Erinnerung an die Dobrudschadeutschen und ihre ehemalige Heimat im öffentlichen Gedächtnis gesichert.

Am 2. Dezember 1954 übernahm die Stadt Heilbronn eine Patenschaft für die Dobrudschadeutschen. Heilbronn förderte die Landsmannschaft der Dobrudschadeutschen »ohne Anerkennung einer rechtlichen Verpflichtung«, wie es in dem Beschluss der Patenschaftsübernahme des Gemeinderats hieß. So hatte die Landsmannschaft der Dobrudscha- und Bulgariendeutschen über Jahrzehnte hinweg ihren Sitz in der Stadt am Neckar

»Fachria-Siedlung« in Nordhausen bei Heilbronn

im nördlichen Baden-Württemberg. Heilbronn war nun gewissermaßen das neue kulturelle Zentrum der Dobrudschadeutschen; dort fanden auch die jährlichen Heimattreffen statt. In Heilbronn entstand ein Heimatmuseum, in dem das nach Deutschland mitgebrachte Kulturgut der Dobrudschadeutschen gesammelt, aufbewahrt und ausgestellt wurde; auch das Heilbronner Stadtarchiv verfügt über Materialien über diese Gruppe.

Von 1956 bis 1977 gab Otto Klett die *Jahrbücher der Dobrudschadeutschen* heraus. Damit wollte er den künftigen »Chronisten« Unterlagen hinterlassen, um zu den Dobrudschadeutschen und der gesamten Region in ihrer ethnischen und kulturellen Vielfalt forschen zu können. Nach Kletts Tod publizierte die Landsmannschaft von 1977 bis 2008 den *Dobrudscha-Boten*. Zudem erschien vierzig Jahre lang (von 1949 bis 1989) der *Rundbrief der Dobrudschadeutschen*, den Pastor Herbert Hahn monatlich, ab 1985 seine Tochter Karin Kröner zweimonatlich herausgab.

Die Dobrudschadeutschen passten sich ihrer neuen Umgebung und den veränderten Umständen weitgehend an, sehnten sich aber nicht selten zurück nach ihrer landwirtschaftlichen Tätigkeit in der alten Heimat, so beispielsweise Wilhelm Brenner aus Fachria, der 1960 im *Jahrbuch der Dobrudschadeutschen* schrieb: »Eine Heimat finden wir nicht mehr, so, wie wir es uns einst vorgestellt hatten. Ein freier Bauer auf freier Scholle.« Die Sehnsucht nach der »alten Hei-

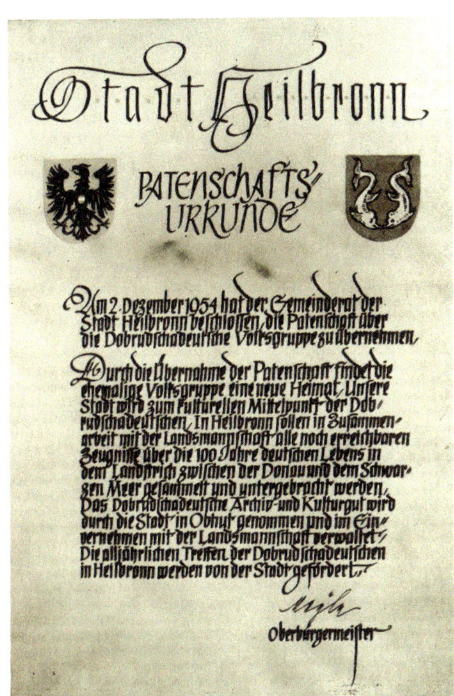

Stadt Heilbronn

Patenschafts-Urkunde

Am 2. Dezember 1954 hat der Gemeinderat der Stadt Heilbronn beschlossen, die Patenschaft über die Dobrudschadeutsche Volksgruppe zu übernehmen.

Durch die Übernahme der Patenschaft findet die ehemalige Volksgruppe eine neue Heimat. Unsere Stadt wird zum kulturellen Mittelpunkt der Dobrudschadeutschen. In Heilbronn sollen in Zusammenarbeit mit der Landsmannschaft alle noch erreichbaren Zeugnisse über die 100 Jahre deutschen Lebens in dem Landstrich zwischen der Donau und dem Schwarzen Meer gesammelt und untergebracht werden. Das Dobrudschadeutsche Archiv- und Kulturgut wird durch die Stadt in Obhut genommen und im Einvernehmen mit der Landsmannschaft verwaltet. Die alljährlichen Treffen der Dobrudschadeutschen in Heilbronn werden von der Stadt gefördert.

Oberbürgermeister

Patenschaftsurkunde der Stadt Heilbronn

mat« formuliert Brenner im gleichen Bericht folgendermaßen:

> Von meinen Nachbarn habe ich niemanden in der Nähe. In unserem Wohnblock benutzen fünfzehn Familien den gleichen Eingang, doch besucht keiner den anderen, man kennt sich kaum und ist am Ergehen der anderen nicht interessiert. Wie ganz anders wäre es, wenn nun fünfzehn Dobrudschaner Familien zusammen wohnen würden, es wäre bestimmt schnell eine geschlossene Gemeinschaft geworden.
>
> Brenner, *Als Umsiedler zwischen 1940 und 1945*, S. 96 f.

Da nur für wenige Dobrudschadeutsche die Möglichkeit bestand, in Westdeutschland in der Landwirtschaft tätig zu werden, machten sich einige von ihnen selbständig und fanden mit ihrem Pferdegespann beispielsweise Beschäftigung bei der Stadtverwaltung, von der sie für Aufräumarbeiten eingesetzt wurden. In Heilbronn sind fünf solcher Kleinunternehmen von Dobrudschadeutschen bekannt. Nach und nach vergrößerten sich einige dieser kleinen Unternehmen zu Fuhr-, Bagger- und Baubetrieben. Dobrudschadeutsche eröffneten auch Werkstätten und Handwerksbetriebe, die meisten jedoch fanden am Ende einen Arbeitsplatz in der Industrie.

Nach fünfzig Jahren erklärte die Stadt Heilbronn die Patenschaft für die Dobrudschadeutschen für beendet. Das Gebäude der Dobrudschadeutschen in der Horkheimer Straße 30, das der Landsmannschaft von der Stadt Heilbronn zur Nutzung überlassen worden war und in dem sich neben ihrem Sitz auch das Dobrudschadeutsche Heimatmuseum befand, ging wieder an die Stadt zurück. Die Sammlungen des Museums befinden sich seither größtenteils im Donauschwäbischen Zentralmuseum in Ulm.

Im Jahr 2009 ist die Landsmannschaft der Dobrudscha- und Bulgariendeutschen aufgrund ihrer Altersstruktur und des daraus resultierenden Mitgliederschwunds im Bessarabiendeutschen Verein mit Sitz in Stuttgart aufgegangen. Dieser war am 1. Januar 2006 aus dem Hilfskomitee der evangelisch-lutherischen Kirche aus Bessarabien e. V., dem Heimatmuseum der Bessarabiendeutschen e. V. und der Landsmannschaft der Bessarabiendeutschen e. V. hervorgegangen. Die letzte und langjährige Vorsitzende der dobrudschadeutschen Landsmannschaft war Gertrud Knopp-Rüb, die einmal in einem persönlichen Gespräch bemerkte, dass die Dobrudschadeutschen mit diesem Anschluss an den Bessarabiendeutschen Verein schließlich zu den Bessarabiendeutschen zurückgekehrt seien.

Der langjährige Sitz des Dobrudschadeutschen Heimatmuseums und der Landsmannschaft der Dobrudscha- und Bulgariendeutschen in der Horkheimer Straße 30 in Heilbronn-Sontheim.

Der langjährige Vorsitzende der Landsmannschaft Otto Klett 1972 mit seiner Familie in Gerlingen.

Die Dobrudschadeutschen in der DDR

Den in der Sowjetischen Besatzungszone verbliebenen Dobrudschadeutschen wie auch allen anderen hierher gelangten deutschen Flüchtlingen aus dem Osten war es aus politischen Gründen nicht möglich, sich in Interessenverbänden zu organisieren.

Viele Dobrudschadeutsche kamen nach Sachsen-Anhalt. Auch in der Sowjetischen Besatzungszone wollte ein Großteil von ihnen Bauern bleiben. Nachdem bekannt geworden war, dass im Oderbruch pro Familie fünf Hektar Bodenreformland und 0,25 Hektar Wald von enteigneten Großgrundbesitzern zur Bewirtschaftung übereignet würden, ließen sich Dobrudschaner vor allem aus Atmadscha, Tschukurowa, Ortachioi, Karatai, Katalui und Tariverde in Sachsendorf im Oderbruch nieder, wo sie im Ortsteil Werder »ein geschlossenes Flüchtlingsdorf« bildeten, wie die in der DDR geborene Brunhilde Klatt, Tochter einer Familie aus Tschukurowa, berichtet.

Jeder Landwirt hatte ein vom Staat vorgegebenes Soll zu erfüllen und Abgaben an den Staat zu leisten; diese Auflagen waren aber, hauptsächlich aufgrund der schlechten Produktionsbedingungen, kaum einzuhalten. Trotzdem konnten sich die Dobrudschaner 1958 nur schwer entschließen, den Landwirtschaftlichen Produktionsgenossenschaften (LPGs) beizutreten, denn damit wären sie erneut nicht mehr Herr auf eigenem Grund und Boden gewesen. Doch die Möglichkeit, im eigenen Haus mit Garten weiter tätig sein zu können und zusätzlich als Feldarbeiter oder Traktorist in der LPG zu arbeiten, versöhnte letztendlich einige mehr oder weniger mit ihrem neuen Schicksal, andere hingegen flüchteten dennoch in den Westen.

Ähnlich wie im Westen Deutschlands erlebten die Dobrudschadeutschen auch in der DDR das Gefühl des Ausgeschlossenseins auf vielen Ebenen. »In der Schule war dieses Gefühl durch Lehrer und Mitschüler besonders ausgeprägt«, schreibt Brunhilde Klatt. Doch die negativen Einstellungen der Einheimischen gegenüber den Dobrudschadeutschen haben sich laut Klatt aufgrund des Zusammentreffens der Menschen in der LPG oder in den Betrieben schnell »verwischt«, und es wurden später »sogar Ehen untereinander geschlossen« (Klatt, *Der leidvolle Abschied von Chucerowa [Tschukurowa]*, S. 39).

Dorffest 1951 in Werder. Der damalige Bürgermeister Daniel Schielke (r.) begrüßt Politprominenz aus Berlin und Seelow, die die Aufbauarbeit der neuen Bewohner loben wollten. Aus: *Märkische Oderzeitung*, 5.5.2016, © Foto privat

Hochzeit von Frieda Martin und Adolf Blumhagen am 3. Dezember 1955 in Werder bei Sachsendorf im Oderbruch; *Der Dobrudscha-Bote* 27 (2003), Nr. 86, S.27

Auch aus der Sowjetischen Besatzungszone wurden Dobrudschadeutsche zur Zwangsarbeit in die Sowjetunion deportiert. So wurde Maria Bauer aus Sofular gemeinsam mit anderen Volksdeutschen am 19. Mai 1945 über Warschau nach Moskau gebracht, von wo aus sie in verschiedene Arbeitslager verschickt wurden. Erst 1961 erhielt sie als Maria Tschernyschow mit ihrem russischen Ehemann und ihren sechs Kindern die Ausreisegenehmigung zu ihrer Mutter in die DDR.

Erst nach der Wende konnten sich die Dobrudschadeutschen wie auch die anderen Vertriebenen und Flüchtlinge aus dem Osten Deutschlands und Europas in der ehemaligen DDR zusammenschließen und Treffen veranstalten. So organisierte Brunhilde Klatt Anfang der 1990er Jahre solche Zusammenkünfte in Sachsendorf, um nach dem gemeinsamen Besuch des Gottesdienstes »einen gemütlichen Nachmittag mit Gesang und Musik« unter Dobrudschanern zu verbringen. Auch in anderen Orten in den neuen Bundesländern begannen sich die Dobrudschadeutschen und ihre Nachkommen zu treffen. Während im Westen Deutschlands die jährlichen Treffen der Dobrudschadeutschen in den 1990er Jahren in immer größer werdenden Abständen stattfanden oder sogar aufhörten, etablierte sich beispielsweise in Freyburg an der Unstrut im Burgenlandkreis in Sachsen-Anhalt ein regelmäßiges Treffen der Malkotscher und Mandschapunarer, zu dem immer wieder auch eine Abordnung von Malkotschern aus Mainaschaff anreiste.

Auswanderung nach Übersee

Dobrudschaeutsche sind während ihrer gesamten Siedlungszeit auch nach Amerika ausgewandert. Im *Jahrbuch der Dobrudschadeutschen* schrieb 1970 Harry Miller, der 1929 mit 37 Jahren als Hieronymus Müller aus Karamurat nach Vancouver ausgewandert war: »Die Dobrudschaner waren mit der Auswanderung schnell bei der Hand, und das hauptsächlich die jun-

Goldene Hochzeit von Harry (Hieronymus) und Helene Miller (Müller) aus Karamurat in Vancouver am 16. Juli 1961 mit ihren Söhnen Joseph, Michael, Hieronymus und Anton

gen Familien, die nicht gleich genügend Land bekommen konnten.« Neben den Vereinigten Staaten waren Brasilien (für die Katholiken) und besonders Kanada beliebte Auswanderungsziele. Bereits vor dem Ersten Weltkrieg ließ sich eine größere Anzahl von Dobrudschadeutschen in Saskatchewan nieder, der mittleren Prärieprovinz Kanadas. Ein bevorzugtes Ziel in den Vereinigten Staaten war Nord-Dakota. Während der Weltwirtschaftskrise Ende der 1920er Jahre, die auch die Dobrudscha stark traf, wanderten erneut viele landlose Siedler aus. Sie gingen zumeist nach Übersee und bevorzugt in Orte, in denen bereits Dobrudschadeutsche wohnten. In der Prärie bearbeiteten sie sehr große landwirtschaftliche Flächen. Sie lebten mit Bessarabien- und Russlanddeutschen zusammen, bauten sich häufig Häuser wie in Neurussland und gingen in den Gottesdienst in ihre eigenen Kirchen. Nach dem Zweiten Weltkrieg kamen viele Dobrudschadeutsche nach Vancouver, »um vorwärts zu kommen«, wie es Harry Miller zusammenfasste:

> Wenn man heute zu ihnen zu Besuch kommt, kann man über sie staunen. Sie haben alle ihre eigenen Häuser und manchmal auch deren zwei oder auch noch Eigentumswohnungen. Es gibt Frauen, die haben sogar zwei Autos. Man könnte ganze Spalten mit Angaben darüber füllen, aber das wollen vielleicht so manche gar nicht wissen lassen.
>
> Miller, *Ich kann die Dobrudscha nicht vergessen*, S. 147

Besonders zu Beginn der 1950er Jahre emigrierten erneut viele Dobrudschadeutsche nach Kanada und in die Vereinigten Staaten, vereinzelt auch nach Argentinien und Australien. Sie hofften, dort Land erwerben zu können, um wieder als Bauern tätig zu werden. Doch für die

Dobrudschadeutsche aus Deutschland 1967 zu Besuch in Argentinien bei 1907 ausgewanderten Kobadinern

Eng verbunden mit der *Society of Dobrudshian* war auch der Sportverein »S.C. Chicago Kickers Soccer Club«, der heute noch aktiv ist. Die Chicago Kickers wurden 1966 Meister der Amateur-Fußballer der Vereinigten Staaten von Amerika. Zur Belohnung wurde der Fußballklub nach Washington eingeladen.

Schicksalsfluss Donau

Das identitätsstiftende Moment der Dobrudschadeutschen, die sich selbst als Gruppe definieren, ist wohl der Übergang über die Donau. Damit lösen sie sich aus dem eigentlichen Verband der Schwarzmeerdeutschen, verlassen auch deren staatliche Einbettung ins Russische Reich, um sich zunächst unter türkische Herrschaft zu begeben. Die Donau ist aber etwas mehr als ein bloßer Grenzfluss; ihre mythischen und archetypischen Qualitäten beschreibt bereits Ovid in seinen *Tristien*. Für die ersten Siedler ist die Flusslandschaft zudem Lebensraum, die ersten Siedlungen der Dobrudschadeutschen finden sich am rechten Donauufer (Jakobsonstal). Die Donau auf der einen Seite, das Schwarze Meer auf der anderen – so ist der Lebensraum der erdverbundenen Dobrudschadeutschen eingehegt. Das Schwarze Meer spielt als Gewässer allerdings eine viel tragendere Rolle in der Erinnerungskultur der Dobrudschadeutschen als die Donau. Für das Wasser interessieren sie sich ohnehin nicht so sehr, sie sind nicht Fischer, nicht Schiffer. Aber die Gewässer der Dobrudscha bestimmen ihr Schicksal mit. So, wie die Donau die Siedler in ihre neue Heimat hineingeführt hat, geleitet sie sie auch wieder hinaus: Die von den Nationalsozialisten organisierte Umsiedlung erfolgt von Cernavodă aus über die Donau.

Viktoria und Philipp Pfeiffer aus Karatai 1969 mit ihren Kindern, Enkeln und Urenkeln in Kanada; *Der Dobrudscha-Bote* 27 (2003), Nr. 86, S. 30

wenigsten der Auswanderer sollte sich dieser Lebenstraum erfüllen. Die meisten von ihnen arbeiteten später in den Städten in der Industrie und kamen so zu Wohlstand. In den Nachkriegsjahren ist statistisch jeder zehnte Dobrudschadeutsche nach Amerika ausgewandert.

Auch in Übersee gründeten deutsche Dobrudschaner Vereine. So wurde 1958 in Chicago die *Society of Dobrudshian* geschaffen, um »die Zusammengehörigkeit der Landsleute in der neuen Welt zu erhalten«, wie es der aus Karamurat stammende Schriftführer des Vereins, Johannes Florian Müller, in einer Ansprache formulierte (Müller, *Ostdeutsches Schicksal am Schwarzen Meer*, S. 376).

Deutsche zwischen Donau und Schwarzem Meer nach der Umsiedlung

Deutsche in der Dobrudscha nach 1940

Nicht allen Dobrudschadeutschen, die 1945 nach Rumänien hatten zurückkehren müssen, gelang 1947 die Ausreise nach Deutschland. Das Soziale Frauenwerk der Landsmannschaft der Dobrudscha- und Bulgariendeutschen berichtet in *Der Dobrudscha-Bote* noch in den 1990er Jahren von »unseren Spätheimkehrern«. Namentlich sind für das Jahr 1980 insgesamt 22 und für 1981 31 Personen bekannt, die aus Tschukurowa, Kodschalak und Karamurat stammten. Es ergaben sich 1945 außergewöhnliche Situationen, so im Fall der Familie Friedrich Liedke aus Tschukurowa, die als einzige dobrudschadeutsche Familie gemeinsam mit russlanddeutschen Familien aus dem Warthegau in das sowjetische Karaganda (kasach. *Qarağandı*, heute Kasachstan) deportiert wurde.

Weiter heißt es, dass Friedrich und Anna Liedke und ihre Tochter Maria in Kasachstan verstarben, der Sohn Gustav in die Bundesrepublik gelangte und die Tochter Karoline in die Dobrudscha. 1981 bemühte sich das Soziale Frauenwerk um die Aussiedlung der in der Dobrudscha lebenden Liedke-Tochter mit ihrer Familie, was sich als äußerst schwierig erweisen sollte (*Der Dobrudscha-Bote* 6, Nr. 11, S. 20). Schließlich konnte Karo-

Ein Zweig der Familie Liedke in Steinerdorf im Warthegau 1943

line Steinmetz geb. Liedke im Mai 1982 mit ihren beiden Enkelkindern aus der Dobrudscha ausreisen. Vereinzelt kamen bis 1989 aufgrund eines Abkommens zur Familienzusammenführung zwischen der Bundesrepublik Deutschland und der Sozialistischen Republik Rumänien, das besonders Banater Schwaben und Siebenbürger Sachsen betraf, weitere Dobrudschadeutsche in die Bundesrepublik.

Deutsche in der Dobrudscha nach 1989

Nach dem politischen Umbruch von 1989 in Rumänien begannen sich auch die Deutschen in den Verwaltungskreisen Konstanza und Tulcea wieder zu organisieren. In der Stadt Konstanza wurde das frühere Gebäude der Deutschen Evangelischen Schule der Deutschen Evangelischen Gemeinde Konstanza e. V. zur freien Verfügung gestellt, die es mit finanzieller Unterstützung aus der Bundesrepublik Deutschland sanierte und 2002 als »Begegnungsstätte der Deutschen« wiedereröffnete. Im selben Gebäude befindet sich das Demokratische Forum der Deutschen in Konstanza innerhalb des Demokratischen Forums der Deutschen in Rumänien (DFDR), der kulturellen und politischen Interessenvertretung der deutschen Minderheit. Bis 2006 beherbergte die Begegnungsstätte auch eine deutsche Bibliothek sowie einen rumänisch-deutschen Kindergarten, der bis dahin von der Tochter einer Dobrudschadeutschen geleitet wurde.

Die unmittelbar an einem großen Boulevard gelegene Kirche der evangelischen

Die 2002 in der ehemaligen Deutschen Evangelischen Schule neu eröffnete Begegnungsstätte der Deutschen in Konstanza. Aufnahme von 2020

Gemeinde in Konstanza störte anscheinend einige Behörden im sozialistischen Rumänien, denn im Jahr 1961 wurde sie aus fadenscheinigen Gründen abgerissen. Den Lutheranern wurde ab 1961 über zehn Jahre lang die ehemalige bulgarische hl. Nikolaus-Kirche als Gotteshaus zur Verfügung gestellt, die nach dem rumänisch-bulgarischen Bevölkerungsaustausch von 1940 in die Verwaltung des rumänisch-orthodoxen Bistums gelangt war.

Nach der Rückgabe des Gebäudes der ehemaligen Deutschen Schule Konstanza wurde in der Begegnungsstätte eine evangelische Kapelle eingerichtet, in der in regelmäßigen Abständen Andachten stattfinden. Konstanza verfügt zwar nicht mehr über eine Deutsche Schule, doch mit dem seit 1896 bestehenden Mircea-der-Alte-Gymnasium *(Colegiul Național »Mircea cel Bătrân«)* über eine Schule mit intensivem Deutschunterricht und in Deutschland anerkannten Sprachprüfungen, an die auch eine Lehrkraft aus Deutschland entsandt wird.

In Tulcea gibt es ebenfalls ein Ortsforum des Demokratischen Forums der Deutschen in Rumänien (DFDR), das sich um die wenigen verbliebenen Deutschen in der Stadt und im gesamten Verwaltungskreis kümmert. Laut rumänischer Volkszählung von 2011 lebten im Kreis Tulcea 23 und im Kreis Konstanza 143 Deutsche, die allerdings überwiegend aus dem Banat und Siebenbürgen stammten und zumeist aus beruflichen Gründen in die beiden Verwaltungskreishaupt-

Um den Zusammenhalt zwischen den Dobrudschadeutschen zu stärken, besuchten sich die oft nur aus wenigen Mitgliedern bestehenden Gemeinden gegenseitig. Am 21. Juli 1991 unternahm die deutsche Gemeinschaft Konstanza einen Ausflug nach Malkotsch und ließ sich zur Erinnerung vor der damals noch intakten Dorfkirche fotografieren.

Die 1961 abgerissene evangelische Kirche in Konstanza

Lutherische Kapelle in der Begegnungsstätte der Deutschen in Konstanza

städte Konstanza und Tulcea zugewandert waren.

Aufgrund der geringen Anzahl deutscher Siedler in der bulgarischen Süddobrudscha, die 1943 fast vollständig ins Deutsche Reich umgesiedelt wurden, bestehen keine dobrudschadeutschen Organisationen in den beiden bulgarischen Dobrudscha-Bezirken Dobritsch und Silistra.

Jeden Mittwoch treffen sich in der Begegnungsstätte der Deutschen Mitglieder des Demokratischen Forums, Nachkommen von Dobrudschadeutschen sowie seit Jahrzehnten in der Region lebende Banater Schwäbinnen und Siebenbürger Sächsinnen, zum Rummy-Spiel.

Nach dem politischen Umbruch von 1989 organisierte die Landsmannschaft der Dobrudscha- und Bulgariendeutschen Hilfslieferungen, die vorwiegend, aber nicht ausschließlich für in der Region verbliebene Dobrudschadeutsche gedacht waren. So wurde eine orthopädische Klinik in Konstanza mit medizinischen Geräten versorgt. Hinzu kamen Paketaktionen hauptsächlich für dobrudschadeutsche Familien in der Region, die ebenfalls von der Landsmannschaft durchgeführt wurden. Daneben waren noch bis weit in die 1990er Jahre weitere Dobrudschadeutsche im Rahmen anderer Initiativen aktiv. Besonders engagierten sich Irmgardt Rohner-Steinmeier aus der Schweiz, Ulrich Feldmann vom Lions Club Hammelburg-Bad Brückenau, dessen Schwiegermutter Gerlinde Stiller viele Jahre Vorsitzende des Frauenhilfswerks innerhalb der Landsmannschaft gewesen war, und die aus Malkotsch stammende Schwester Beatrix Baumstark, die mit Unterstützung der Liebfrauenschule für Mädchen in Ratingen, an der sie als Erzieherin tätig war, mehrere Hilfslieferungen in ihr Heimatdorf brachte. Nach der Rückkehr aus Malkotsch schrieb einer der begleitenden Lehrer in seinem Bericht über die im Ort verbliebenen Malkotscher Deutschen:

> Die Deutschen hier, ein Dutzend Familien, haben fast alle die Einreise in die Bundes-

republik beantragt, zermürbt vom Kampf ums Überleben. Wer ihre Schicksale kennt und gesehen hat, was sie hier aufgeben, redet nicht mehr leichtfertig von Wirtschaftsflüchtlingen. Fast alle wurden von hier vertrieben, und zwar von den Nazis mit ihrer wahnhaften Siedlungspolitik.

Liebfrauenschule Ratingen hilft Malkotsch, S. 44

In einigen (ehemaligen) deutschen Siedlungen lebten bis in die 1990er Jahre hinein dobrudschadeutsche Familien. Nach dem politischen Umbruch von 1989 wanderten dann die meisten Verbliebenen aus, folgten dem allgemein einsetzenden Exodus der Siebenbürger Sachsen und der Banater Schwaben nach. Auch viele der Dobrudschadeutschen, die 1945 aus den Ansiedlungsgebieten im Osten zurück nach Rumänien geschickt worden waren und vor allem in den banatschwäbischen Gemeinden Grabatz/Grabaţi und Bakowa/Bacova im Westen Rumäniens ein neues Zuhause gefunden hatten, konnten erst nach 1989 nach Deutschland übersiedeln, wie die Familie Arthur Stubert, die ursprünglich aus Kodschalak stammte und im August 1990 aus Grabatz nach Deutschland gelangte (*Der Dobrudscha-Bote* 16, Nr. 50, S. 16).

Einzelne Kirchen, einige Friedhöfe und wenige Dorfkreuze der deutschen Siedler sind über die Jahrzehnte hinweg in der gesamten Region erhalten geblieben, häufig auch dank der Unterstützung deutscher

Hilfslieferung für Malkotsch 1992: Eintreffen der LKWs auf dem Marktplatz. *Der Dobrudscha-Bote* 16 (1992), Nr. 51, S. 44

Zwischen 1847 und 1860 entstand in Tulcea eine erste römisch-katholische Kirche. Das katholische Gotteshaus im deutschen Viertel im Zentrum der Stadt wurde zwischen 1926 und 1928 errichtet. 2007 wurde an gleicher Stelle eine größere Kirche dem hl. Erzengel Michael geweiht. Momentan zählt die römisch-katholische Gemeinde rund 1 100 Gläubige, von denen nur noch ein verschwindend geringer Teil Nachkommen deutscher Siedler ist. Aufnahme von 2014

Von der Landsmannschaft der Dobrudscha- und Bulgariendeutschen 2002 errichteter Gedenkstein zur Erinnerung an die ehemaligen deutschen Bewohner von Karamurat. Aufnahme von 2020

Dobrudschaner – wie sie sich selbst nennen – aus dem Westen mit Hilfe der Landsmannschaft. So kann man auf den Friedhöfen in vielen ehemaligen deutschen Siedlungen der Dobrudscha noch Grabsteine von Siedlern finden.

In einigen Orten wurden die evangelischen oder katholischen Kirchen und Gebetshäuser der rumänisch-orthodoxen Kirche überlassen. Die römisch-katholische Gemeinde in Karamurat ist dank der Ansiedlung von ursprünglich ungarischsprachigen Tschangos aus dem Kreis Bacău in den 1920er Jahren so groß, dass die frisch renovierte Kirche weiterhin als katholisches Gotteshaus genutzt werden kann. In dem ebenfalls überwiegend von Tschangos bewohnten benachbarten Oituz, das bis in die 1940er Jahre zur katholischen Kirchengemeinde Karamurat gehörte, konnte in den letzten Jahren im Dorfzentrum sogar eine neue katholische Kirche errichtet werden. In diesem Ort leben heute noch einige Nachkommen aus gemischt-ethnischen Ehen zwischen Dobrudschadeutschen und Tschangos. Außerdem leben in einigen ehemaligen deutschen Siedlungen vereinzelt Nachkommen von Dobrudschadeutschen. Diese Kinder und Enkelkinder aus gemischt-ethnischen Ehen, die kaum mehr Deutsch sprechen und sich zum großen Teil assimiliert haben, sind trotz allem stolz auf ihre dobrudschadeutsche Abstammung und haben bei der Volkszählung von 2011 als ethnische Zugehörigkeit gelegentlich deutsch angegeben.

1898 beantragte die bulgarische Gemeinschaft Konstanzas bei der Stadtverwaltung die Genehmigung, eine orthodoxe Kirche für die eigene Gemeinde errichten zu dürfen. Sie wurde in der Bulgarischen Straße (heute *Strada Maior Gheorghe Şonţu*) neben dem Bulgarischen Theater erbaut und dem heiligen Nikolaus geweiht. Nach dem Bevölkerungsaustausch zwischen Bulgarien und Rumänien von 1940 kam sie in die Verwaltung des rumänisch-orthodoxen Bistums Tomis, danach wurden die Wandmalereien in der Kirche erneuert und die bulgarischen Inschriften durch rumänische ersetzt. Zwischen 1941 und 1946 diente sie als Kathedrale des rumänisch-orthodoxen Bistums Tomis, weil die eigentliche Kathedrale durch die sowjetische Luftwaffe zerstört worden war. Nach dem Abriss der evangelischen Kirche von Konstanza 1961 war die Nikolaus-Kirche mehr als zehn Jahre lang Gotteshaus der evangelischen Gemeinde der Stadt. Zwischen 1975 und 1986 wurde einmal jährlich zu Ehren des Kirchenpatrons ein orthodoxer Gottesdienst gefeiert; seit dem 6. Dezember 1987 finden wieder regelmäßig Andachten statt. Foto von 2014

Die Landsmannschaft der Dobrudscha- und Bulgariendeutschen hat zudem zwischen 2002 und 2007 versucht, mit der Errichtung von Gedenksteinen in neun ehemaligen deutschen Siedlungsorten in der Region die Erinnerung an die knapp hundertjährige Geschichte der Deutschen in der Dobrudscha wachzuhalten: in Malkotsch/Malcoci, Tschukurowa/Ciucurova, Tariverde, Kodschalak/Cogealac, Karamurat/Mihail Kogălniceanu, Kodschalie/Lumina, Fachria/Făclia, Kobadin/Cobadin und in Klein-Mandschapunar/Schitu. In anderen Ortschaften wie in Karatai/Nisipari hat das Demokratische Forum der Deutschen Plaketten zur Erinnerung an die deutschen Siedler am ehemaligen evangelischen Gebetshaus anbringen lassen. Dabei wurden Landsmannschaft und Demokratisches Forum von den örtlichen Behörden und der rumänisch-orthodoxen Kirche unterstützt.

Wenige Dorfkreuze der Dobrudschadeutschen sind bis heute erhalten geblieben. Das auf der Hauptstraße in Costineşti, von den deutschen Siedlern Groß-Mandschapunar genannt, heißt bei den jetzigen Bewohnern *troiţă nemţească* (»deutsches Kreuz«). Aufnahme von 2014

Dorfkreuz in Karamurat. Aufnahme von 2014

Einmal nur möcht' ich die Heimat noch sehn,
den großen Garten, den Hof und das Haus,
möcht' wieder durch alle Straßen dort gehn,
im Schatten vertrauter Akazienalleen
bis weit in die Steppe hinaus.

Gertrud Knopp-Rüb, Land, o Land ...
Erinnerungen an die verlorene Heimat. *S. 35*
Die Kobadinerin Gertrud Knopp-Rüb hat in zahlreichen Gedichten
und Prosastücken der verlorenen Heimat gedacht.

Dobrudschadeutsche Lebenswelten

Religion und kirchliches Leben

Die christlichen Siedler in der Dobrudscha konnten unter osmanischer Herrschaft ihr kirchliches Leben weitgehend frei gestalten. In den deutschen Siedlungen herrschte eine »scharfe Ausprägung« des Glaubens, die eine Vermischung mit »der fremdgläubigen und fremdvölkischen Umgebung« verhinderte und somit »wesentlich zur Erhaltung ihres Deutschtums« beitrug, wie es in dem *Handwörterbuch des Grenz- und Auslandsdeutschtums* heißt. Protestanten und Katholiken lebten in der Dobrudscha in der Regel räumlich getrennt voneinander in verschiedenen Siedlungen. Ihr Verhältnis zueinander charakterisierte der von 1937 bis 1949 wirkende Dekan des evangelisch-lutherischen Kirchenbezirks Bukarest, Hans Petri, als ein »friedlich-schiedlich Nebeneinander«. Erzbi-

▲ Innenraum der heute orthodoxen Kirche von Tariverde. Erbaut wurde sie auf Wunsch der recht wohlhabenden Gemeinde Tariverde 1927/28 durch drei Architekturstudenten aus Deutschland. Nach der Umsiedlung der evangelisch-lutherischen deutschen Siedler wurde das Gotteshaus dem orthodoxen Kultus übergeben und angepasst.

schof Netzhammer, der die Gegend auch aus archäologischem Interesse bereiste, machte während seiner Ausflüge gelegentlich in den von evangelischen Kolonisten bewohnten Ortschaften Station. So berichtete er am 29. September 1918 in seinem Tagebuch von einem Aufenthalt bei der »bekannten Familie Leyer« im evangelischen Kobadin: Begrüßt wurde er von dem früheren Schulzen Klett sowie dem amtierenden Schulzen Ressner, die ihn »durch den deutschen, recht schönen Teil des Dorfes« führten und ihn gastfreundlich bewirteten.

Die deutsch-evangelische Gemeinde Atmadscha wurde im August 1848 gegründet. Den damals ruhelos von einem Ort zum anderen umherziehenden deutschen Siedlern wies ein in Berlin studierter Pascha den unbewohnten Bergkessel als Niederlassung an. Atmadscha ist der höchstgelegene Wohnort in der Dobrudscha: Die umliegenden Berge sind mit dichten Waldungen bedeckt. Der Kirchenbau geht auf das Jahr 1864 zurück. Aufnahme von 2014

Evangelische Kirche

Die knappe Mehrheit der Dobrudschadeutschen war evangelisch-lutherischen Glaubens; 1935 waren es 55,3 Prozent. Sie wurden vor 1918 vom Evangelischen Oberkirchenrat (EOK) zu Berlin betreut, der auch die Pfarrer entsandte. So wurde in allen lutherischen Kirchen nur in deutscher Sprache gepredigt, denn die Angehörigen der lutherischen Kirche in der Dobrudscha waren (fast) ausschließlich deutsche Siedler.

In dem nur schwer erreichbaren Dorf Atmadscha, das im Urwald von Babadag von deutschen Siedlern, deren Vorfahren größtenteils aus Westpreußen und Posen stammten, gegründet worden war, wurde 1849 die erste evangelisch-lutherische Kirchengemeinde in der Dobrudscha ins Leben gerufen. Im gleichen Jahr kam der am Basler Missionsinstitut ausgebildete reformierte Pfarrer Johannes Bonekemper nach Atmadscha. Bonekemper verfügte bereits über umfassende Erfahrung in der Region, denn er war seit 1824 in Siedlungen in Neurussland tätig, wo er Gottesdienste sowohl für reformierte als auch für lutherische Gläubige abhielt. Bereits in

Altar in der Kirche von Atmadscha

den 1850er Jahren wurde das Preußische Konsulat im walachischen Donauhafen Galatz auf diese junge Gemeinde deutscher Siedler aufmerksam; der preußische Konsul König besuchte bereits 1852 Atmadscha. Auch seine Nachfolger setzten sich immer wieder für die deutschen Siedler in der osmanischen Dobrudscha ein. Konsul Blücher förderte die Finanzierung evangelischer Geistlicher in der Region durch den Gustav-Adolf-Verein, das älteste deutsche evangelische Hilfswerk zur Unterstützung von Protestanten in der Diaspora mit Sitz in Leipzig. So besuchte nach Jahren ohne geistlichen Beistand mit Hilfe von Konsul Blücher auf Wunsch der evangelischen Gemeinde 1856 der Galatzer Pfarrer Eduard Neumeister Atmadscha. Dort wurde er enthusiastisch empfangen, weil er im Dorf Gottesdienste abhielt und dafür sorgte, dass die Dorfbewohner mit Musik, Gesang und Gebeten ihren beschwerlichen Alltag bereichern konnten; er vollzog auch Amtshandlungen wie Trauungen, Taufen und Konfirmationen, die mangels eines ordinierten Geistlichen jahrelang nicht möglich gewesen waren.

Dank der Unterstützung von Konsul Blücher konnten in der Norddobrudscha in mehreren Siedlungen evangelische Gemeinden gegründet werden, die sich als Filialen der Hauptgemeinde Atmadscha zuordnen sollten. Mit Listen der Gemeindemitglieder, die sich verpflichtetet hatten, Beiträge zur Kirchenkasse und zum Gehalt des Geistlichen zu leisten, und mit dem Einverständnis der Provinzialverwaltung des Osmanischen Reiches zur Entsendung eines Pfarrers betrieb Blücher in Berlin die Aufnahme der evangelischen Gemeinden in der Dobrudscha in die preußische Landeskirche.

Mit dem der pietistischen Bewegung nahestehenden Richard Kühn aus Tschicherzig bei Züllichau in der brandenburgischen Neumark wurde im Dezember 1857 ein Anwärter auf die Pfarrstelle in Atmadscha gefunden. Am 2. Juli 1858 trat Kühn seine Reise in die Dobrudscha an und erreichte am 20. Juli Galatz, wo er von Konsul Blücher zunächst der osmanischen Provinzialverwaltung offiziell vorgestellt wurde. Ausgestattet mit einem persönlichen Schutzbrief des Generalgouverneurs von Bulgarien und der Dobrudscha, Ismail Pascha, erreichte Kühn am 6. August Atmadscha. Gleich

Die evangelische Kirche von Kodschalak wurde 1907 nach Plänen des bekannten deutschen Architekten Otto Bartning aus Karlsruhe gebaut. Das als Saalkirche mit hinterer Empore errichtete Gotteshaus wurde 1908 geweiht. Bis zum Ersten Weltkrieg wurden nach Bartnings Plänen 17 evangelische Diasporakirchen gebaut. Viele der von ihm entworfenen Gebäude stehen heute unter Denkmalschutz.

Der Turm der freistehenden Dorfkirche von Kodschalak stieß bei vielen Gemeindemitgliedern nicht auf Gegenliebe, weshalb sie sich für eine Aufstockung entschieden. Feierlich eingeweiht wurde der erneuerte Turm am Totensonntag 1932. Aufnahme von 2014

am folgenden Tag wurde er zu einem Antrittsbesuch nach Babadag zur lokalen Verwaltungsbehörde des Omanischen Reiches gebeten. Am 8. August 1858 stellten Pfarrer Eduard Neumeister und Konsul Blücher Richard Kühn schließlich seiner Gemeinde in Atmadscha vor.

Voller Elan widmete sich Kühn seiner neuen Aufgabe und konnte relativ bald erste Erfolge verbuchen. In Tschukurowa, einer Filiale seines Pfarrbezirks, konnte bereits 1860 ein Lehrer eingestellt werden, nachdem ein Unterrichtsraum gefunden war, der auch zur Abhaltung von Gottesdiensten genutzt werden konnte. Mit Unterstützung des Obersten von Malinowski, einem hohen Beamten bei der europäischen Donaukommission in Tulcea und Vorsitzenden der dortigen evangelischen Gemeinde, sowie des preußischen Generalkonsuls gelang es Kühn, von der Hohen Pforte die Genehmigung zur Errichtung einer Kirche in Atmadscha zu erhalten. Das Vorhaben wurde vom Gustav-Adolf-Verein finanziell gefördert, so dass 1861 mit dem Bau der Kirche begonnen werden konnte. Die Einweihung der Kirche 1865 erlebte Kühn allerdings nicht mehr in Atmadscha. Verschiedene Gerüchte über eine Verschlechterung der Lebenssituation in der Dobrudscha und die Ansiedlung von Tscherkessen in der Nähe von Atmadscha infolge des russischen Kaukasuskrieges sorgten für Unruhe und bewirkten neuerliche Abwanderungsbewegungen unter den deutschen Siedlern. Konsul Blücher machte Pfarrer Kühn in Berichten an das Auswärtige Amt in Berlin für diese Entwicklung mitverantwortlich. Er stellte fest, dass Kühn nur bei einem sehr kleinen Teil der Gemeinde Rückhalt gehabt habe, der ähnlichen pietistischen Moralvorstellungen anhing wie der Pfarrer selbst, statt behutsam den Ausgleich zwischen den Parteien zu suchen. Es gärte in der Gemeinde und unter den Lutheranern gab es freikirchliche und pietistische Tendenzen.

Während Konsul Blücher und Pfarrer Eduard Neumeister die evangelischen Gemeinden nur während ihrer kurzen Besuche erlebten, gestaltete sich der Alltag für den Pfarrer vor Ort viel schwieriger, denn der war angeblich auch geprägt von Alkoholkonsum und Gewalttätigkeiten unter den Gemeindemitgliedern, so berichtete Kühn dem EOK. Hinzu kam, dass der junge Pastor sich in der Dobrudscha in miserablen Lebensverhältnissen wiederfand: desolate Wohnsituation, karge Lebensmittelsituation, keine medizinische Versorgung vor Ort. Außerdem umfasste seine Pfarrei mehrere Dörfer, die weit voneinander entfernt und nur schwer erreichbar waren, was die seelsorgerische Betreuung nicht erleichterte. Die Finanzierung des Pastorengehalts stand auf tönernen Füßen, denn die bei der Einrichtung der Pfarrstelle zugesicherten Gemeindebeiträge gingen nur sehr unregelmäßig ein. Überdies konnte sich seine aus Frankfurt am Main stammende junge

Blick auf das Dorf Atmadscha in der Norddobrudscha, rechts die evangelische Kirche

Ehefrau nur schwer in die Lebensverhältnisse in der Dobrudscha einfinden. Das 1861 geborene Kind der beiden verstarb nach wenigen Wochen, Kühns leidende Frau hielt sich danach lange in Tulcea und Galatz auf. Nach dem Tod des Neugeborenen fehlte Kühn wohl die Kraft, seine Arbeit weiter zu verrichten. Deshalb bat er 1862 den EOK zu Berlin um die Rückberufung nach Deutschland.

Im selben Jahr kamen abermals viele enttäuschte Siedler zurück nach Atmadscha; sie verfügten weder über finanzielle Mittel, noch hatten sie Vorräte für den Winter. Zudem wurde das Dorf von einer Heuschreckenplage und einer Tierseuche heimgesucht, so dass auch die in Atmadscha verbliebene Bevölkerung kaum mehr über Rücklagen verfügte. Zu dieser allgemeinen Niedergeschlagenheit in der Gemeinde fehlte nun auch noch der Pastor, wenngleich auch der Galatzer Pfarrer Eduard Neumeister die Gemeinde wieder häufiger besuchte. Er sprach sich auch beim EOK für eine Wiederbesetzung der Stelle aus. Ihm zur Seite stand von Malinowski, der noch dazu die Fertigstellung der Kirche durch eigene Arbeiter und Handwerker unterstützte. Der Rohbau war zuvor ein Jahr lang ohne Dach Wind und Wetter ausgesetzt gewesen und bereits in Mitleidenschaft gezogen. Die Kirche konnte schließlich 1865 eingeweiht werden.

Die Pastorenstelle wurde nach einer fast zweijährigen Vakanz dank der Unterstützung des EOK neu besetzt. Ausgewählt wurde mit Hugo Lackner aus dem ostpreußischen Königsberg erneut ein junger Theologieabsolvent ohne Berufs- und mit wenig Lebenserfahrung. Die Überfälle der in der Nachbarschaft angesiedelten Tscherkessen auf seine Gemeinde, das massive Abwerben von Gemeindemitgliedern durch einen Baptistenprediger vor allem in Katalui und sein Verhalten gegenüber der osmanischen Provinzverwaltung sowie die schwierigen Lebensbedingungen in der Dobrudscha überforderten Lackner in seiner neuen Position. Dies führte bereits 1865 zu seiner Abberufung aus Atmadscha und seiner Versetzung nach Belgrad.

Die meisten dobrudschadeutschen Siedlungen mussten längere Zeit ohne Pastor auskommen, weil die Gläubigen keine Pfarrerstelle finanzieren konnten. Zudem waren die evangelischen Pfarrbezirke sehr groß und umfassten mehrere, oft weit auseinanderliegende Gemeinden. Aufgrund der Abgelegenheit und schwierigen Erreichbarkeit mancher Gemeinden konnte dort nur selten Gottesdienst gefeiert werden. Die sonntägliche Andacht wurde in den meisten Gemeinden vom Lehrer (soweit vorhanden) oder einem Gemeindemitglied abgehalten. Die mangelnde seelsorgerische Betreuung führte in vielen evangelisch-lutherischen Gemeinden zu Strenggläubigkeit. Diese Siedler trafen sich regelmäßig zu Versammlungen, die »Brüdergemeinschaften« genannt wurden. Deren Mitglieder sprachen sich untereinander mit »Bruder« und »Schwester« an. Wer in die Brüdergemeinschaft aufgenommen werden wollte, musste

Georg Erasmus, der letzte Pfarrer, der vor dem Ersten Weltkrieg vom Evangelischen Oberkirchenrat zu Berlin in die Dobrudscha entsandt wurde, hier mit seiner Frau und seinem Sohn Johannes, der 1913 in Atmadscha geboren wurde. Erasmus urteilte 1921 über die Deutschen seiner Gemeinde wie folgt: »So sind unsere Kolonisten das geworden, was sie sind: Nicht fehlerlose Menschen, althergebrachter und neu erworbener Aberglaube ist bei ihnen zu treffen, eigenwillige Leute, oft Starrköpfe, aber doch fromm und in gewissem Grade innerlich frei« (Erasmus, *Erinnerung an die deutsch-evangelische Gemeinde Atmadscha,* S. 16). Dabei betont er besonders, dass sie die deutsche Sprache und Gesinnung auch in der Fremde beibehalten hätten.

sich »bekehren« bzw. »umkehren«. Seine »Umkehrung« teilte beispielsweise in Kobadin jedes neue Mitglied der Brüdergemeinschaft freudig der Dorfgemeinschaft mit: »Freuet euch mit mir!« Die Brüder und Schwestern verpflichteten sich, einen »unbescholtenen Lebenswandel« zu führen und den »weltlichen Vergnügungen«, also dem Tabak, dem Alkohol, dem Tanz sowie dem Glücksspiel zu entsagen.

Die Versammlungen wurden in der Regel viermal in der Woche in Privathäusern abgehalten. Die Brüdergemeinschaften in den deutschen Kolonien standen untereinander in Kontakt und wurden gelegentlich von Reisepredigern besucht. Gern gesehener Gast bei den dobrudschadeutschen Brüdergemeinschaften war beispielsweise der den Baptisten nahestehende Methodist und gebürtige Armenier Sembat Bagdasarianz, der viele deutsche Siedler noch aus Neurussland kannte, von wo er selbst 1893 ausgewiesen worden war.

Evangelisch-Freikirchliche Religionsgemeinschaften

Die unregelmäßige seelsorgerische Betreuung durch die entsandten Pastoren bewirkte bei vielen Lutheranern eine verstärkte Wendung nach innen. Diese Laienfrömmigkeit begünstigte die Ausbreitung von evangelisch-freikirchlichen Bewegungen unter den Dobrudschadeutschen. Besonders viel Zulauf hatten die Baptisten, die rund elf Prozent der dobrudschadeutschen Bevölkerung ausmachten. In vielen Gemeinden fehlte oft über Jahre hinweg ein Priester wie im Pfarrbezirk Atmadscha von 1874 bis 1886. Diese Abspaltungen in den dobrudschadeutschen Gemeinden führten nicht selten zu Spannungen und gar zu »offenen Feindseligkeiten« unter den Siedlern, was im Zusammenspiel mit wirtschaftlicher Not zur Folge hatte, dass viele Baptisten zu Beginn des 20. Jahrhunderts nach Amerika auswanderten. So schrieb etwa Johann Adam in seiner Chronik der deutschen Gemeinde Tschukurowa, die zum Pfarrbezirk Atmadscha gehörte, im Jahr 1932:

Mitglieder der Baptistengemeinde von Katalui Ende der 1920er Jahre

> Das Zusammenleben der Evangelisch-lutherischen mit den Baptisten kann nicht gerade friedlich genannt werden und auch hier sind die Worte am Platze, dass Fanatismus immer die Begeisterung der Beschränktheit ist. Infolge dieser Beschränktheit sind auch die Ehen, die zwischen Baptisten und Evangelisch-lutherischen geschlossen wurden, oft unglücklich gewesen. Heute ist man schon vernünftiger geworden, und man lässt jedem seinen Glauben.
>
> Adam, *Chronik der Gemeinde Tschukurowa,* S. 36

Die Baptistengemeinden deutscher Kolonisten schlossen sich andererseits an vielen Orten, wo sie eine Minderheit bildeten – und das war bis auf Katalui in allen anderen Siedlungen der Fall –, in nicht religiösen Belangen meist der deutschen Mehrheitsgemeinde an. So war es auch im multiethnischen Kobadin, wo die lutherische Gemeinschaft die Mehrheit der deutschen Siedler stellte. Deutsche Baptistenfamilien lebten außerdem in Tschukurowa, Kodschalak, Tariverde, Kodschalie, Sarighiol und Atmadscha.

Des Weiteren gab es unter den deutschen Siedlern Adventisten, die vor allem in Neue Weingärten zu Hause waren, wo sie auch über ein eigenes Gebetshaus verfügten. In Sarighiol lebten ebenfalls einige adventistische Familien. Die Adventisten stellten unter den deutschen Dobrudschanern allerdings nur etwa 1,1 Prozent; Vertreter anderer Freikirchen waren von noch geringerer Anzahl.

In ihren Erinnerungen stellt Lydia Bergen (geb. Bruneske) aus Atmadscha, die als junges Mädchen 1940 die Dobrudscha verlassen musste, die Beziehungen der deutschen Siedler zur Kirche folgendermaßen dar:

> Die Kirche war der Mittelpunkt im gemeinschaftlichen Leben. Die Menschen waren beseelt von wahrhaftiger Frömmigkeit. Aus der Bibel schöpften sie ihre Nahrung für Geist und Gemüt, auch ihre Sprachkenntnisse. Wir lebten nur mit Gott. Keine Mahlzeit ohne Tischgebet und kein Entfernen ohne Dankgebet. Auch die schwersten Schicksalsschläge wurden gottergeben ertragen. Bibelstunden wurden in vielen Familien gehalten. Fast jeder hatte außerordentliche Kenntnisse. An altem Brauchtum hielt man fest. Uralte Sitten und Gebräuche wurden seit undenklichen Zeiten von einer Generation an die andere weitergegeben.
>
> Bergen, *Kindheit in der Dobrudscha*, S. 17

Römisch-katholische Kirche

32,5 Prozent der Dobrudschadeutschen gehörten im Jahr 1935 der römisch-katholischen Kirche an. Die römisch-katholischen Kirchengemeinden in der Dobrudscha waren bis 1883 dem Bistum von Nikopolis zugeordnet, danach unterstanden sie der Erzdiözese Bukarest, die schließlich dafür sorgte, dass zumindest in einem Teil der Gemeinden deutsche Priester tätig werden konnten. Obwohl die römisch-katholische Kirche sich eher als eine supranationale Glaubensgemein-

Die deutsche Siedlung Kulelie wurde 1880 von sechs Familien aus dem Ort Mannheim im Gouvernement Cherson gegründet, nachdem die tatarischen Dorfbewohner infolge der Angliederung der Dobrudscha an Rumänien ins Osmanische Reich ausgewandert waren. Lange Zeit feierten die Bewohner von Kulelie den Gottesdienst in einer kleinen Kirche (li.). 1930 begannen die Arbeiten an einer größeren Kirche, die 1934 geweiht wurde.

Nach der Umsiedlung der Dobrudschadeutschen 1940 kamen hauptsächlich Aromunen nach Kulelie, die das Dorf wegen seiner isolierten Lage Ende der 1960er Jahre aber auch aufgaben. Zu sehen ist die Hauptstraße von Kulelie mit der Kirche im Hintergrund im Jahr 1966.

Bis 2006 erinnerte nur eine Kirchenruine an die Wüstung Kulelie. Seit 2009 ist die wiederaufgebaute, ehemals römisch-katholische Kirche Teil eines rumänisch-orthodoxen Frauenklosters. Foto von 2014

schaft definiert, richtete sich die Erzdiözese Bukarest nach der ethnischen Zugehörigkeit ihrer Gläubigen. Zwar bildeten die Mehrheit der Katholiken in der Dobrudscha deutsche Siedler. In der Region lebten aber auch Italiener, die ebenfalls römisch-katholisch waren. Meistenteils waren die römisch-katholischen Gemeinden vergleichsweise gut mit geistlichem Personal ausgestattet. So erhielten Tulcea und Malkotsch bereits 1847 einen Pfarrer, und auch Karamurat und Kulelie verfügten über je einen Geistlichen. Groß-Mandschapunar wurde von Konstanza aus mitversorgt.

Raymund Netzhammer, Erzbischof von Bukarest von 1905 bis 1924, unterstützte den Bau von Kirchen in den deutschen Siedlungen der Dobrudscha, die er regelmäßig – meistens zu den Firmungen – besuchte; so auch in den Gemeinden Groß-Pallas und Techirghiol, welche damals kirchlich von Konstanza aus betreut wurden. In beiden Ortschaften stellten staatliche Behörden Bauplätze zur Verfü-

Dobrudschadeutsche bei der Produktion von luftgetrockneten Lehmziegeln (rum. *chirpici* – sprich »Kirpietsch«), eine Technik, die sie sich von der Umgebung abguckten.

gung. Daraufhin gingen die Siedler umgehend in Eigenarbeit daran, diese Bauplätze vorzubereiten sowie geschenktes und gekauftes Baumaterial heranzuschaffen. Ein Bukarester Architekt zeichnete Bauskizzen der Kapellen mit schmucken Türmchen, die in den beiden Siedlungen bei Konstanza entstehen sollten. Als der Erzbischof Groß-Pallas besuchte, um den Neubau zu begutachten, schrieb er am 23. Oktober 1923 in sein Tagebuch:

> Die Bauern erklärten, dass sie mit dem Plänchen des Architekten nichts anzufangen wussten und deshalb bauen, wie sie es verstehen. Sie überdachten ganz einfach eine rechteckige Grundfläche von 7 auf 14 Meter. Die Wände stellten sie ganz wie bei ihren Hausbauten aus sehr dicken ungebrannten Lehmziegeln her, von welchen jede Familie soundsoviele Stück herzustellen hatte, und schnitten die Türe und auf den Seiten je drei Fensteröffnungen heraus.
>
> Netzhammer, *Bischof in Rumänien*, S. 1261

Den Dachstuhl ließen die Bauern von einem Zimmermann aus dem Dorf aufrichten, der das Dach mit Zementziegeln aus Mandschapunar deckte. Die Bauern wollten eine ähnliche Kirche wie die der Nachbarn in Kulelie, die sie als schön empfanden. Und weiter heißt es bei Netzhammer:

> Diesen Leuten ist mit Ästhetik nicht beizukommen! Am besten lässt man sie machen und mischt sich nicht in ihre Händel

Innenraum der römisch-katholischen Kirche von Karamurat zu Beginn des 20. Jahrhunderts

In Karamurat wurde 1881 mit dem Schweizer Kapuzinerpater Willibald Steffen als Pfarrverweser eine eigene Pfarrei gegründet. Während der Amtszeit von Luigi di Benedetto (1890–1904) wurde das Pfarrhaus (1892) errichtet und es wurde mit dem Bau der großen römisch-katholischen Kirche (1897) begonnen. Die Kirche wurde 1902 dem hl. Antonius von Padua geweiht. Foto von 2014

und Streitigkeiten. Solche sind gerade wegen des Kirchenbaues ausgebrochen und arteten in böse Schlägereien aus.

Ebd.

Ähnlich den evangelischen Brüdervereinigungen schlossen sich auch in einigen römisch-katholischen Gemeinden deutscher Siedler in der Region religiöse Laiengemeinschaften zusammen. Diese Kongregationen nannten sich »Maria-Bruderschaften«; sie feierten gemeinsam Andachten und widmeten sich einer im Alltag gelebten Frömmigkeit.

Am 26. Juni 1994 feierten der Prälat Dr. Hieronymus Menges (li.) und der Geistliche Rat Dr. Johannes Florian Müller (re.) – beide wurden in Karamurat geboren – ihr Diamantenes Priesterjubiläum in Donzdorf in Baden-Württemberg. Beide hatten an der Katholischen Akademie in Bukarest studiert und wurden am 24. Juni 1934 in der rumänischen Hauptstadt zum Priester geweiht. An der Universität Münster wurden beide 1940 zum Doktor der Theologie promoviert, anschließend unterrichteten sie am Priesterseminar der Erzdiözese Bukarest. Beide ließen sich 1940 nicht umsiedeln. Nach dem Zweiten Weltkrieg wurde Müller Beauftragter der Vatikanischen Mission zur Betreuung der Heimatvertriebenen in Österreich, danach wirkte er als Pfarrer in verschiedenen Gemeinden, zuletzt in Donzdorf. Menges wurde 1952 in Rumänien von den kommunistischen Behörden verhaftet. Nach seiner Entlassung und Ausreise wurde er 1965 zum Päpstlichen Prälaten ernannt und wirkte in München als Seelsorger in verschiedenen Krankenhäusern. In der Bildmitte ist der 1934 in Mähren geborene Weihbischof von Limburg, Gerhard Pieschl, zu sehen, der im Auftrag der Deutschen Bischofskonferenz das Pontifikalamt zelebrierte. Der Festgottesdienst wurde für 19 Geistliche des Weihejahrgangs 1934 begangen, die einst alle in Rumänien gewirkt hatten.

Kirchweihgottesdienst am 13. Juni 2014 in der römisch-katholischen Kirche St. Antonius von Padua zu Karamurat. Hier und in den Nachbarorten wurden in den 1920er Jahren katholische Tschangos (ung. *csángó* oder *csángók*, rum. *ceangăi*) überwiegend ungarischer Muttersprache aus der Moldau angesiedelt. Heute bilden sie die Mehrheit der römisch-katholischen Bevölkerung der Gemeinde.

»Offene Kirche Malkotsch«

Auf direktem Weg ins Donaudelta befindet sich die einstige dobrudschadeutsche Siedlung Malkotsch. Dort findet sich ein aus EU-Mitteln finanziertes Hinweisschild »Besichtigen Sie die deutsche Kirche«. Damit ist die römisch-katholische Kirche St. Georg gemeint, die ab 1873 von deutschen Siedlern in Malkotsch errichtet wurde. Im Jahr 2018 war allerdings nur noch eine Ruine übriggeblieben.

Die Kirche wurde mitten im Dorf im historisierenden Stil mit gotischen und romanischen Stilelementen errichtet. Sie steht an einem Abhang und ist somit von Weitem gut sichtbar. Die 1902 fertiggestellte Kirche erlitt im Ersten Weltkrieg schwere Schäden. Paul Traeger berichtet, dass drei Treffer Mauern und Dach durchschlagen hätten und das Kircheninnere verwüstet worden sei. Nach dem Ersten Weltkrieg wurden die Schäden beseitigt, und die Kirche bekam ein flacheres Dach, was sich nicht positiv auf die Architektur und auf die Bauwerksstatik auswirkte.

Nach der Umsiedlung der Dobrudschadeutschen 1940 verblieb nur eine verschwindend kleine katholische Gemeinde in Malkotsch. Die Kirche wurde weiterhin genutzt. Mit Unterstützung von umgesiedelten Malkotschern sowie auch von staatlichen Stellen konnten weitere Umgestaltungen vorgenommen werden. Anlässlich des 35. Heimattreffens in Mainaschaff bei Aschaffenburg wurde 1975 von ehemaligen Malkotschern aus Deutschland eine Glocke gestiftet. Wahrscheinlich im Jahr 2005 wurden Balken aus Stahlbeton in die Mauerkronen der Längswände eingebaut. Die kleine Kirchengemeinde war immer weniger in der Lage, für eine umfassende und fachgerechte Instandhaltung der Kirche zu sorgen. Schließlich stürzten im März 2007 nach starken Regenfällen Teile des Kirchendachs ein.

Seither kann die Kirche nicht mehr genutzt werden. Regen, Frost und Schnee setzen den Wänden des Kirchensaals zu. Chor und Apsis stehen noch, allerdings droht auch hier das Dach einzustürzen. Die Orgelempore ist teilweise noch vorhanden, aber ohne Aufgangstreppe. Der Turm ist wegen seines noch intakten Daches der am besten erhaltene Teil

Kirche von Malkotsch. Foto von 2014

Auf dem Malkotscher Friedhof sieht man noch viele deutsche Inschriften, hier auf dem dunklen Kreuz in der Mitte.

der Kirche. Das Kirchenschiff ist offen, doch aufgrund des verwilderten Kirchhofs schwer zugänglich. Es ist geplündert, Teile des Mobiliars befinden sich im provisorischen Gottesdienstraum.

Gemeinsam mit Nachfahren von Malkotschern bemühen sich seit 2014 der Regensburger Architekt Sebastian Szaktilla und der Bessarabiendeutsche Verein (Stuttgart), die Kirche als »offene Kirche Malkotsch« zu bewahren und zu einem Erinnerungsort auszubauen. In Rumänien gibt es bislang keine Institution, die der Geschichte und Kultur der deutschen Dobrudschaner gedenkt. Die Arbeitsgruppe Malkotsch will mit diesem Projekt nicht nur die Nachfahren von Malkotschern und anderen Dobrudschadeutschen ansprechen, sondern auch Touristen und an der deutschen Geschichte Südosteuropas und der Dobrudscha Interessierte. Die Arbeitsgruppe ist bestrebt, die Kirche zu einem Besuchsziel für Reisegruppen und Delegationen auszubauen, in dem dann auch das Weltnaturerbe Donaudelta thematisiert werden soll.

Als Schirmherrin für das Projekt »Offene Kirche Malkotsch« wurde Susanne Kastner, ehemalige Vizepräsidentin des Deutschen Bundestags, gewonnen. Des Weiteren tragen die römisch-katholische Kirchengemeinde Tulcea-Malkotsch mit ihrem Seelsorger Marcel Lungeanu, der Senator von Tulcea, Octavian Motoc, das Demokratische Forum der Deutschen Tulcea mit dem Vorsitzenden Richard Wagner und die Stiftung Beatrix aus Tulcea mit ihrem Verwalter Mihai Petrişor zu dem Vorhaben bei. Titus Möllenbeck, Nachkomme einer Malkotscherin, organisiert unermüdlich jährliche Dobrudscha-Seminare, auf denen auch für dieses Projekt geworben wird.

Blick aus dem Chor und dem nicht mehr gedeckten Kirchenschiff zum Turm

Das Unterrichtswesen der deutschen Siedler in der Dobrudscha

Schule und Bildung während der Ansiedlungszeit

In fast allen deutschen Siedlungen des Zarenreichs gab es auf eigene Kosten finanzierte Schulen, die stark konfessionell geprägt waren. Nach ihrer Weiterwanderung versuchten die Siedler in der Dobrudscha ebenso, in jedem Ort eine Schule einzurichten. Während der osmanischen Herrschaft gab es keine Beschränkungen im Bildungsbereich; für die Finanzierung der Schulgebäude und der Lehrkräfte sowie des Unterrichtsmaterials mussten die Siedler allerdings selbst aufkommen. Eine gesetzliche Schulpflicht gab es in der osmanischen Dobrudscha nicht.

Das deutschsprachige Unterrichtswesen war stets mit der Kirche verbunden. In den sogenannten deutschen Schulen wurde, mit Ausnahme von denen in Konstanza und Kobadin, weder nach festgelegten Lehrplänen unterrichtet, noch waren sie staatlich anerkannte Bildungsanstalten. Der Unterricht fand häufig im Bethaus oder in der Kirche statt, denn meist fehlte ein Schulraum oder gar ein Schulgebäude. In den ersten Jahren nach der Ansiedlung wurde Unterricht in den Fächern Religion, Deutsch und Rechnen durchgeführt.

Da die kleinen, meist abgelegenen Ortschaften der deutschen Kolonisten zunächst nicht in der Lage waren, einen aus-

Lehrerinnen und Lehrer der evangelischen Konfessionsschule in Kobadin

gebildeten Lehrer zu finanzieren, wurde dieser Posten häufig von einem sich berufen fühlenden kundigen Mitglied aus den eigenen Reihen übernommen, das dann zumeist auch für die Geburts- und Taufverzeichnisse zuständig war. Nicht selten wurde während des Sommers nur sonntags unterrichtet, dafür im Winter ganztägig. So stellte der Lehrer Louis Horn aus Atmadscha in den 1880er Jahren fest: »Was die Kinder im Winter gelernt haben, geht im Sommer wieder verloren« (Traeger 1922, S. 162).

Die Siedlergemeinden waren alleinige Träger des deutschsprachigen Unterrichts und somit auch zuständig für Schulgebäude bzw. -säle und die Inneneinrichtung sowie für Beschaffung und Finanzierung des Lehrmaterials. Des Weiteren mussten die Siedler für die Lehrer- und Pfarrergehälter aufkommen. Bis zur ökonomischen Besserstellung der Gemeinden vergingen nicht selten viele Jahre, so dass die Einstellung eines Pfarrers und eines Lehrers in vielen Fällen erst dann erfolgen konnte, nachdem sich in den Siedlungen nach längerer Zeit genügend wirtschaftliche Prosperität entwickelt hatte. Die Übergangszeiten waren in den Siedlungen nicht nur geprägt von einem Mangel an geistigem Führungspersonal der etablierten Kirchen, sondern auch von einem sich nur zaghaft entwickelnden, durch Provisorien und Amateure getragenen Schulwesen, welchem jegliche Standards fehlten. Vor der Einführung der Schulpflicht diente es vornehmlich dem kulturellen Selbsterhalt und weniger der geistigen und beruflichen Ausbildung. Es ist ein bemerkenswerter Punkt, dass es in dieser Anfangszeit überhaupt Bemühungen um eine geordnete Beschulung gab.

Zum Unterrichtswesen nach 1878

Nach der Angliederung der Dobrudscha an Rumänien sollte sich die Situation des Bildungswesens für die Dobrudschadeutschen radikal ändern: Die Schulpflicht wurde eingeführt. Dies führte dazu, dass in den letzten beiden Jahrzehnten des 19. Jahrhunderts einige der Lehrer in den dobrudschadeutschen Siedlungen in deutscher und in rumänischer Sprache unterrichteten, was bis zur Jahrhundertwende so beibehalten werden konnte. Danach wurden die deutschsprachigen Lehrer nach und nach aus den Staatsschulen verdrängt, und man begann, auch in Ortschaften mit Kindern mehrheitlich deutscher Muttersprache rumänische staatliche Lehrer einzusetzen, die in der Regel kein Deutsch beherrschten. Zudem wurden in Gemeinden mit überwiegend dobrudschadeutschen Schülern an den staatlichen Schulen keine deutschsprachigen Klassen eingerichtet, sondern alle Fächer in rumänischer Sprache unterrichtet, und dies, obwohl viele Siedlerkinder des Rumänischen nicht mächtig waren. Darüber hinaus beschlagnahmte man die Schulgebäude der Dobrudschadeutschen für die Staatsschulen, erst später entstanden in den meisten größeren Gemeinden staatliche Schulen. Der deutschsprachige Unterrichtsbetrieb wurde in dieser Zeit in vielen Siedlungen völlig aufgegeben. So hatte es auch in der Großgemeinde Karamurat, wo die Kinder mehrheitlich aus dobrudschadeutschen Familien kamen, ab 1902 keinen deutschsprachigen Unterricht mehr gegeben.

Es kam aber auch vor, dass sich die Dobrudschadeutschen unterschiedlicher Konfessionen nicht auf eine deutschsprachige Lehrkraft einigen konnten. So berichtete etwa das evangelische *Bukarester Gemeindeblatt* am 22. Januar 1933, dass in der gemischtkonfessionellen deutschen Gemeinde Groß-Pallas deutscher Unterricht außerhalb der rumänischen Staatsschule nicht zustande gekommen sei, weil einerseits das Mobiliar dazu fehlte, aber auch und vor allem, weil die katholischen deutschen Bewohner des Ortes einen evangelischen Lehrer nicht mitfinanzieren wollten (JdDD 17, 1972, S. 142). In vielen Gemeinden versuchten

Rumänische Volksschule mit überwiegend deutschen Schülern in Kodschalak, 1930

die Siedler allerdings aus eigenen Mitteln, den deutschsprachigen Unterricht zu erhalten und finanzierten deshalb selbst eine deutsch(sprachig)e Lehrkraft. Lediglich die Fächer Deutsch und Religion durften in der Muttersprache unterrichtet werden, mit einem Unterrichtsvolumen von maximal zwei Stunden pro Tag, und zwar im Anschluss an den regulären rumänischen Unterricht.

Die Zusammenarbeit zwischen den Lehrern verschiedener Ethnien an den staatlichen Schulen war nicht selten angespannt, doch war dies nicht flächendeckend der Fall. So vertrat beispielsweise in Tariverde der rumänische Lehrer Otava den deutschsprachigen Lehrer Fischer bei der Leitung des evangelischen Kirchenchors monatelang, obwohl Otava weder Deutsch konnte noch evangelisch war. In Techirghiol hatte die deutschsprachige Lehrerin Titti Müller in den 1930er Jahren großen Zulauf; zu ihr in den Unterricht kamen auch viele Kinder, die nicht aus dobrudschadeutschen Familien stammten.

Eine Pflicht für die zusätzliche »deutsche Schule«, also den Unterricht in deutscher Sprache für dobrudschadeutsche Kinder, führten die Kirchengemeinderäte als Reaktion auf die Rumänisierung des Schulunterrichts in verschiedenen Siedlungen ein. So wurde in den kirchlichen Ordnungen des Kirchspiels Konstanza festgelegt, dass »ein Kind aus den organisierten Kirchengemeinden nur dann konfirmiert werden dürfe, wenn es die deutsche Schule mindestens zwei Jahre regelmäßig besucht habe«, worüber die Konfirmanden eine Bescheinigung vorlegen mussten. Laut Statut des Kirchspiels von Atmadscha war »das Fernbleiben von der Schule ein Grund zum Ausschluss aus der Gemeinde«.

Nach dem Ersten Weltkrieg begannen die rumänischen Behörden auch mit der Einrichtung von Kindergärten in der Region und setzten in den Siedlungen mit überwiegend dobrudschadeutscher Bevölkerung Betreuerinnen ein, die des Deutschen nicht mächtig waren. So heißt es für das Schuljahr 1938/39 im *Deutschen Volksblatt* vom 13. Januar 1940, das im bessarabischen Tarutino herausgegeben wurde, dass es in den 67 von Deutschen bewohnten Ortschaften nur in 28 Gemeinden ein »deutsches Gemeindeleben« gegeben habe und davon nur in zwanzig Dörfern deutschsprachigen Schulunterricht. »Ein außerplanmäßiger, oft nur kümmerlicher Unterricht in deutscher Sprache«, heißt es dort weiter, »wurde mehr oder weniger regelmäßig in 20 Gemeinden, 15 evangelischen und 5 katholischen, abgehalten. In den übrigen 8 hat er ganz gefehlt.«

Dies hatte zur Folge, dass die Kinder der deutschen Siedler häufig nur Rumänisch schreiben lernten und ihnen Deutsch einzig mündlich im häuslichen und nachbarschaftlichen Umfeld vermittelt wurde. Die Unterweisung in der deutschen Sprache verblieb allein beim Pfarrer, der selten über eine schulpädagogische Ausbildung verfügte. So bemerkte Paul Traeger (1922, S. 164), dass es »recht schlimm«

Kindergarten mit rumänischer Kindergärtnerin in Kobadin, 1922

Die deutsch-evangelische Volksschule in Kobadin

um die »grammatischen Regeln« und um die Rechtschreibkenntnisse bei den Dobrudschadeutschen stehe. Auch in der rumänischen Geschichtsschreibung wurde inzwischen festgestellt, dass die Regierungen Rumäniens die Frage des muttersprachlichen Unterrichts für die Dobrudschadeutschen nicht befriedigend gelöst hätten (Ciobanu, *Date noi privind germanii din Dobrogea,* S. 191).

Erst im Jahr 1939, wenige Monate vor der Umsiedlung der Dobrudschadeutschen, sollte es in Kobadin zur Gründung der ersten »vollausgebauten deutschen Volksschule« von Siedlern kommen, also einer Schule, die auch von staatlicher Seite anerkannt wurde. Mit dem Schuljahr 1939/1940 wechselten 182 Kinder von der dortigen rumänischen Staatsschule in die neuen Klassenräume der Deutschen Evangelischen Schule Kobadin. An dieser Schule unterrichteten drei deutschsprachige Lehrer sowie ein Rumänischlehrer von der rumänischen Staatsschule im Ort. Die unter großen Mühen von den deutschen Siedlern aufgebaute Schule bestand auch erfolgreich die erste jährliche Abschlussprüfung, und ihr wurde bereits nach einem Jahr das Öffentlichkeitsrecht zuerkannt. 1940 wurde dann die Umsiedlung der Dobrudschadeutschen ins Deutsche Reich beschlossen und durchgeführt, so dass die Deutsche Evangelische Schule Kobadin lediglich ein volles Schuljahr lang Bestand hatte.

Aufgrund dieser schulischen Verhältnisse konnten viele Kinder lediglich eine kümmerliche Primärbildung erwerben. Nur wenige der zumeist kinderreichen Siedlerfamilien verfügten über die finanziellen Mittel, ihre Kinder in weiterführende Schulen zu schicken. Zudem standen bei vielen Dobrudschadeutschen der Erwerb und Besitz von Grund und Boden an erster Stelle, Bildung wurde nicht als Statussymbol oder sinnvolle Kapitalanlage angesehen. Bildung wurde zuvorderst über den kirchlichen Sektor vermittelt, so dass es nicht verwunderlich ist, wenn beispielsweise die meisten Karamurater, die studierten, auch eine berufliche Karriere in diesem Bereich anstrebten. Der 1929 nach Kanada ausgewanderte Harry Miller, der in Karamurat Hieronymus Müller hieß, formulierte das schulische Dilemma folgendermaßen:

> Wir hatten keine Möglichkeiten, höhere Schulen zu besuchen oder unsere Kinder etwas lernen zu lassen. Das konnten sich nur die ganz Reichen erlauben, oder wenn die Kirche begabte junge Menschen in ihre Obhut nahm und sie ausbildete. Ich selber hatte es probiert, meine Kinder zur Schule zu schicken, aber das hielt ich nicht durch – des Geldes wegen. Für ein Schuljahr hatte ich so viele Ausgaben für meinen Sohn auf einem Gymnasium in Bukarest, daß ich für dieses Geld 5 ha Land hätte kaufen können.
>
> Miller, *Ich kann die Dobrudscha nicht vergessen*, S. 143

Finanzierung und rechtliche Stellung des deutschsprachigen Unterrichts

In fast allen dobrudschadeutschen Siedlungen, so berichtet der Lehrer Christian Speitel aus Tariverde,

Konrektor Christian Speitel, Aufnahme von 1976 in Bad Mergentheim in Baden-Württemberg

> wurde das Schulgeld auf die Anzahl der Schüler umgelegt. Einige Gemeinden hatten das Schulgeld sozial gestaffelt, d.h. das Schulgeld wurde auf den Landbesitz oder auf die bewirtschaftete Fläche umgelegt. Es mussten also auch solche Familien Schulgeld leisten, die noch keine oder keine Schulkinder mehr hatten. Außerdem verfügte fast jede deutsche Gemeinde über Schul- und Kirchenland.
>
> Speitel, *Die deutschen Volksschulen in der Dobrudscha,* S. 129

Die Lehrerstellen in der Dobrudscha waren allerdings aufgrund der Bezahlung nicht besonders begehrt. Die Situation um das Lehrergehalt fasste der als Nestor der dobrudschadeutschen Lehrerschaft geltende Johann Straub 1934 folgendermaßen zusammen:

> Einen etwas höheren Lohn bekam ich im vergangenen Jahr. [...] »Zum Sterben zu viel, zum Leben fast zu wenig.« Ein arbeitsreiches Leben, sowohl in geistiger als auch in körperlicher Hinsicht, liegt hinter mir. Und die Aussichten auf einen ruhigen, sorglosen Lebensabend sind fast null. Das ist das Los aller alten Dobrudschalehrer. Möge es den jungen Kollegen, die jetzt an unsere Stelle treten, einmal besser gehen.
>
> Klett, *Vom Schulwesen der Dobrudschadeutschen*, S. 24

Das Lehrergehalt wurde zudem in vielen Fällen hauptsächlich in Naturalien ausbezahlt. Meistens musste der Lehrer noch nebenbei in der Landwirtschaft oder in einem anderen Beruf arbeiten; in einigen Gemeinden wurde den Lehrkräften das sogenannte Schulland zur Selbstbewirtschaftung überlassen. Manche fanden andere Nebenerwerbe; so hat beispielsweise Otto Oswald – ab 1922 als Lehrer in Kobadin, 1925 wechselte er als Lehrer nach Fachria – als Nebenverdienst auf den Beruf seines Vaters zurückgegriffen und mit der Herstellung von Grabsteinen für sein Zubrot gesorgt. Er bezeichnete sich selbst stolz als »Grabsteinmacher«.

Hinzu kommt noch, dass in den dobrudschadeutschen Siedlungen die Lehrer von der Gemeinde sowohl ein- als auch abgesetzt wurden. So beklagte sich der Lehrer Theophil Hoffmann aus Fachria in einem Schreiben an den Dobrudschadeutschen Verein über diese Praxis:

> Sollte dieses Recht auch weiter den Gemeinden überlassen bleiben, so ist nach meiner Ansicht und Erfahrung dem deutschen Schulwesen in der Dobrudscha der

Otto und Else Oswald-Klett mit Alfons, Gerda und Charlotte. Die Familie ist 1952 nach Winnipeg/Kanada ausgewandert.

Grabstein in Fachria, von Otto Oswald gefertigt

größte Hemmschuh belassen worden, mit welchem die Hebung der Schule überhaupt in Frage gestellt wird.

Hoffmann, *Zur Stellung des Lehrers in den Dobrudscha-Gemeinden*, S. 12

Häufig wurden die Kinder von den Eltern nicht zur Schule geschickt, damit sie in der Landwirtschaft mithelfen konnten. Da die Lehrer von den Gemeindemitgliedern finanziert wurden, konnten sie gegen diese Praxis nicht viel unternehmen, denn damit hätten sie womöglich ihre Stellung gefährdet.

So wurde auch in einem Entwurf für eine *Schulordnung für die deutschen Siedler der Dobrudscha* von 1924 einerseits darauf hingewiesen, dass der deutschsprachige Unterricht durch rumänische Behörden eingeschränkt worden sei: »Zwei Stunden täglich genügen nicht, um in fünf Schuljahren die Wissensgebiete der Volksschule genügend zu erteilen.« Andererseits wurde beklagt, dass die dobrudschadeutschen Gemeinden dem Unterricht zu wenig Aufmerksamkeit schenkten und häufig Lehrkräfte einstellten, »die überhaupt keine oder nur mangelhafte Vorbildung und Befähigung haben«. Zudem wurden die qualifizierten Lehrer zu oft ausgewechselt, was einen kontinuierlichen Unterricht erschwerte. Es wurde auch darauf hingewiesen, dass ein »vorgeschriebener Lehrplan« und eine »ausreichende fachmännische Schulaufsicht« nicht existierten. Das Ziel war eine konfessionelle Volksschule mit deutscher Unterrichtssprache; als Übergangsregelung sollte »die Teilung des Unterrichtes in die gleiche Stundenzahl mit deutscher und rumänischer Unterrichtssprache« vorgeschlagen werden. Gegenüber den Erweiterungswünschen für den deutschsprachigen Unterricht wurde von staatlicher Seite nicht ganz unrichtig stets auf die häufig mangelhafte bzw. mitunter gänzlich fehlende berufliche Ausbildung der von den Siedlern eingestellten deutschsprachigen Lehrkräfte hingewiesen. Deshalb sollte der Volksrat »mit allen Mitteln der Aufklärung und Überzeugung bei allen evangelischen und römisch-katholischen Gemeinden der Dobrudscha dahin […] wirken, dass sie sich der nachstehenden ›Schulordnung für die deutschen Schulen der Dobrudscha‹ unterwerfen«, damit deutsche Schulen in der Region politisch durchgesetzt werden könnten.

Deutsche Schule in Groß-Mandschapunar von 1933; ein Jahr später kam der erste deutsche Lehrer in den Ort.

In dem *Schulunterstützungsgesuch für das Rechnungsjahr 1938/39* heißt es, dass die Rumänisierungsbestrebungen des Schulwesens der nationalen Minderheiten auch im Jahr 1937 fortgesetzt würden. Ein großer Teil der deutschsprachigen Lehrer sei aus dem Dienst entlassen, andere seien versetzt oder pensioniert worden, so dass nur noch wenige im Dienst der staatlichen Schulen stünden:

> Durch Verfügungen des Ministeriums bzw. seiner Expposituren in den einzelnen Provinzen war es den deutschen Lehrern verboten worden, in ihren fast ausschließlich von deutschen Kindern besuchten Klassen deutsch zu unterrichten; ja selbst in den Pausen mit den Kindern deutsch zu sprechen, war untersagt. […] Es kann also gesagt werden, dass es in diesen drei Siedlungsgebieten [Bessarabien, Bukowina und Dobrudscha] ein deutsches Schulwesen nicht mehr gab.

Nach einer Informationsreise durch die Dobrudscha beschrieb Georg Weigand vom Darmstädter Verband deutscher Auslandslehrer seine Eindrücke von den Schulverhältnissen an den dortigen »Deutschen Schulen« als »einzigartig und schwierig« und fährt fort: »Denn hier waren keine seit Jahrhunderten ansässigen Siedler, keine starken Gemeinden, die wie jene im Banat ihre Schulen selbst erhalten konnten« (Weigand, *Reiseeindrücke*).

Tatsächlich befanden sich die Schulen häufig in einem schlechten Zustand. So schreibt am 16. Dezember 1938 die aus dem Banat stammende Lehrerin Gertrud Buchwald nach vier Wochen in der Dobrudscha einen »Brandbrief« an den Pfarrer von Malkotsch, Anton Söhn, der gleichzeitig auch der Leiter der dortigen Volksschule war:

> Da aber die Schule in einem schauerlichen Zustand ist, die Leute arm sind und hier kein Schulfonds besteht, ersuche ich Sie als Schulleiter hier Abhilfe zu schaffen. Es sind insgesamt 175 Kinder, die die deutsche Schule besuchen. In der Schule sind bloß 12 Stück sehr reparaturbedürftige Bänke. In einer Bank können fünf Kinder sitzen. Am Nachmittag habe ich jedoch 123 Kinder (Schüler und Schülerinnen von fünf Klassen gleichzeitig) in der Schule.

Blick auf die Stadt Galatz

> Hierfür brauchten wir also wenigstens 12 Stück neue Bänke. Ein Katheder ist gar nicht vorhanden. Die Türen […] sind reparaturbedürftig. Auch haben wir kein Stückchen Holz. Bis heute den 16. XII. [1938] saßen wir in der kalten Schule; nun geht dies nicht mehr.

Daraufhin wandte sich Schulleiter Söhn in seiner Not an den deutschen Konsul in

Galatz und bat ihn, wenn schon keine finanzielle Unterstützung zu erwarten sei, »wenigstens durch einen guten Rat, von wo wir vielleicht eine eventuelle Unterstützung bekommen könnten«, zu helfen. Denn die sogenannten Deutschen Schulen in den dobrudschadeutschen Siedlungen waren »Jahrzehnte lang nur Notbehelfe«, wie Paul Traeger feststellt, die von staatlicher Seite aus Deutschland nur wenig Förderung erhielten. Eine Ausnahme bildete die Deutsche Evangelische Schule in Konstanza, die allerdings nur von wenigen Kindern deutscher Siedler besucht wurde, denn die Kolonisten lebten meistens in Orten, die von Konstanza relativ weit entfernt waren. Trotz der finanziellen Unterstützung der deutschsprachigen Lehrer in den von katholischen Siedlern bewohnten Orten durch den Reichsverband für die katholischen Auslandsdeutschen war es um die dortigen Schulen nicht wesentlich besser bestellt.

Ehemalige Deutsche Evangelische Schule

Die Deutsche Evangelische Schule in Konstanza

Trotz des gesetzlich verankerten Rahmens für das Unterrichtswesen der nationalen Minderheiten gab es in der Dobrudscha nur eine einzige deutschsprachige Privatschule, die Deutsche Evangelische Schule in Konstanza. Die Anfänge dieser Schule gehen auf das Jahr 1892 zurück, als der örtliche Pfarrer Jancke zunächst in einem Privathaus begann, Kinder auf Deutsch zu unterrichten. Durch eine Spende von Sophie Luther, Ehefrau des Inhabers der Bukarester Brauerei Erhard Luther, wurde 1901 der Bau eines stattlichen Gebäudes für die Deutsche Evangelische Schule in Konstanza vollendet. Bis zum Ausbruch des Ersten Weltkriegs konnte die Schule zu einer Volksschule mit vier Klassen mit einer einklassigen Mittelschule ausgebaut werden. Leiter der Schule war stets der örtliche evangelische Pfarrer.

Der Deutschen Evangelischen Schule in Konstanza wurden Lehrer über das Auswärtige Amt in Berlin vermittelt. Die Aufenthaltsdauer der aus Deutschland entsandten Lehrerinnen und Lehrer war auf drei Jahre angelegt, häufig blieben die deutschen Lehrkräfte allerdings lediglich für ein Schuljahr an der Schule. In der Regel wurden der deutschen evangelischen Gemeinde Konstanza, die für die Einstellung des Lehrpersonals an dieser Schule verantwortlich war, zwei Vorschläge für eine Stelle übersandt. Der Gemeindevorstand konnte dann aufgrund der Bewerbungsunterlagen einen Kandidaten für die Stelle aussuchen. Danach wurde in Berlin der Anstellungsvertrag mit der ausgewählten Lehrkraft unterschrieben. In dem Kontrakt mit der Lehrerin Gertud Münchmeyer vom 23. Dezember 1910 wurden Anstellungszeitraum und Aufgabenbereich folgendermaßen festgelegt:

> Der Vorstand der deutschen evangelischen Gemeinde Constantza überträgt hierdurch Fräulein Gertrud Münchmeyer eine Stelle als Lehrerin der deutschen evangelischen Schule zunächst für die Zeit vom 15. Januar 1911 bis 14. September 1911. Frl. Münchmeyer ist verpflichtet zur Übernahme von wenigstens 28 Wochenstunden und erhält dafür im ersten Jahre bis zum 14. September 1911 monatlich ein Gehalt von 125 Lei. Außer dem Bargehalt erhält sie freie möblierte Wohnung nebst freier Heizung und Beleuchtung. [...] – Für die Verköstigung, die die unverheirateten Lehrkräfte bei der Hausökonomin, Frau von Mors erhalten, zahlt Frl. Münchmeyer einschließlich Bedienung monatlich 60 Lei. Bei Abwesenheit von mehr als drei Tagen wird der Pensionspreis mit 2 Lei täglich abgezogen. Die Reinigung der von der Schule gelieferten Bettwäsche fällt der Lehrerin zur Last.
>
> Zur Herreise erhält Frl. Münchmeyer 125 Lei Reiseentschädigung. Nach ev. dreijähriger Tätigkeit dieselbe Summe zur Rückreise. Etwa notwendig werdende Überstunden werden mit 1,25 pro Stunde honoriert.
>
> Eine Kündigung des Kontraktes muss spätestens drei Monate vor seinem Ablauf erfolgen. Andernfalls gilt er als auf zwei weitere Jahre verlängert bis zum 14. September 1913. Für die Zeit vom 14. September 1911 bis zum 14. September 1913 wird Frl. Münchmeyer ein Bargehalt von 1700 Lei jährlich zugesichert.
>
> BA R 901.39395.
> *Die Deutsche Schule in Constantza vom Januar 1909 bis 31. Juli 1914*

Die Deutsche Evangelische Schule in Konstanza wurde von deutscher Seite finanziell unterstützt. Das Auswärtige Amt wachte streng darüber, dass die Schule weder bei anderen Behörden im Deutschen Reich um Lehrkräfte nachsuchte, noch Unterstützungsanträge an andere Staaten stellte. Von Seiten der deutschen Gesandtschaft in Rumänien wurde die Anfrage des Schulleiters Pfarrer Meyer an den österreichisch-ungarischen Ver-

Ehemalige Deutsche Evangelische Schule

Erhaltene Aufschrift im Treppenhaus der heutigen Begegnungsstätte der Deutschen

treter um Unterstützung für seine Schule als »unerwünscht« eingestuft, wie auch dessen Bestreben, anstelle zweier Lehrer aus Deutschland Lehrkräfte aus dem zum Habsburgerreich gehörigen Siebenbürgen einzustellen. Auch der deutsche Konsul Marheineke in Galatz erklärte dem Vorstand der evangelischen deutschen Gemeinde Konstanza »recht deutlich«, dass »das Auswärtige Amt einen solchen Schritt durchaus missbilligen würde und dass bei Ausführung des Vorhabens weitere Beihülfe seitens des Reiches nicht mehr zu erwarten wäre«.

Tatsächlich war die Deutsche Evangelische Schule Konstanza auf die finanzielle Unterstützung aus Deutschland und auf die Schulgebühren dringend angewiesen, da die sie tragende evangelische Kirchengemeinde nicht leistungsfähig genug war, um die Ausgaben alleine bewältigen zu können.

Nachdem der Reformer des Schulwesens in Rumänien, Constantin Angelescu, mit der Devise »*Şcoală cât mai multă! Şcoală cât mai bună! Şcoală cât mai românească!*« (»Bildung, so viel wie möglich, so gut wie möglich, so rumänisch wie möglich!«) durchsetzen konnte, dass an ethnischen und konfessionellen Privatschulen keine andersethnischen Kinder mehr aufgenommen werden durften, ging die Anzahl der nichtdeutschen Schüler an der Deutschen Schule Konstanza drastisch zurück. Die dadurch wegfallenden Schulgebühren verstärkten die finanziellen Schwierigkeiten der evangelischen Gemeinde in Konstanza und führten dazu, dass den damaligen Lehrern fast ein ganzes Jahr lang kein Gehalt gezahlt werden konnte. Der Unterricht musste vorübergehend eingestellt und das Schulgebäude vermietet werden. Mit den Mieteinnahmen wurde der Schulbetrieb 1930 in den ehemaligen Wirtschaftsräumen der evangelischen Gemeinde wieder aufgenommen. Nachdem 1931 ein neues Schulgebäude eröffnet werden konnte, gelang es der Deutschen Evangelischen Schule Konstanza, im April 1932 vom Unterrichtsministerium das Öffentlichkeitsrecht zugesprochen zu bekommen. Somit mussten die Schüler am Schuljahresende nicht wie vorher an einer staatlichen Schule Prüfungen ablegen, sondern die Lehrer der Deutschen Schule konnten nun selbst die Schüler in die nächsthöhere Klassenstufe versetzen. Danach stieg die Anzahl der Schüler an der Deutschen Schule wieder an.

1939, ein Jahr vor der Umsiedlung, zählte die Schule 89 Schüler (1. bis 4. Klasse), nicht nur Deutsche oder solche mit deutscher Muttersprache. Hinzu kam ein Kindergarten, in dem 22 Kinder betreut wurden. Von ihnen allen hatten zwei die deutsche Staatsangehörigkeit, 97 waren rumänische Staatsbürger – von denen 56 Deutsch als Muttersprache hatten – und es gab zwei mit bulgarischer, zwei mit griechischer, zwei mit Schweizer, drei mit türkischer und einen mit holländischer Staatsangehörigkeit; sowie vier Kinder mit einem Nansen-Pass, also ohne Staatsangehörigkeit. In der 1. Klasse wurden wöchentlich von 24 Unterrichtsstunden 18 in deutscher Sprache gehalten, 6 in der Landessprache. Nach der Umsiedlung 1940 verblieben etwa fünf Schüler deutscher Muttersprache an der Deutschen Evangelischen Schule in Konstanza. Die Schule bestand noch bis 1944 weiter.

Konsolidierung der deutschsprachigen Schulen

Bis in die Jahre des Ersten Weltkriegs hinein spielte die Ausbildung und Bildung der Jugend jenseits des dörflichen Volksschulunterrichts eine geringe Rolle, denn der Weg war für die meisten jungen Menschen recht eindeutig vorgezeichnet: Der Elterngeneration wurde in die Landwirtschaft gefolgt. Erst in den späten Ansiedlungsjahren begannen die Dobrudschadeutschen damit, ihre Kinder auf weiterführende Schulen zu schicken, und der Wert der Sekundärbildung wurde allmählich erkannt. So besuchten Mädchen gutsituierter Bauern manchmal Ausbildungskurse in Deutschland. Aus Kobadin waren beispielsweise drei Mädchen in einem Weimarer Töchterhort, eine auf der Frauenschule in Kaiserswerth und eine in Hamburg; andere Mädchen gingen zur Ausbildung nach Bessarabien, Siebenbürgen oder nach Ploiești. Von den Jungen ließen sich vier an der Präparandenanstalt in Alt Tschau bei Neusalz an der Oder (heute poln. *Nowa Sól*) für das Lehramt an einer Volksschule vorbereiten, drei besuchten die Technischen Hochschulen in Berlin, München und Danzig.

Der in dem süddobrudschanischen Ali Anife siedelnde deutsche Bauer Johann Bernhard hätte gerne unter seinen Nachkommen einen Akademiker gehabt: »Mit allen hat er es der Reihe nach versucht, aber alle kehrten um. Sie waren zu sehr mit der Scholle, mit dem goldenen Ährenfeld, mit den rassigen Pferden verbunden«, erklärt sein Sohn Ferdinand die Nichterfüllung des Wunsches seines Vaters (Bernhard, *Johann Bernhard aus Kalfa*, S. 70).

Ende der 1930er Jahre versuchten einige dobrudschadeutsche Siedlungen, eigene deutsche Schulen in ihren Gemeinden zu eröffnen, weil die Anzahl der Unterrichtsstunden in deutscher Sprache an den staatlichen Schulen nochmals verringert wurde. So bat beispielsweise der Kurator der evangelischen Kirchengemeinde Neue Weingärten, G. Gross, am 1. Dezember 1938 den Gauobmann Johannes Klukas, darauf hinzuwirken, dass es dem Lehrer Otto Klett erlaubt werde, mehr als nur zwei Stunden Deutsch in der Woche zu unterrichten (PAAA Gesandtschaft Galatz). In

Karamurat hatten sich die Siedler entschieden, eine eigene deutsche Schule zu errichten. Pfarrer Andreas Horn schickte zu diesem Zweck am 6. Februar 1939 einen »Kostenüberschlag mit den vorgezeichneten Einzelpreisen« für die Errichtung einer deutschen Schule in Karamurat an das Deutsche Konsulat Galatz. Zunächst zeigte er auf, dass 297 dobrudschadeutsche Kinder aus Karamurat, »die so langsam ihre Muttersprache verlieren«, die rumänische Schule besuchen müssten, hinzu kämen noch »120 (Jünglinge und Mädchen), die die wöchentliche Religionskomplementarschule« besuchen. Er bat den Konsul um finanzielle Unterstützung, denn der bislang zugestandene Unterricht in deutscher Sprache sei nicht ausreichend (PAAA Deutsches Konsulat Galatz). Das Deutsche Konsulat Galatz befürwortete in einer Stellungnahme an das Auswärtige Amt vom 3. November 1939 den Beihilfewunsch. Aufgrund der Umsiedlung der Dobrudschadeutschen kam es dann aber nicht mehr zur Eröffnung der Schule. Die Gemeinde Tariverde hatte ebenfalls den Bau einer eigenen »Deutschen Schule« geplant und das Baumaterial bereits beschafft. Mit der Errichtung des Gebäudes wurde wegen der Umsiedlung ebenfalls nicht mehr begonnen (Speitel, *Die deutschen Volksschulen in der Dobrudscha,* S. 131 f.).

Die in den 1930er Jahren sich abzeichnende positive Entwicklung des Schulwesens der deutschen Siedler fand 1940 mit der Umsiedlung der Dobrudschadeutschen ins Deutsche Reich ein jähes Ende.

Wirtschaft

Ackerwirtschaft, Weinbau

Die meisten dobrudschadeutschen Siedler waren in der Landwirtschaft tätig. Nur wenige Bauern verdienten ihren Lebensunterhalt ausschließlich mit Weinanbau, der in der Regel eher als Nebenerwerb betrieben wurde. Trotz der günstigen Bodenverhältnisse führte der große Geburtenüberschuss – bei den deutschen Siedlern in der Region war die Anzahl der Geburten um das Dreieinhalbfache höher als die der Todesfälle – unter den Dobrudschadeutschen dazu, dass die in der Region übliche Realteilung eine zunehmende Verarmung unter den Siedlern verursachte. Die immer kleiner werdenden Parzellen konnten ihre Besitzer nicht mehr ernähren, was ein wachsendes soziales Problem darstellte.

Wie prekär die Situation für viele Familien geworden war, zeigt die Situation im Umsiedlungsjahr 1940: Zu diesem Zeitpunkt waren mehr als vierzig Pro-

Hof von Hieronymus Ruscheinski in Karamurat

Das Ernten der Maiskolben, also das Abbrechen der Kolben vom Stängel, wurde von den Dobrudschadeutschen »Popscheibrecha« genannt. Abends versammelte man sich draußen, wie hier in Tariverde, oder im Schuppen zum »Popscheiblatta«, zum Entblättern der Maiskolben.

zent der Dobrudschadeutschen landlose Bauern. Sie mussten in der Regel ihren Lebensunterhalt durch Gelegenheitsarbeiten als Tagelöhner verdienen, weil sie kein Handwerk erlernt hatten; sie blieben im Winter oft ohne Arbeit und Einkünfte.

Auf den Feldern wurden in erster Linie Getreide, Klee, Kartoffeln, Ölfrüchte, selten Hirse sowie Bohnen und Wassermelonen angebaut, Kartoffeln häufig nur für den Eigengebrauch. Der Durchschnittsertrag pro Hektar lag bei 700 bis 800 Kilogramm Getreide; in guten Erntejahren verdoppelte sich der Ertrag aber mitunter. Blieb aus dem Verkauf der Ernte Geld übrig, wurde in der Regel neues Land dafür erstanden. Denn das war nach Ansicht der meisten deutschen Dobrudschaner die beste Kapitalanlage. »Stehlen kann es keiner, und verbrennen tut es auch nicht«, heißt es dazu bei Otto Leyer (*Geschichte des deutschen Dorfes Kobadin*, S. 18). »Der Hof war unser Dreschplatz«, schreibt Mathilde Klein in ihren Erinnerungen an ihre Kindheit in Malkotsch:

> Dort legten wir das Getreide aus. Anschließend fuhr ein Dreschschlitten aus massivem Holz darüber. […] Auch wir Kinder durften darauf sitzen. Wer runterfiel, musste hinterherlaufen, wenn er wieder hinaufwollte, denn Vati, der die Pferde im Kreis lenkte, konnte für uns nicht anhalten. […] Um das Getreide zu reinigen, also die Spreu vom Weizen zu trennen, benutzten wir eine sogenannte Windmühle, die von Hand bedient wurde: Einer der Erwachsenen drehte den Krickel, das übernahm meistens meine Mutti, daraufhin erzeugten die Flügel im Innenraum der Windmühle Wind, der das saubere Getreide vorne rausblies, während

die feine Spreu nach hinten flog. Anschließend sammelte Vati das Getreide in Säcke ein und brachte es auf den Boden oder verkaufte es auf dem Markt in Tultscha, den wir damals noch Basar nannten.

Von Malkotsch nach Welbsleben, S. 10 f.

Jeder Hof hatte auch einen Garten direkt am Haus. Dort standen fast immer Obstbäume; in der Regel wurden Apfel-, Aprikosen-, Nuss-, Zwetschgen-, Pflaumen-, Mirabellen- und Maulbeerbäume gepflanzt. Häufig wurden auf dem Feld und im Gemüsegarten, den die Dobrudschadeutschen wie ihre türkischen Nachbarn als »Bostan« oder »Baschtan« bezeichneten, Wassermelonen (Harbusen genannt), Kürbisse und Gurken gezüchtet. Manchmal gab es auch einen Garten für die gemeinschaftliche Nutzung wie in Mamuslia:

> Ein Wächter, der die Sommermonate in dem Bostan blieb, wurde gemeinsam gedungen. Der Wächterdienst war keine leichte Arbeit. Zu viele wollten sich an den guten Gaben gütlich tun: Vögel, Hunde, Wiesel, Wölfe – und dann die Langfinger nicht zu vergessen.
>
> Frank, *Mamuslie,* S. 129

Wein wurde meist lediglich für den eigenen Bedarf produziert. Die Neuanlage der im Ersten Weltkrieg zerstörten Rebflächen brachte auch nicht den erhofften Erfolg. Das könnte mit der Neu-

Ferdinand Brandenburger beim Dreschen in Karatai 1937

Im »Harbusen-Bostan« der Familie Rösner in Horoslar 1926. Wassermelonen gedeihen in der Dobrudscha prächtig.

Das Weingut der Familie Leyer in Kobadin

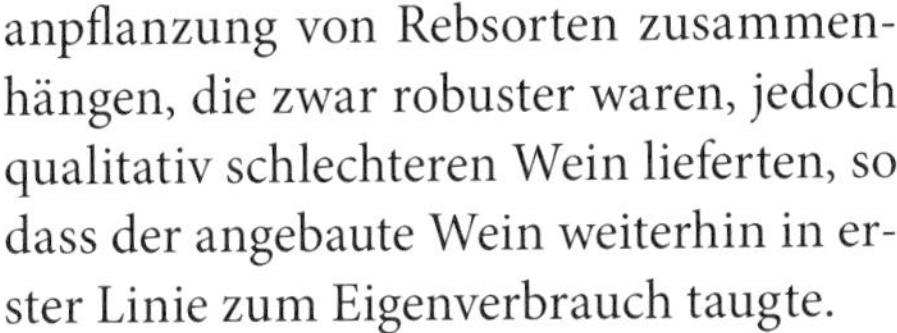

anpflanzung von Rebsorten zusammenhängen, die zwar robuster waren, jedoch qualitativ schlechteren Wein lieferten, so dass der angebaute Wein weiterhin in erster Linie zum Eigenverbrauch taugte.

Wohlhabendere Bauern besaßen ab der Zwischenkriegszeit auch modernere landwirtschaftliche Gerätschaften und Maschinen wie Getreidereiniger (genannt Putzmühlen), Maisrebbler, Sämaschinen (Streu- und Reihensäer) oder Erntemaschinen; bereits in den 1930er Jahren verfügten die Kobadiner über Dampfdreschmaschinen (Leyer, *Geschichte des deutschen Dorfes Kobadin,* S. 20).

Die Saisonarbeiter in den landwirtschaftlichen Betrieben kamen nicht nur aus der Dobrudscha. Sie stammten in späteren Jahren vermehrt aus Bessarabien, denn die dortigen Missernten zwangen sie zur Arbeitssuche in der Dobrudscha. Es kamen Deutsche, Ukrainer, russische Lipowaner, Gagausen, Rumänen. Als besonders fleißig galten die Lipowaner und Ukrainer, die deshalb bevorzugt eingestellt wurden (*Heimatbuch,* S. 252).

Viehzucht

Die Viehhaltung diente überwiegend der Selbstversorgung. Fast jede Familie hatte ein oder zwei Kühe. So berichtet Alida Schielke aus Fachria: »Ein Mantel und eine Kuh decken alle Armut zu« (JdDD 17, 1972, S. 71). Zwar wurde auch in den stadtnahen Dörfern wie Malkotsch bei Tulcea oder Fachria bei Cernavodă und Konstanza die nicht für den Eigenverbrauch benötigte Milch zu Butter, Rahm und Quark verarbeitet. Doch der Verkauf dieser Produkte wurde meist nur als Nebenverdienst betrachtet und nicht zu einem regelrechten Wirtschaftszweig ausgebaut, obwohl der Absatz von Milchprodukten recht einträglich hätte sein können. Das häufig als »Buttergeld« bezeichnete Nebeneinkommen diente zur Deckung von laufenden Haushaltskosten. Während der Weltwirtschaftskrise um 1930 waren allerdings vor allem diejenigen Bauern, die während des vorangegangenen Aufschwungs größere Investitionen in landwirtschaftliche Maschinen oder Neubauten getätigt hatten, vermehrt gezwungen, Milchprodukte, Eier und Kleinvieh auf dem Markt zum

Viele dobrudschadeutsche Rekruten ließen sich mit eigenem Pferd (rum. *călăraşi cu schimb*) in die rumänische Armee einziehen – wie hier Josef Brandt aus Malkotsch mit seinem Pferd Elke –, um dort den verkürzten Wehrdienst, meist außerhalb der Erntezeit, auszuüben.

Verkauf anzubieten, um die finanziellen Engpässe zu bewältigen. Zwar konnten die Landwirte in der Dobrudscha in den Jahren 1931 und 1932 gute Ernten einfahren, doch das damit verdiente Geld reichte kaum zur Schuldentilgung.

Dobrudscha-Literatur

Auch die Dobrudscha und ihre deutschen Bewohner haben ihre Heimatdichter. Die typischen Ausdrucksmittel sind das Heimatgedicht mit volksliedhaftem Charakter und die Prosaskizze – in der Regel als Erinnerungsschrift. Zahlreiche Beispiele hierfür finden sich in den eigenen Publikationsorganen der dobrudschadeutschen Verbände und Organisationen. Einen gewissen Ruf haben sich so vor allem schreibende Lehrer und Priester erworben (z. B. Otto Leyer), zu erwähnen sind zudem Johann Adam aus Tschukurowa, Alida Schielke, Gertrud Knopp-Rüb. Es gibt überdies eine Reihe von Erinnerungsbüchern, die vorwiegend aus der Generation derer stammen, die als Kinder oder junge

Heimatdichter Johann Adam aus Tschukurowa beschäftigte sich neben der Landwirtschaft mit der Bienenzucht.

Menschen aus der Dobrudscha umgesiedelt wurden. Die Dobrudscha selbst ist eher selten Schauplatz in der deutschsprachigen Literatur (Ausnahmen s. S. 43). Die Dorferzählungen des bulgarischen Dichters Jordan Jovkov spielen häufig in der Süddobrudscha.

Auch die Schweinehaltung hatte für die dobrudschadeutschen Siedler einen geringen Stellenwert. Die in der Region eher gebräuchliche Schafhaltung wurde hingegen häufiger übernommen, es gab auch genossenschaftliche Wanderschäfereien. Verbreitet war die Geflügelzucht (Hühner, Gänse, Truthähne, Enten), doch auch diese wurde meistenteils für den Eigenbedarf betrieben. Auf vielen Höfen waren noch dazu Taubenschläge zu finden. Besonders im Kreis Tulcea betrieben Dobrudschadeutsche als Nebenbeschäftigung Imkerei.

»Den Pferden widmete er [der dobrudschadeutsche Bauer] seine ganze Sorgfalt, denn nur wer viel[e] Pferde hatte, konnte viel säen. Jedem Gast wurde mit Stolz der Pferdereichtum gezeigt, und deutsche Pferde waren auf den Märkten der Dobrudscha die gesuchtesten. Karamurat nahm den ersten Platz ein und Kobadin den zweiten«, schreibt Otto Leyer (1933, S. 21) in der Geschichte seines Heimatdorfes Kobadin. In der Tat war für den dobrudschadeutschen Bauern der Besitz von vielen Pferden, nach dem Besitz von Ackerflächen, ein identitär wichtiger Bestandteil seines Lebens. Die Pferde wurden von den Siedlern produktiv eingesetzt; die Bauern hatten in der Regel nur so viele Pferde, wie sie für Arbeit und Zucht benötigten. Häufig wurden die Vater- und Muttertiere zur Zucht aus Bessarabien mitgebracht bzw. geholt. Nach dem Ersten Weltkrieg versuchten die deutschen Siedler, intensiver in die Viehzucht und Milchproduktion zu investieren, was aber meist wenig erfolgreich war.

Industrie, Handwerk, Handel, Infrastruktur

Bis weit ins 20. Jahrhundert hinein gab es in der Dobrudscha mit Ausnahme des Überseehafens in Konstanza kaum Industrie. Dementsprechend waren auch nur wenige Dobrudschadeutsche nicht in der Landwirtschaft tätig. Nur etwa 14 Prozent von ihnen übten – häufig als Nebentätigkeit – ein Handwerk aus. In vielen dobrudschadeutschen Siedlungen ließen sich erst relativ spät professionelle Handwerker nieder. Meistens waren dies Schreiner, Schmiede, Tischler, Sattler, Schneider und Schuster. In einigen Dörfern waren auch Mechaniker und Metzger zu finden. Die meisten Dobrudschadeutschen bauten sich ihre Häuser selbst, handwerkliche Arbeiten wurden überwiegend in Eigenleistung durchgeführt.

Wirtschaftsinstitutionen wie beispielsweise Banken oder genossenschaftliche Körperschaften fehlten bis zu Beginn des 20. Jahrhunderts gänzlich. Gemeinsam mit hauptsächlich aus Siebenbürgen zu-

Die Fabrik für Bau und Reparatur von landwirtschaftlichen Maschinen *(Fabrica pentru construcţii şi reparaţiuni de maşini agricole)* Rudolf Rüb & Co in Kobadin.

gewanderten Rumänen (*mocani*) und mit Unterstützung von Vertretern der *Banca Românească* aus Bukarest gründeten Dobrudschadeutsche 1911 die Genossenschaftsbank *Banca Dobrogei*. Als deren Sitz wurde bewusst Medgidia und nicht Konstanza gewählt, denn »fernab vom Gewühle der im Hafenorte Konstanza wogenden Bankagenturen aller Art, im Zentrum des Getreidegebietes, an der künftigen großen Abzweigungsstelle der heutigen Dobrudscha-Hauptbahnlinie Medgidia-Tulcea gelegen, konnte die ›Banca Dobrogei‹ getrost und ohne Konkurrenz dastehen und ihre Tätigkeit und ruhige Entfaltung beginnen.« So heißt es in der zeitgenössischen Bankbroschüre *Entstehung der »Banca Dobrogei«* (JdDD 7, 1962, S. 32). Die Bank sollte den Landwirten das Getreide auch in Kommission zum Verkauf abnehmen. Allerdings existierte sie nur für kurze Zeit, nach ihrer Schließung im Ersten Weltkrieg wurde sie nicht mehr wiedereröffnet.

Nach dem Ersten Weltkrieg nahmen die handwerklichen Gewerbe unter den Dobrudschadeutschen einen Aufschwung. In Kobadin wurde mit der Dachziegelproduktion für den Ort selbst und die umliegenden Dörfer begonnen. In Fachria gab es eine Zementziegelei und eine »Grabsteinmacherei« des Lehrers Otto Oswald, der sich damit ein Zubrot zu seinem geringen Verdienst sicherte. Ebenfalls in Kobadin wurde von Rudolf Rüb eine Reparaturwerkstatt für landwirtschaftliche Geräte mit einer angeschlossenen Gießerei eröffnet. Die Gebrüder August und Andreas Rösner, Großgrundbesitzer in Horoslar, benutzten auf ihrem Land moderne Maschinen der Th. Flöther Maschinenbau AG und verkauften zudem über eine Niederlassung in Konstanza landwirtschaftliche Maschinen (Steinmann, *Horoslar,* S. 92).

Viele Gemeinden erlebten nach dem Ersten Weltkrieg einen wirtschaftlichen Aufschwung und es gab wieder einmal Zuzug von neuen Siedlern, die zumeist aus Bessarabien kamen. Auch Kobadin vergrößerte sich. Während 1918 in der Siedlung 384 Deutsche lebten, waren es 1929 bereits 816. Hinzu kamen noch rund 780 Tataren und Türken sowie etwa 200 Rumänen.

Reinhold Görres eröffnete 1923 in Kodschalak die erste Tuchfabrik in der Dobrudscha.

Eine ökonomisch sehr gut entwickelte dobrudschadeutsche Gemeinde war Kodschalak. Dort hatten sich bereits vor dem Ersten Weltkrieg und danach einige staatliche Institutionen niedergelassen, denen private Unternehmungen folgten, so dass für die wirtschaftliche Entwicklung der Gemeinde besonders gute Voraussetzungen vorhanden waren: Neben Rathaus, Polizei und Bahnhof sowie einer Buslinie nach Konstanza befanden sich in dem Ort noch ein Bezirksgericht, ein Bezirksnotariat, ein Bezirksgesundheitsamt, ein Bezirksveterinäramt, ein Bezirkslandwirtschaftsamt, ein Bezirksfinanzamt sowie ein Postamt mit Telegrafen- und Telefonstation. In Kodschalak gab es zudem einen Arzt und einen Tierarzt sowie eine Apotheke, die es nur in sehr wenigen dobrudschadeutschen Siedlungen gab. In den größeren Orten gab es meist auch Schneider, Schmiede, Tischler, Metzger, Schlosser, Maurer und Dachdecker (*Heimatbuch,* S. 107). 1923 eröffnete der in Bessarabien geborene Reinhold Görres eine Tuchfabrik in Kodschalak, die er nach und nach ausbaute, so dass der Betrieb bei der Umsiedlung von 1940 mehr als dreißig Angestellte hatte. Den elektrischen Strom, den das Unternehmen benötigte, erzeugte Görres selbst und sorgte so nebenbei für die Marktplatzbeleuchtung in dem Ort.

Dienstags fand ein großer Markt statt, den alle ethnischen Gruppen der benachbarten Gemeinden besuchten. Neben der Tuchfabrik gab es in Kodschalak noch zwei Ölmühlen und eine Walzmühle sowie eine Molkerei. Insgesamt befanden sich 23 Mühlen in dobrudschadeutschem Besitz (Petri, S. 19). Unternehmergeist zeigte auch Georg Michael Ehret in Malkotsch: Dort nahm er die erste Windmühle in Betrieb und eröffnete zudem das erste Gasthaus im Ort (Menges, JdDD 17, 1972, S. 153). Gasthäuser in deutschen Siedlungen waren äußerst selten, denn die dobrudschadeutschen Bauern tranken ihren zumeist selbst produzierten Wein zu Hause, was wohl ihrer Bescheidenheit wie auch ihrer Armut geschuldet sein mochte. Der Gang ins Wirtshaus war auch aus religiösen Gründen verpönt.

Die »Goldenen Zwanziger« hatten auch Auswirkungen auf die Wirtschaft der Dobrudscha. Für die Handwerker von Kobadin bedeutete dies beispielsweise, dass die fünf Schmiede, vier Tischler, vier Wagner, drei Maurer, drei Sattler, drei Schuster, drei Zimmerer sowie zwei Schuhmacher in der Gemeinde nicht immer die Kapazitäten hatten, alle Aufträge anzunehmen. In Neue Weingärten, 1926 nach Konstanza eingemeindet, waren Deutsche darüber hinaus in Erdölgesellschaften, Bauunternehmen und in einer Reisfabrik als Arbeiter, Handwerker oder Laboranten tätig. Schließlich hatten einige Siedler auch kleine Fuhrunternehmen. So unterschieden sich die Tätigkeitsfelder der Deutschen in den stadtnahen Siedlungen erheblich von denen in den abgelegeneren dobrudschadeutschen Dörfern.

Dobrudschadeutsche Städter

Nach der Angliederung der Dobrudscha an das Königreich Rumänien erwachte die Hafenstadt Konstanza rasch aus ihrem Dornröschenschlaf. Wie auch in anderen Donauhäfen zog dies Techniker und Spezialisten aus halb Europa an. Auch erste Deutsche ließen sich in der Stadt nieder. 1897 zählte die deutsche evangelische Gemeinde in der Stadt 210 Mitglieder. 1887 erbauten die aus Österreich stammenden Brüder Gruber die erste Brauerei in der Dobrudscha. Die Brauerei Julius Gruber wurde zu einem erfolgreichen Unternehmen und hatte 1929 einen Ausstoß von 40 000 Litern. Eine Tochter des Hauses war mit dem das Stadtbild prägenden Chefarchitekten Konstanzas, Adolf Linz, einem geborenen Kronstädter (rum. *Braşov*), verheiratet. Auch Linz war während des Ersten Weltkriegs interniert.

Die urbanen Deutschen der Dobrudscha waren ausschließlich in Industrie und Dienstleistung tätig; das beständige Wachstum der Stadt ab 1900 sorgte für stabilen weiteren Zuzug. Im Gegensatz zu den Dobrudschadeutschen zogen sie im Zuge des wirtschaftlichen Aufschwungs aus dem deutschsprachigen Raum und anderen deutschen Siedlungsgebieten Rumäniens zu. So fand vor und nach dem Ersten Weltkrieg auch eine Anzahl Siebenbürger Sachsen und Banater Schwaben den Weg nach Konstanza. Allerdings stammten viele Dienstboten und Fuhrleute

aus den umliegenden deutschen Siedlungen. Dies blieb in der Zeit des Kommunismus unverändert so. Die deutsche Bevölkerung Konstanzas hat also, was ihre Herkunft betrifft, nichts mit den eigentlichen Dobrudschadeutschen zu tun; zahlenmäßig spielen und spielten sie allerdings eine genauso kleine Rolle wie ihre Vettern in den Ortschaften der Umgebung, dies tut ihrer Bedeutung für die Stadtentwicklung aber keinen Abbruch.

Konstanza im Jahr 1966 – Blick vom Ovid-Denkmal zur Str. Traian. Das Eckhaus, Haus Hrisicos, wurde um 1900 vom Architekten Adolf Linz erbaut.

Die Inhaberin der Handmaschinen-Strickerei Maria Kräenbring, geb. Kaul (3. v. l.), mit (v. l. n. r.) ihrem Mann Rudolf Kräenbring (der bei Paul Steinke angestellt war), Wilhelm Kaul (Buchhalter im Unternehmen Steinke) sowie Besuch aus Tarutino: Erna Keller, geb. Kaul, und Artur Kräenbring. Murfatlar, Sommer 1932

Nach dem Ersten Weltkrieg wurden auch einige Dobrudschadeutsche als Unternehmer tätig. So war etwa Paul Steinke, der aus dem bessarabischen Tarutino stammte, Inhaber mehrerer Betriebe. In Murfatlar, einem Ort, in dem sich einige wenige deutsche Familien erst in den 1920er Jahren niederließen, betrieb er eine Spinnerei, eine Färberei und eine Walkmühle. Ebenfalls aus Bessarabien stammte die Besitzerin der in der Region bekannten Handmaschinen-Strickerei, Maria Kräenbring.

Bereits Mitte des 19. Jahrhunderts wurde noch zu osmanischer Zeit die erste Eisenbahnlinie in der Dobrudscha zwischen Konstanza und Cernavodă gebaut. Allerdings war im Vergleich zu Westrumänien das Eisenbahnsystem auch noch zu Beginn des 20. Jahrhunderts in Altrumänien, zu dem auch die Dobrudscha gezählt wird, und Bessarabien nicht gut entwickelt. Während in Westrumänien auf hundert Quadratkilometer sieben Kilometer Eisenbahnen kamen, waren es in Altrumänien mit der Dobrudscha und Bessarabien nur drei Kilometer. Zieht man die Zahlen für Mittel- und Westeuropa zum Vergleich heran, in denen statistisch auf dieselbe Fläche mehr als zehn Kilometer Eisenbahn kamen, so wird deutlich, dass das schienengebundene Verkehrssystem in der Region erst am Anfang seiner Entwicklung stand (Rommenhöller, *Groß-Rumänien,* S. 584–586).

Die Fabrikantenfamilie Olga und Paul Steinke aus Murfatlar mit ihren Kindern Agnes und Willy 1930

Für den Export war die Schifffahrt für Rumänien von großer Bedeutung. Auf der Donau, die Rumänien mit Mitteleuropa, dem Orient und über das Schwarze Meer mit der ganzen Welt verband, wurde der überwiegende Teil der Waren transportiert, mit denen Handel getrieben wurde. Auch die Seeschifffahrt wurde immer bedeutender für den gewerblichen Handel. Die wichtigsten Seeschifffahrtslinien, über die rumänische Waren exportiert wurden, liefen über den Dobrudscha-Hafen Konstanza.

Die heute wichtigen Industriezweige in der Region, Schiffbau und -instandsetzung, begannen erst in den 1920er Jahren eine immer bedeutendere Rolle zu spielen und sich in den 1930er Jahren stark zu entfalten. Von den 73 rumänischen Verwaltungskreisen belegte der Kreis Konstanza 1935 im Bereich der industriellen Entwicklung bereits den 20. Platz, der Kreis Tulcea befand sich an 62. Stelle.

Dorfschmiede in Katalui 1938

Hauptstraße des Dorfes Groß-Mandschapunar mit Automobil

Bahnhofsgebäude und Gleise bei Fachria

Eine Mehrheit der dobrudschadeutschen Siedler war im wirtschaftlich potenteren Verwaltungskreis Konstanza zu Hause, wo aufgrund der landschaftlichen Gegebenheiten, aber auch vor allem aufgrund des Hafens bessere ökonomische Entwicklungsmöglichkeiten bestanden. Die Lebensbedingungen besonders für die Dobrudschadeutschen, die in der Nähe von Konstanza wohnten, verbesserten sich zunehmend, denn sie hatten bessere Absatzmärkte für ihre landwirtschaftlichen Produkte als die Siedler im Kreis Tulcea. In den beiden süddobrudschanischen Kreisen Durostor und Kaliakra, die bis 1940 zu Rumänien gehörten, hatte sich kaum Industrie und Gewerbe entwickelt, so dass sie mit die letzten Plätze in dieser Statistik belegten.

Ende der 1870er Jahre schloss Rumänien mit mehreren Ländern Handelsverträge ab, die für die rumänische Industrie teilweise negative Folgen hatten. Die heimischen Erzeugnisse wurden vor allem von österreichisch-ungarischen Produkten verdrängt, so dass auch das handwerkliche Gewerbe Einbußen hinnehmen musste. Zwar hatte Rumänien durch die Handelsverträge neue Absatzmärkte hinzugewonnen, die sich bis dahin hauptsächlich auf die Türkei und Österreich-Ungarn erstreckt hatten, allerdings war die Außenhandelsbilanz trotz der Zunahme der Warenexporte

Hafen von Konstanza, Endstation der »Danube and Black Sea Railway«, aus: *Illustrated London News,* November 7, 1863

weiterhin negativ, denn es wurden mehr Waren importiert als exportiert. Das von Deutschland 1879 und von Österreich-Ungarn 1882 verhängte Vieheinfuhrverbot hatte für Rumänien einen dramatischen Rückgang der Ausfuhr von Vieh zum Ergebnis. Rumänien konnte zu Beginn des 20. Jahrhunderts mit Deutschland und zahlreichen anderen europäischen Ländern Handelskonventionen abschließen und somit den Export von Getreide und der wichtigsten Industrieerzeugnisse in diese Länder zu sichern, was auch für die Dobrudscha von Bedeutung war.

Unter dem für die Förderung des Handels eintretenden Sultan Abdülmecid I. wurde zwischen 1857 und 1860 im Osmanischen Reich von einem englischen Konsortium zwischen Konstanza und Cernavodă die erste Eisenbahnlinie errichtet. Die »Danube and Black Sea Railway Kustendje Harbour Company Limited« (D.B.S.R.) war auch für die Postbeförderung zuständig und gab deshalb eigene Briefmarken heraus. Da die Siedlungen der deutschen Bauern sehr zerstreut im Landesinneren lagen, war diese neue Eisenbahnlinie für sie nicht unmittelbar von Bedeutung.

Dorfleben

Siedlungsstruktur

Im Gegensatz zu Neurussland und Bessarabien gab es in der Dobrudscha während der osmanischen Herrschaft keine behördlichen Vorschriften für eine planmäßige Anlage der Siedlungen. Auch nach 1878, als die Dobrudscha zu Rumänien kam, waren die Vorschriften sehr allgemein gehalten und wurden oft nicht umgesetzt. Aus der in der Anfangszeit der Ansiedlung 1874–76 gegründeten Gemeinde Fachria berichtet die 1867 im bessarabischen Paris geborene Luise Hausch geb. Buchholz:

> Es sah trostlos aus, im ganzen Ort war kein einziger Baum zu sehen, der Menschen und Tieren in der großen Hitze Schatten gespendet hätte. Ihre [gemeint sind die Bewohner, Anm. d. Red.] ersten Unterkünfte bestanden aus Erdbuden, die in die Erde eingegraben, mit Schilf bedeckt und mit Lehm überschmiert waren. Auch die ersten Ställe wurden ebenfalls in die Erde eingegraben. In diesen notdürftig geschaffenen Unterkünften waren Menschen und Tiere vor dem eisigen Nordwind und der grimmigen Kälte geschützt. Im Winter mußten am Abend alle Türen fest verriegelt werden. Auch die Hunde mußten zum Schutz vor den Wölfen, die sich auf der vom Pflug noch unberührten Steppe in großer Zahl aufhielten, eingesperrt werden.
>
> *Heimatbuch*, S. 167

Eine Erdhütte aus der Mitte des 19. Jahrhunderts aus der rumänischen Ortschaft Castranova im Freilichtmuseum Muzeul Satului in Bukarest. Dieser archaische Haustyp war im Neolithikum in ganz Europa verbreitet.

Die deutschen Kolonisten legten ihre Siedlungen in der Dobrudscha in der Regel ähnlich wie in Bessarabien und Neurussland weitläufig an. Die geraden, breiten Hauptstraßen waren bis zu 35 Meter breit und 2,5 Kilometer lang wie in Tariverde (Mamuslia 2 Kilometer lang, 22 Meter breit; Karamurat 1,5 Kilometer lang, 24 Meter breit) und meistens von Bäumen

Dorfstraße in Tariverde

gesäumt. Bemerkenswert waren vor allem die Akazienalleen in den dobrudschadeutschen Siedlungen. Zudem achteten die deutschen Kolonisten darauf, dass am Dorfanfang und -ende noch weitere Höfe für neue Siedler angelegt werden konnten. Ließen das die landschaftlichen Gegebenheiten nicht zu, wurden parallel verlaufende Straßen angelegt.

Einige wenige Siedlungen weichen allerdings aufgrund ihrer Lage und des Geländes von dieser Grundform ab, beispielsweise Atmadscha,

Das Zentrum von Atmadscha mit der evangelischen Kirche

> in dem man sich ganz in die deutsche Heimat versetzt glaubt. Wie es sich in dem beschränkten Raum des Tales an die Höhen anschmiegt, Straßen und Viertel bildend, wie es die Bodenverhältnisse ergaben, in und um die stattlichen Gehöfte hohe Nuß- und Obstbäume, scheint es seit Jahrhunderten so dazuliegen, aus kleinen Anfängen natürlich entstanden und gewachsen, nicht eine von landsuchenden Bauern planmäßig angelegte Kolonie.
>
> Traeger 1922, S. 62

Die Wohn- und Wirtschaftsgebäude in den dobrudschadeutschen Siedlungen wurden stets nach dem gleichen Grundriss errichtet. Zugrunde liegt dabei der in Mittel- und Süddeutschland vorherrschende Typ des Ernhauses. Dabei wurde eine grundlegende Regelmäßigkeit angestrebt: Jedes Haus steht mit der Giebelseite im gleichen Abstand zur Straße, wobei das Gebäude traufseitig erschlossen ist, das heißt, dass die Zugänge nicht an der Straßenseite liegen, sondern sich seitlich befinden. Die Wirtschaftsgebäude waren in jedem Hof an der gleichen Stelle platziert, die rechteckigen Hofplätze grenzten mit den Längsseiten aneinander. In den meisten Siedlungen wurden die Giebelspitzen von zwei geschnitzten Figuren geziert, in Atmadscha waren das häufig zwei Pferdeköpfe, denn Pferde spielten bei den Dobrudschadeutschen eine wichtige Rolle. Haus und Garten der deutschen Siedler waren in der Regel mit geweißelten Mauern umhegt, eher selten mit Staketen oder geflochtenen Zäunen. Neben der meist auf dem zentralen Platz gelegenen Kirche stand vielerorts ein kleines Pfarrhaus, häufig verbunden mit einem Gemeindehaus und ein, zwei Räumen, in denen der deutschsprachige Unterricht stattfand. In diesem als »deutsche Schule« bezeichneten Gebäude konnte zusätzlich eine Lehrerwohnung untergebracht sein. In der Nähe gab es manchmal auch eine »Lavke«, einen Krämerladen.

Eine typische lokale Bauweise wurde sehr rasch von den Siedlern übernommen: Sie bauten sich die Häuser häufig aus »Lehmpatzen« (rum. *chirpici*), das waren ungebrannte Ziegel, die nur an der Sonne getrocknet wurden und in der Region auch von den anderen Ethnien zum Hausbau verwendet wurden. Die Lehmhäuser, die häufig sechzig Jahre und länger hielten, wurden außen jährlich mehrmals gekalkt. Das Wohngebäude der Dobrudschadeutschen hatte in der Regel zwei größere Räume – eine »gute Stube« und ein Schlafzimmer – und in der Mitte des Wohntrakts einen Flur oder »Vorsaal«, von dem aus man die beiden Stuben erreichte, sowie dem Hauseingang gegenüberliegend eine meist kleine Küche. In der Küche befand sich häufig ein aus Lehm errichteter Herd mit Kochplatte. Der Fußboden bestand aus festgestampftem Lehm, der jährlich mehrmals geglättet und geschmiert werden musste. Wohlhabendere Siedler verfügten auch über Bretterböden in ihren Wohnhäusern. Meist wurden unmittelbar an den Wohnbereich angrenzend die Ställe sowie Scheune, Schuppen und Schober angelegt. Daneben befand sich in der Regel der Dreschplatz und dahinter der Obst- und Gemüsegarten.

Die Dorfviertel der verschiedenen ethnischen Gruppen standen (fast) immer in einem gewissen Abstand zueinander. Die verschiedenen Bevölkerungsgrup-

»Paradestube« in Groß-Mandschapunar

pen in einem gemischtethnischen Dorf hatten zwar Kontakte untereinander, lebten aber in der Regel nebeneinander und nicht miteinander. In den gemischtethnischen Siedlungen versuchten die Deutschen (auch die später nachgezogenen) stets, einen Hofplatz in demjenigen Viertel zu erhalten, in dem bereits Deutsche wohnten. Denn mit der geschlossenen Siedlung, heißt es bei Otto Leyer (1933, S. 16), wollten die Kolonisten ungestört den Gemeinschaftssinn pflegen, aber auch keine weiten Wege zur Kirche und Schule zurücklegen müssen. Auf dem Plan des gemischtethnischen Dorfes Kobadin von 1936 sind die verschiedenen ethnischen Viertel deutlich zu erkennen. Auf der Karte sind die Höfe nach der ethnischen Zugehörigkeit der Hofbesitzer gekennzeichnet. »Jede Gruppe bleibt streng für sich, lebt ihr eigenes Leben und hält treu an ihrer Eigenart, ihrer Sprache und Sitte fest«, berichtet Paul Traeger (1922, S. 16). So gehörten in Kobadin die dunkel gekennzeichneten Höfe im Osten und Südosten des Ortes (siehe Dorfplan) deutschen Siedlern. Dieser Ortsteil wird von den Dorfbewohnern auch heute noch *satul nemţesc* (deutsches Dorf) genannt, obwohl dort seit 1940 hauptsächlich Aromunen leben.

Selten lebten einzelne deutsche Siedlerfamilien inmitten von Ortschaften mit Bewohnern anderer Ethnien. So wohnten in Mangalia Ende des 19. Jahrhunderts neben Bulgaren, Rumänen, Tataren, Türken und Griechen acht deutsche Familien mit 49 Personen, von denen gut die Hälfte schließlich nach Kanada auswanderte, eine Familie zog weiter nach Posen (Traeger 1922, S. 108).

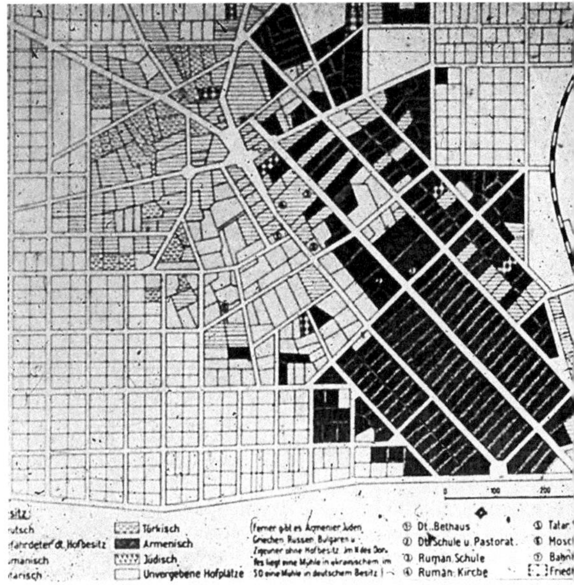

Plan des Dorfes Kobadin von 1936 nach der ethnischen Zugehörigkeit der Hofbesitzer. Dunkel gekennzeichnet ist der deutsche Dorfteil.

Alltag und Arbeit

Die Suche nach Land führte als hauptsächliche Antriebskraft die deutschen Siedler in die Dobrudscha. Sie waren ein Menschenschlag schollengebundener Bauern, der Ackerbau lag ihnen näher und war ihnen wichtiger als die Viehzucht; der Ackerbau auf eigener Scholle war ihre Lebensgrundlage. Ihr oberstes Ziel sollte dementsprechend der Grunderwerb sein und bleiben, so viel Land wie nur möglich, schreibt Emilie Bast aus Sarighiol:

> Um das Ziel zu erreichen, mußte schwer gearbeitet werden. Die schwere Arbeit ging immer im Frühjahr los. Es wurde sehr früh aufgestanden [...] Da war zuerst die Arbeit im Stall zu machen, den Wagen richten, das Wasserfaß füllen, das Futter für die Pferde mitaufladen, dazu die Saat und alles nötige Gerät. Gearbeitet wurde dann bis Mittag. Die Pferde wurden an den Wagen gebunden, ihnen das Futter in den Wagenkasten geleert. Es wurde zwei Stunden lang Mittag gemacht. Der Brotkasten wurde heruntergeholt und dann zu Mittag gegessen. [...] Dann ging es mit der Arbeit weiter bis zum Abend. Bei Sonnenuntergang machte man sich auf den Heimweg, und wo es auf einem Bauernhofe richtig zuging, da war auch schon die Frau beim Pferdeausspannen, wenn der Bauer in den Hof fuhr.
>
> Bast, *Von unserem Leben in Sarighiol*, S. 112 f.

Die dobrudschadeutsche Bauersfrau hatte nicht nur den Haushalt einer in der Regel großen Familie mit vielen Kindern zu führen sowie das Vieh zu versorgen, sondern sie arbeitete auch an der Seite der Männer auf dem Feld mit, half beispielsweise beim Dreschen oder auch beim Hausbau. »Nicht beneidenswert war das Los der Frau«, berichtet Otto Leyer 1933:

> Abgesehen davon, dass sie Mutter vieler Kinder war, die häuslichen Arbeiten verrichtete und von dem wenigen, was sie hatte, möglichst gutes Essen kochte oder doch kochen sollte, hat sie beim Bauen des Häuschens, bei der Feldbestellung und beim Dreschen an der Seite ihres Mannes treulich mitgearbeitet.
>
> Leyer, *Geschichte des deutschen Dorfes Kobadin*, S. 15

Eine Frau aus Karamurat beim Dreschen, Aufnahme aus dem Jahr 1938

In einigen Siedlungen war die Versorgung mit Wasser recht schwierig, denn es regnete nur selten und die Trockenzeit konnte sich über einen langen Zeitraum hinziehen. So feierten etwa die deutschen Siedlungen Tariverde und Kodschalak ab 1884 gemeinsam am 31. Mai das Ende einer jahrelangen Trockenzeit mit einem besonderen Buß- und Bettag auf den Feldern zwischen den beiden Dörfern.

Ernährung

Die Lehrerin in Groß-Mandschapunar, Gertrud Buchwald, beschreibt in den 1930er Jahren die Küche der deutschen Siedler als

> ziemlich einfach, aber schmackhaft und ausreichend. Fleisch gab es nur von selbstgemästetem und selbstgeschlachtetem Vieh; solange es ausreichte, bildeten Kartoffelbrei mit Schweinefleisch und Sauerkraut ein beliebtes Sonntagsessen. Gingen nach Ostern die Fleischvorräte aus, begnügte man sich mit Bohnensuppen u. dgl. Gerne aß man auch Nudeln und Strudel und trank viel Sauermilch. Aufs Feld nahm man Oliven, Halva, Käse, Zwiebeln und Brot. Ich sah Kinder in eine Zwiebel beißen, als wäre es ein Apfel – und alle Kinder waren körperlich und geistig gesund.
>
> Menges, *Die deutsch-katholischen Dörfer in der Dobrudscha,* S. 175

Die von der Arbeit nach Hause Kommenden wurden beispielsweise mit Bohnensuppe mit »flottierenden« Speckklößen und »Armeleitskiechel« verköstigt oder auch mit aus der neurussischen Heimat mitgebrachten Rezepten wie Borschtsch:

> Im riesigen Kessel brodelten im rötlichen Krautsaft: Eierschnitte, Rahm, Tomaten, Möhren, Zwiebeln und – eine ganze Anzahl von feisten weichgekochten Truthähnen. Erwischte dann der eine oder andere einen frechroten »Tschuka« (Pepperoni), dann gab es noch ein Wonnegeschrei mit Tränen und Husten, wobei man schnell in einen kalten »Harbusenschnitz« biß, um die brennenden Lippen mit Wohllust [sic!] abzukühlen,

so beschreibt Ferdinand Bernhard die Verköstigung von rund fünzig Helfern durch seine Mutter während der Dreschzeit im Dorf Ali Anife (Kalfa). Die Knechte in Ali Anife bedankten sich mit den Worten: »Wie einer frißt, so schafft er auch! Danke Maribaas [Base Maria]!« (Bernhard, *Johann Bernhard aus Kalfa,* S. 72).

Am Morgen gab es selbstgebackenes Brot, dazu wurden selbstgekochte Marmelade und Akazienhonig gereicht, berichtet Emanuel Klett aus Kobadin in seinen Erinnerungen. Getrunken wurde Kaffee oder der aus den Wurzeln der Gemeinen Wegwarte hergestellte Zichorienkaffee, auch bekannt als Muckefuck. Als Hauptmahlzeit gab es

> Schweinefleisch, Hühner-, Gänse und Entenbraten, aber auch Puten- und Perlhühnerfleisch. Ebenfalls Krautwickel (Sarmale), gekochtes Maismehl (Mamaliga), Bohnen-, Linsen-, Hühnersuppe mit selbstgemachten Nudeln oder Reis. Milchreis mit Rosinen (Zibeben), Reispilaf und Gemüsesuppen der verschiedensten Art.
>
> Klett, *Vom Kobadiner Dorfjungen zum Direktor,* S. 94

Damit zeigt Emanuel Klett auf, dass die Einflüsse der Nachbarethnien, beispielsweise das ursprünglich orientalische Reispilaf und der aus Maisgrieß hergestellte rumänische Brei, *Mămăligă,* ähnlich der italienischen Polenta, die Küche der deutschen Siedler im Alltag mitbestimmten und bereicherten.

Als Nachtisch wurde häufig eingewecktes Obst gereicht, das aus dem Baschtan, dem eigenen Garten, stammte: unter anderem Äpfel, Birnen, Pflaumen, Quitten, Kirschen und Aprikosen. Großer Beliebtheit erfreute sich bei den deutschen Siedlern Rosenkonfitüre, eine Spezialität, die eigentlich zur Küche ihrer türkischen und tatarischen Nachbarn gehört, aber auch in Bulgarien gern verzehrt wird. Die Rosenkonfitüre wurde meistens beim Besuch von Gästen mit einem Glas Wasser gereicht. Auch bei den Rumänen und den anderen Ethnien auf dem Balkan ist es Sitte, den Besuchern *dulceaţă,* eine süße Konfitüre aus Früchten oder Rosen, anzubieten.

Verköstigung der Tagelöhner auf dem Hof Leyer in Kobadin, Ende der 1930er Jahre

Zum Abendessen gab es zum selbstgebackenen Brot verschiedene Wurstsorten, die zumeist aus eigener Schlachtung hergestellt wurden, und natürlich Kaschkawal (rum. *caşcaval*), einen strohfarbenen Käse aus Kuh- oder Schafsmilch sowie weißen Schafskäse (rum. *telemea*) und Oliven. Dazu trank man häufig selbst hergestellten Wein, der oft mit Mineralwasser vermischt als »Gespritzter« gereicht wurde, oder auch schwarzen Tee.

Im *Dobrudscha-Boten* berichtet 1917 der deutsche Divisionspfarrer Nötges über seine kulinarischen Erlebnisse bei den Dobrudschadeutschen:

> Am Morgen setzten sie mir Milch mit Weißbrot und frischer Butter vor, am Mittag Speck mit Kartoffeln und Sauerkraut oder ein Hinkelchen [Hähnchen], am Abend eine Milch- oder Mehlspeise mit frischem Quarkkäse und einem Glas »Tschai« [rum. *ceai*, Tee].
>
> Nötges, *Deutsches Bauernleben in der Dobrudscha,* S. 93

Die Küche im Wohngebäude wurde in der Regel nur in den kalten Monaten benutzt, die meiste Zeit über wurde in der im Freien liegenden Sommerküche gekocht, gebacken, Kirsch- oder Apfelmus zubereitet und Sirup hergestellt, es wurden Gurken, Tomaten und Paprika eingelegt und Gänse gerupft und gestopft. An Feiertagen wurde in den meisten Familien ein Festessen zubereitet, so auch am Neujahrstag, wie eine Dobrudschanerin aus Sofular mitteilt:

Die Sommerküche diente vor allem auch dazu, die Wohnräume kühl und fliegenfrei zu halten, sie befand sich offen oder in einem Kleinhaus auf der Hofanlage. Hier eine Sommerküche in Mamuslia, links der Maisstall, rechts der Keller (rum. *hambar*). 1. Hälfte des 20. Jahrhunderts

An Neujahr gab es immer ein gutes Essen, waren doch Keller, Scheunen und Kammern gut angefüllt worden. Die Rauchkammer hing voller geräucherter Speckseiten, Schinken und Würste, die Vorratskammer war voller Bohnen, getrockneter Kräuter, weiße und andere Mehlsorten für Brot füllten die Mehlkiste, Dörrobst, die Säckchen und feines Mehl für Dampfnudeln, Strudeln und andere Mehlspeisen waren auch vorrätig. In den Magazinen hingen bei so manch einem fortschrittlichen Bauern Weiß- und Rotkohlköpfe auf einer Leine, auch aufgefädelte Paprikaschoten und viele Perkel Weintrauben. Wir sagen zu den Perkeln Zöttel. Die Keller waren angefüllt mit einigen Fässern Saurem, Gurken, Harbusen, das sind Wassermelonen, Weißkraut für die herrlichen Sarmale, Krautwickel, und im Sand steckten die verschiedenen Wurzeln für Suppen aller Art. Vorsorgliche Bäuerinnen hatten sich auch Eier in Sole oder Zeitungspapier eingelegt, für die legearme Winterzeit und auch Butter in Tontöpfe eingedrückt und mit einer Salzschicht abgedeckt oder auch als Butterschmalz in Kannen für die milcharme Winterzeit gespeichert. Einige große Schmalzkannen aus Weißblech waren an den Schlachttagen mit Schmalz angefüllt worden, denn Schmalz wurde viel verbraucht in der Küche unserer Bäuerinnen, es war auch ein sehr guter Brotaufstrich. Unsere Bauern wollten immer ein ordentliches Essen auf dem Tisch haben, kräftig und schmackhaft musste es sein. Natürlich fehlte auch das eigene Öl nicht, Raps-, Häddrich- [Raps im dobrudschadeutschen Dialekt, Anm. d. Red.] und Sonnenblumenöl. Die Hausböden beherbergten das Getreide, die Maisstelle im Hof den kostbaren Mais für Mensch und Tier. So gerüstet für den Winter, konnte man auch die Feiertage voll genießen, bei gutem Essen und eigenem Wein, ja sogar bei eigenem selbstgebranntem Schnaps. Gerade beim Jahreswechsel wurde diesem Tröpfchen besonders gut zugesprochen. An Feiertagen fehlte in keinem Bauernhaus die berühmteste aller Suppen, die Hühnersuppe mit selbstgemachten, schön fein geschnitten Nudeln. Mit dem Fleisch wurde hernach noch eine Tunke hergestellt, dazu Bratkartoffeln, und aus dem Wurzelwerk in der Suppe, das waren gelbe Rüben, Petersilien-, Pasternackwurzeln und Sellerieknolle, wurde ein guter Salat angemacht mit Zwiebeln, Öl, Weinessig, Pfeffer, Salz und einer Prise Zucker. In reicheren und vornehmen Häusern gab es gefüllte Gans, Pute, Ente, Kalbs- oder Schweinebraten. Am zweiten Feiertag gab es Sarmale, das sind Krautwickel aus sauren Krautblättern, gefüllt mit Hack und Rauchfleisch, fein gehackter Zwiebel, Salz Pfeffer und Reis. Bei manchen Leuten gab es auch Sauerkraut mit frischem Rauchfleisch, dazu Stampfkartoffeln. Meine Tante Elsa hatte auch abgekochtes Rauchfleisch und dazu einen warmen Kartoffelsalat gemacht. Manche Hausfrau stellte auch einen Nachtisch her: Vanillesoße mit Schneebällen, Karamelsoße mit Schneebällen, Pudding, Eiercreme, den nannten unsere Bauern Kuhpriester, Milchreis mit Zucker und Zimt oder auch Kompott aus dem Glas.

G. S., geb. 1919 in Sofular, Interview
Anfang der 1990er Jahre

Schlachttag in Malkotsch, Aufnahme aus der 1. Hälfte des 20. Jahrhunderts

Medizinische Versorgung

Die Dobrudschadeutschen wurden stets als ein sehr robuster Menschenschlag beschrieben. Laut Paul Traeger führte einer der Dorfschulzen von Atmadscha in einer von ihm aufgestellten Personenliste auch eine Rubrik über »körperliche Fehler« der Dorfbewohner. Nur bei 15 der 338 deutschen Siedler trug der Bürgermeister etwas in diese Rubrik ein: Neben Kurzsichtigkeit, Lahmheit und Schwerhörigkeit bei alten Menschen verzeichnete er noch einige Brüche, steife Gelenke im Arm- und Fußbereich sowie je einmal »Engbrüstigkeit« und »Auszehrung« (Traeger 1922, S. 64). Krankheiten scheinen demnach bei ihnen weitgehend unbekannt gewesen zu sein, selbst Kinderkrankheiten kamen äußerst selten vor, wie es in verschiedenen

Darstellungen übereinstimmend heißt. Heute ist allerdings bekannt, dass Infektionskrankheiten bei einem relativ isolierten Leben nur über ein geringes Ausbreitungspotential verfügen.

> Zu diesen glänzenden Gesundheitsverhältnissen mag gewiß die günstige Höhenlage des Dorfes das ihre beigetragen haben, aber sicher nicht weniger auch die persönliche und in den Wohnungen beobachtete Reinlichkeit und die vernünftige Lebensführung der Bauern.
>
> Traeger 1922, S. 64

Da in den deutschen Siedlungen keine Ärzte ansässig waren und der Weg in die Stadt meist weit und beschwerlich war, behalfen sich die Siedler häufig mit Hausmitteln oder gingen zu »Brauchweibern«, Gesundbeterinnen, um Mensch und Tier mit traditionellen Heilmethoden bei der Genesung zu unterstützen. Eine gewisse Rolle spielten dabei Zauberformeln, Beschwörungen oder Amulette, die in einem Grenzbereich zwischen Frömmigkeit und Aberglaube zu verorten sind. Gegen Zahnschmerzen wurde in Alakap beispielsweise folgendes »Rezept« von einem »Brauchweib« verordnet:

> Man mußte in einen Laden gehen und einen Nagel stehlen, sich aber dabei nicht erwischen lassen. Der Nagel mußte neu sein und eben aus einem Laden. Mit dem mußte man in den Keller gehen; dabei durfte man auch wieder von keinem gesehen werden. Im Keller hatte man mit dem Nagel auf der schmerzenden Stelle so lange herumzumachen, bis es blutete. Das unter Anrufen der drei höchsten Namen. Das hat geholfen [...]. Zur Bedingung war gemacht worden, daß man fest daran glaube, daß es besser wird, und es wäre keinem eingefallen, nicht daran zu glauben.
>
> Sommer, *Vom Brauchen und Pfingstreiten in Alacap*, S. 157

Siedler, die Kenntnisse in der (Natur-) Heilkunde besaßen, wurden bei Krankheiten von Mensch und Tier zu Rate gezogen. Diese versuchten, mit verschiedenen Kräutern und althergebrachten Heilmethoden zu helfen:

> Hatte sich jemand den Arm oder das Bein gebrochen, holte man den Augustvetter [August Buchholz], wie er von jung und alt genannt wurde. Er richtete die Knochen ein, schiente und heilte ohne ärztliche Hilfe. Der Augustvetter konnte sogar, wie meine Mutter erzählte, auch bei einem Schlangenbiss helfen, das kam auf der damals wilden Steppe öfters vor. Er war der Medizinmann der ersten Siedler in Fachria, dem alle großes Vertrauen entgegenbrachten.
>
> Hopp, *Fachria – Die Geschichte meines Heimatdorfes*, S. 36 f.

In vielen dobrudschadeutschen Siedlungen waren Dorfbewohnerinnen als Hebammen tätig; oft versorgten sie auch die kranken Personen in der Siedlung, wenn kein Arzt aus der Stadt geholt werden konnte. Die wohl erste staatlich ge-

Die erste staatlich geprüfte Hebamme in einer dobrudschadeutschen Siedlung, Wilhelmine Brenner in Kobadin (sitzend, 1. v. r.) neben Diakon Johannes Zwick mit Ehefrau; ihre Tochter Katharina Brenner (stehend, 2. v. r.) neben Michael E. Leyer aus Sofular. Wilhelmine Brenner, geb. Kurz, wurde am 16. Mai 1846 im bessarabischen Wittenberg geboren. Mit ihrem Ehemann Jakob Brenner, Schreinermeister und Fassbinder, kam sie 1892 aus dem bessarabischen Sarata nach Kobadin. Wilhelmine und Jakob Brenner hatten acht Kinder; zwei ihrer Söhne arbeiteten als Lehrer in dobrudschadeutschen Siedlungen. Während des Ersten Weltkriegs musste Wilhelmine Brenner aus Kobadin fliehen. Ihr Mann wurde von den rumänischen Behörden interniert, obwohl die Söhne in der rumänischen Armee dienten. Jakob Brenner verstarb während der Internierung. Nach ihrer Rückkehr ins Dorf lebte Wilhelmine Brenner zurückgezogen bei ihrer Tochter Katharina; sie verstarb im Dezember 1917.

prüfte Hebamme, die in einer deutschen Siedlung der Dobrudscha tätig wurde, war Wilhelmine Brenner; sie kam 1892 von Bessarabien nach Kobadin. Ihre Ausbildung zur Hebamme und in der Krankenpflege hatte sie am Evangelischen Krankenhaus in Odessa erhalten. Die Tätigkeit von Wilhelmine Brenner oder »Brennerbas«, wie sie von den Kobadinern liebevoll genannt wurde, führte dazu, dass in der Gemeinde die damals hohe Säuglingssterblichkeit zurückging. Darüber hinaus versorgte sie in Kobadin und der näheren Umgebung auch Patienten, wenn von den Erkrankten kein Arzt bezahlt werden konnte. Wilhelmine Brenner setzte sich

1910 bei dem zur Inspektion in Kobadin weilenden rumänischen Gesundheitsminister vehement dafür ein, dass im Dorf ein Krankenhaus errichtet werden sollte. Tatsächlich wurde ein Jahr später mit dem Bau einer Krankenstation (rum. *dispensar*) begonnen.

1934 kam die Diakonieschwester Irene Grabow aus Berlin nach Kobadin in die Krankenstation. Sie betreute in erster Linie die Deutschen in Kobadin und in den umliegenden deutschen Siedlungen. Obwohl im Ort ein Amtsarzt ansässig war, wurde die Gemeindeschwester auch von rumänischen und tatarischen Patienten ans Krankenbett gerufen, von denen sie respektvoll *Doctoriţa din Germania,* also die Ärztin aus Deutschland, genannt wurde. Außerdem half sie in der Krankenstation aus. Daneben gab die Gemeindeschwester Konfirmandenunterricht und hielt für die deutschen Siedlerkinder eine Sonntagsschule ab. Während der Erntezeit organisierte sie einen Kinderhort. Irene Grabow unterstützte somit die Siedler in den verschiedensten Lebensbereichen, und durch ihre Tätigkeit in Kobadin und Umgebung stellte sie am Gemeinwesen orientierte Bezüge her, die sie zur Vertrauensperson nicht nur für Deutsche im Ort machten.

Das in Konstanza an der Bahnlinie Richtung Mamaia am Bulevard Regina Maria Nr. 57 gelegene Diakonissenhaus Gottessegen verfügte über zwanzig Krankenbetten, verteilt auf Zimmer erster, zweiter und dritter Klasse. Aufnahme aus der 2. Hälfte des 19. Jahrhunderts

Irene Grabow, erste Gemeindeschwester in einer dobrudschadeutschen Siedlung, mit ihrem Fahrrad aus Deutschland auf der Hauptstraße von Kobadin, 1934

In der Dobrudscha gab es keine Anstalten des Wohlfahrts- und Gesundheitswesens, die von deutschen Siedlern getragen wurden und in denen deutsche Ärzte tätig waren, wie es beispielsweise in Bessarabien der Fall war. Das Bukarester Diakonissenhaus eröffnete 1925 in Konstanza eine Filiale, zu der nicht nur die Dobrudschadeutschen Zugang hatten. Aufgrund der politischen Verhältnisse wurde die Filiale 1944 wieder geschlossen, nachdem die Dobrudschadeutschen bereits umgesiedelt waren. Geleitet wurde das Diakonissenhaus Gottessegen in Konstanza von der aus dem bessarabischen Dennewitz/Prijamobalka stammenden Marie Walter. Nachdem Rumänien das Militärbündnis mit dem Deutschen Reich beendete, floh sie mit einem der letzten deutschen Militärzüge über Bulgarien in den Warthegau zu ihren bessarabischen Verwandten, die im Herbst 1940 im besetzten Polen angesiedelt worden waren. Einige Monate später musste sie vor den heranrückenden sowjetischen Truppen erneut fliehen und gelangte nach Burg bei Magdeburg, wo sie im Kreiskrankenhaus eine Anstellung fand. Bereits 1949 verstarb sie im Alter von 58 Jahren.

Brauchtum und Kultur

Die Dobrudscha war relativ dünn besiedelt, als die deutschen Kolonisten in die Region kamen und ihre Sprache, Religion, Bräuche und Sitten mitbrachten. Die Siedler legten großen Wert auf den Erhalt und die Weitergabe des Brauchtums und des kulturellen Erbes bei ihren weltlichen Festen und den religiösen Feiertagen. Sie führten ein streng geordnetes Leben in ihren Siedlungen und machten die Dobrudscha zu ihrer Heimat. Die deutschen Siedler fassten die Tradition als Grundlage ihres sozialen Lebens und Handelns auf. Wichtig dabei war für sie stets die Bildung eines »Wir-Gefühls«, und auch wenn sie sich nicht selbst als Dobrudschadeutsche bezeichneten, so war die Abgrenzung von den anderen Ethnien und der Erhalt der eigenen Kultur doch ein wesentliches Moment ihrer Wahrnehmung von sich selbst. Das Bewahren der kulturellen Identität wurde somit zur Überlebensstrategie. Dieses Traditionsverständnis bei den deutschen Siedlern der Region stellt in einem Interview Anfang der 1990er Jahre eine 1940 umgesiedelte Dobrudschanerin aus Sofular ausführlich dar:

> Der Brauch ist bei uns daheim in der Dobrudscha sehr gepflegt worden, denn daraus schöpften wir Kraft, um unserem Deutschtum nicht verloren zu gehen. Das konnte man aber auch nur, wenn man geschlossen in einer Gemeinde gewohnt hat. Landsleute, Volksdeutsche überhaupt, die verstreut in kleinen überwiegend rumänischen, bulgarischen oder tatarisch-türkischen Dörfern leben mussten, weil sie dort eine Existenzmöglichkeit und ein Fortkommen hatten, konnten ihre Bräuche weder pflegen noch entfalten. Als Einzelne inmitten von Dorfbewohnern anderen Zungenschlags, ohne Kirche, ohne Schule, ohne einen deutschen Nachbarn – das führte unweigerlich zur Assimilation an Rumänen oder Bulgaren. Das habe ich bei den Verwandten meiner Mutter, den F.s, die in B. in der Süddobrudscha leben mussten, deutlich gemerkt. Mit Türken und Tataren kam es zu keiner Angleichung, schon wegen ihres Glaubens und ihrer gänzlich anderen Lebensweise, die sich stark von Rumänen und Bulgaren abgehoben hat.

Wesentlich zu einer Assimilierung trugen auch die Heiraten mit Nichtdeutschen bei. So ging der deutsche Brauch, einst im Elternhaus als Kind mitbekommen, verloren, und die ehemals rein deutschen Familien waren dem Deutschtum verloren. Das gilt besonders für die Süddobrudscha: Ohne Sprache und Brauchtum pflegen zu können, ist eine Volksgruppe dem Untergang preisgegeben. Andererseits gab es aber auch Ausnahmen, wenn z. B. in einer größeren Gemeinde in der Mittel- und Norddobrudscha, z. B. Kodschalak, Tariverde, Kobadin oder Malkotsch bei Tulcea, eine Mischehe vorkam, ließ sich der fremdsprachliche Ehepartner ohne Weiteres in die deutsche Dorfgemeinschaft integrieren. Die Familie blieb deutsch. Die Kinder unterschieden sich außer [in] ihrem fremden Namen in nichts von den Kindern anderer Familien, die rein deutscher Herkunft waren. So verhielt es sich beispielsweise ebenfalls mit der Besatzung des Panzerkreuzers »Potemkin«. Russische Matrosen kamen in die um Konstanza liegenden deutschen Dörfer und verheirateten sich mit deutschen Mädchen. Ich ging mit ihren Kindern zusammen in die deutsche Schule in Kobadin und keiner hat gemerkt, dass ihr Vater Russe war. […]

Die Kinder aller Kolonisten wuchsen in den Brauch, in die überlieferten Sitten hinein, so dass sie ihnen in Fleisch und Blut übergegangen sind. Er war das Band zwischen Jung und Alt, das alle Volksdeutschen in sämtlichen Dörfern der Dobrudscha miteinander verbunden hat. Denn allein von der deutschen Sprache her wäre diese Kraft der Verbundenheit und des Sich-Behauptens nicht stark genug gewesen. Das strenge […] Einhalten unserer Bräuche hatte auch den Ablauf des Tages und des Jahres im Leben der Kolonisten bestimmt. Es wäre keinem unter uns auch nur eingefallen, unsere Bräuche zu ändern, geschweige denn, sie sogar aufzugeben. Denn nicht nur, dass sie uns alle zusammen gehalten haben, sie gaben uns auch eine feste Ordnung und brachten Disziplin in jede Gemeinde; damit waren Bräuche zugleich ein Erziehungsmittel, Richtlinien, oder besser gesagt »ungeschriebene Gesetze«. Ohne unsere überlieferten, festen Bräuche hätten

Mädchentracht aus der Dobrudscha, ausgestellt in der inzwischen geschlossenen Heimatstube der Dobrudschadeutschen in Heilbronn

wir außerhalb der Grenzen des deutschen Mutterlandes in den Steppen Polens, Russlands und der türkischen Dobrudscha nicht bestehen können. Wir hatten feste kirchliche Bräuche an Neujahr, am heiligen Dreikönigsfest, am Palmsonntag, zu Ostern, am Himmelfahrtstag, zu Pfingsten, beim Abhalten von verschiedenen Kirchenheiligentagen, je nach Konfession, sowie bei Konfirmations- und Kommunionfeiern. An solchen Feiertagen gab es für die deutschen Kinder keinen schulfreien Tag, denn wir besuchten die rumänische Staatsschule. Deshalb wurden unsere Feiertage alle auf den Sonntag verlegt. Es gab nur dann schulfrei, wenn es ein Staatsfeiertag oder ein hoher rumänischer Kirchenfeiertag oder [ein Feiertag für einen] Kirchenheilige[n] war. Den zu halten war Pflicht eines jeden Bürgers, ob Rumäne, Deutscher, Türke, Bulgare, Grieche oder Tatare. Das war offiziell so, aber in unserem Dorfteil hat jeder weiter gearbeitet, jedenfalls hatten wir dann schulfrei.

G. S., geb. 1919 in Sofular, im Interview Anfang der 1990er Jahre

Panzerkreuzer Potemkin

Der Panzerkreuzer »Fürst Potemkin von Taurien« – streng genommen eigentlich ein gepanzertes Linienschiff – befand sich im Frühsommer 1905 auf Patrouille im Schwarzen Meer, um Waffen zu testen. Am Morgen des 27. Juni 1905 (14. Juni nach julianischem Kalender) stellten einige Matrosen fest, dass das Fleisch, welches sie zu Mittag bekommen sollten, von Maden befallen war. Die Matrosen protestierten. Der Erste Offizier, Giljarowski, ließ daraufhin die Wache aufmarschieren und drohte den Meuterern mit der Exekution. Dies führte zu einem offenen Aufbegehren, in dessen Verlauf sich die Matrosen unter der Führung des Sozialdemokraten Matjuschenko bewaffneten. Eine Meuterei brach aus, bei der sieben Offiziere, darunter auch der Kapitän und der Schiffsarzt, ums Leben kamen. Ihre Leichen wurden über Bord geworfen. Die meuternden Matrosen wählten ein dreißigköpfiges »Volkskomitee« unter der Führung Matjuschenkos und übertrugen diesem das Kommando. In der Hoffnung, der revolutionäre Funke könne auch auf die weitere Flotte und das Land überspringen, nahm der Panzerkreuzer »Potemkin« Kurs auf die Hafenstadt Odessa. In Odessa waren bereits seit zwei Wochen Streiks und Demonstrationen an der Tagesordnung. Die Besatzung der »Potemkin« blieb letztlich ohne Unterstützung aus der Stadt und von anderen Schiffen. Isoliert traten die Meuterer die Flucht in die rumänische Hafenstadt Konstanza an, wo ihnen aber der erbetene Proviant und Brennstoff verweigert wurde. Ein Asylangebot lehnte die Mannschaft zunächst ab. Nach einem weiteren gescheiterten Versuch, an der russischen Schwarzmeerküste Unterstützung zu bekommen, kehrte die Besatzung nach Konstanza zurück, lieferte den rumänischen Behörden das inzwischen stark beschädigte Schiff aus und kapitulierte am 8. Juli 1905. Ein Großteil der Besatzung blieb im Exil in Rumänien, einige kehrten später nach Russland zurück, wo sie wegen Meuterei verhaftet wurden. Der Anführer Matjuschenko wurde 1907 hingerichtet.

Weihnachten

Weihnachten war mit Ostern und Pfingsten auch bei den deutschen Siedlern in der Dobrudscha eines der drei Hauptfeste des Kirchenjahres. Dementsprechend wurde es feierlich begangen. Allerdings konnten nur sehr wenige dobrudschadeutsche Familien Weihnachtsbäume über die Feiertage zu Hause aufstellen, die gab es in der Regel nur in den Dorfkirchen. J. S. aus Neue Weingärten bei Konstanza erklärt dazu:

> Die [Weihnachtsbäume] sind nur von Altrumänien kommen und waren sehr teuer. In der Dobrudscha war kein Wald. Mir ham einen Nachbarn gehätt, der viel Tannenbäume angepflanzt gehätt, große, da hat man sich dann einen Ast rausgeschnitten und unsere Mädele ham einen Fuß gemacht und dahinein klemmt und ein bisserl geschmückt. Der Zweig wurde mit Kerzen und Lametta geschmückt und auch mit ein paar Lebkuchen oder Nüssen, die übergestrichen wurden mit Silberfarbe.
>
> J. S., geb. 1911 in Neue Weingärten

Die Schulkinder sangen nach der Christmette in der Kirche vor dem Christbaum Weihnachtslieder; in einigen Gemeinden wurde auch ein Krippenspiel aufgeführt, und häufig sagten die Kinder noch Gedichte auf, die oftmals die Verse deutscher Dichter waren. Dies lässt die Schlussfolgerung zu, dass der Kontakt der Siedler zu Deutschland nie gänzlich abgebrochen war. So wurden auch folgende Verse in der Christmette rezitiert, die auf das Gedicht *Knecht Ruprecht* von Theodor Storm aus dem Jahre 1862 zurückgehen:

Der junge Siegfried Leyer vor dem Weihnachtsbaum. Kobadin, um 1937

> Von drauß' vom Walde komm ich her
> Ich will euch sagen, es weihnachtet sehr,
> Hoch vom Himmel kam die Kund,
> Dienet fort von Mund zu Mund,
> Weihnacht' überall!
>
> O. R., geb. 1915 in Kodschalak

Anschließend erfolgte in der Kirche die Bescherung. Die Kinder bekamen eine Tüte mit Gebäck, Nüssen, Äpfeln, manchmal auch eine Apfelsine oder Süßigkeiten und zumeist noch Schulartikel wie Hefte und Bleistifte, sofern sich die Eltern finanziell an den Geschenken beteiligt hatten. In vielen Siedlungen führten die Dorfkinder Heiligabend das Christkindlspiel in unterschiedlicher Zusammensetzung auf. Die Gruppe ging von Haus zu Haus und bat um Einlass. Zu dem Christkindlspiel gehörte in der Regel ein ganz in weiß gekleidetes Christkind, das einen Schleier über dem Gesicht, einen Korb und ein Glöckchen in der Hand hatte; des Weiteren die weiß gekleidete Maria, die in der Hand eine Wiege mit Jesus-Puppe trug, sowie Josef mit einem langen weißen Hanfbart. In manchen Orten wurde das Christkind noch von zwei Engeln, in anderen von zwei Hirten in rotem Rock begleitet. In einigen Dörfern ging zudem der Pelzebock (Beelzebub) als Begleitschutz der Spieler mit, in anderen Orten waren stattdessen Ochs und Esel dabei. Auf Wunsch der Eltern kam der Pelzebock auch mit ins Haus, um die Kinder, die nicht »brav« gewesen waren, zu erschrecken. Der Verlauf des Christkindlspiels wird von einer deutschen Dobrudschanerin aus Kodschalak wie folgt beschrieben:

> Am Christkindabend kam's Christkind mit zwei Engeln, die haben immer lange Haare gehabt, die haben sich die Haare so schön zurecht gemacht. Das Christkind hat einen Kranz gehabt. Da hat man das gesagt:
>
> »Du lieber, heiliger, frommer Christ,
> Weil heute dein Geburtstag ist,
> Drum ist auf Erden weit und breit,
> bei allen Kindern frohe Zeit!«,
>
> und hinternach ist der Pelzebock gekommen, der hat sich mit dem Schafspelz ausgekleidet und hatte eine Maske auf, mit Hörnern, und da haben die Kinder immer Angst gehabt, was so klein waren, was nicht wussten, dass es in Wirklichkeit ein Mensch ist, da hat man gesagt:
>
> »Ruprecht, Ruprecht guter Gast,
> hast Du mir was mitgebracht,
> Hast Du was, so setz Dich nieder,
> hast Du nichts, marschier dich wieder!«
>
> Und dann hat er gefragt, ob sie brav waren [...] und die Kinder haben Angst, weil der hatte eine Peitsche dabei, die hat er aber nicht benutzt, das war doch nur Angst machen und sagen, dass sie in Zukunft das und das nicht mehr tun [sollen], je nachdem was die Eltern sich beklagt haben. Die kamen und wer sie reinlassen wollte, da sind sie rein. Und da hat er einen Sack

Ansicht der verschneiten Ortschaft Alakap, 1. Hälfte des 20. Jahrhunderts gehabt und da haben die Eltern schon vorher, draußen bevor sie ins Zimmer kamen, Spielzeug, Nüsse und alles Mögliche rein getan, wissen Sie, was sie den Kindern schenken wollten und dann hat der das denen gegeben.

O. R., geb. 1915 in Kodschalak

Als Geschenk gab es zu Hause meist Süßigkeiten, in der Regel ein seltener Genuss für die Siedlerkinder, und auch Spielzeug. Eine Siedlerin beschreibt die Gaben und das Fest:

Wir haben zu Heiligabend dann Kleidung gekriegt. Ich habe mir meine Sachen ja selber genäht und wusste, was ich kriege. Man hat sich aber über die Süßigkeiten gefreut, denn es gab ja das ganze Jahr nichts. Wenn die Puppe verschwunden war, wusste man schon, dass die Mutter dafür was Neues macht und dann war sie auf einmal wieder da. Geschenke wurden auch nicht eingepackt. Es wurden auch die alten Spielsachen überarbeitet, aber man hat es gewusst, es gab nicht so eine Heimlichtuerei. Man hatte ja nicht so viel Platz mit den Kindern. [...] Wenn jetzt der Vater oder die Mutter was gemacht haben, da musste ja gehobelt und genagelt werden und die Kinder waren ja überall. Man wusste schon, was das war, es war dann keine Überraschung mehr. [...] Mit den Süßigkeiten hat man auch die Sachen bekommen, die die Eltern überarbeitet haben. Für Jungs gab es nicht viel Spielzeug, die hatten ihr Schaukelpferd oder so. Spielzeug war rar. Wie wir klein waren, gab es nicht viel Spielzeug. Kreisel oder so, das gab es erst später, als ich groß war. Weihnachten war ein besonderes Fest, vor allen Dingen von kirchlicher Seite. Die Kirche war anders und das Essen wurde anders gekocht und es gab Kuchen und Schinken im Ofen und so etwas. Dann ist man bei den Verwandten rumgegangen und hat gesungen und man ist auf Besuche gegangen. Kuchen wurde ja nur zu den hohen Feiertagen gebacken.

A. T., geb. 1915 in Karamurat

Zu Weihnachten gab es bei den deutschen Siedlern auch ein Festessen, dazu gehörte traditionell die Weihnachtsgans.

Weihnachten im Schulhaus in Konstanza, 1917

Silvester

Silvester wurde von den Dobrudschadeutschen in der Regel nicht besonders gefeiert. In Kodschalak allerdings zog am Silvesterabend (und auch am Dreikönigs-

Kodschalaker Klappergeißspiel im Umsiedlungslager Burg Rothenfels am Main 1940/41. JdDD 2, (1957), S. 106

tag) die »Klappergeiß« durchs Dorf – ein Brauch, den es bei der rumänischen Bevölkerung heute noch gibt und der vermutlich auch von ihr übernommen wurde. Zum Kodschalaker Klappergeißspiel, das wahrscheinlich erst nach dem Ersten Weltkrieg dort eingeführt wurde, gehörte eine Ziege, deren Führer sowie mehrere in Lumpen gekleidete Begleiter. Auf Wunsch führte die Klappergeiß in den Siedlerhäusern einen Tanz auf. Dazu klapperte sie mit dem sich an ihrer Maske befindlichen Holzschnabel den Takt zum Tanz; ihre Begleiter tanzten im Kreis mundharmonikaspielend um die Ziege, ihr Anführer schlug die Trommel und bewegte sich in der Kreismitte in die entgegengesetzte Richtung. Einer der Begleiter, Bettelmann genannt, sammelte anschließend Geld oder Wein für die Darbietung ein.

Neujahr

Am ersten Tag des Kalenderjahrs gingen die Kinder am Morgen zu den Verwandten, Paten, Freunden und Bekannten, häufig auch zu den Nachbarn ins Haus, um ihnen Glück und Gesundheit zu wünschen. Bekannt war in den deutschen Siedlungen auch das Neujahrsschießen. Die größeren Jungen schossen vor den Häusern ihrer Verwandten und Bekannten ihre Flinten und Pistolen ab, bevor sie hineingingen, um böse Geister zu vertreiben und um das neue Jahr zu begrüßen. Die Kinder sagten zum Jahreswechsel neben Glücks- und Gesundheitswünschen für das neue Jahr auch Sprüche auf:

> Ich wünsch euch ein glückliches neues Jahr,
> besser wie das alte war,
> und ein langes Leben,
> soll Gott der Herr euch geben.
> Glückliches neues Jahr.

G. S., geb. 1919 in Sofular

> Ich wünsch, ich wünsch,
> ich weiß nicht was,
> lang in die Tasche
> und gib mir was.

O. R., geb. 1915 in Kodschalak

Als Dank bekamen die Kinder Äpfel, Kekse und Geld; den Älteren wurde Schnaps zum Anstoßen auf das neue Jahr angeboten.

Dreikönigstag

Die Tradition des Dreikönigssingens wurde in der Dobrudscha auch in evangelischen Gemeinden gepflegt. Kinder und Jugendliche gingen von Haus zu Haus, um mit dem Vortragen eines Sing- und Sprechspiels Geld und Naturalien zu sammeln. In Kodschalak wurde das Dreikönigssingen in der Regel von Mädchen in einem weißen, einem roten (Herodes darstellend) und einem blauen Kleid durchgeführt. Waren in dem Ort ausnahmsweise Jungen dabei, trugen diese ebenfalls Kleider wie die Mädchen. Den Heischebrauch beschreibt eine Dobrudschadeutsche aus Kodschalak folgendermaßen:

> Heilig drei Könige, da war die Sitte, dass man sich so Tüten gemacht hat für auf'n Kopf, so lange Mützen mit buntem Papier und ich bin selber immer mit meiner Schwester gegangen, da war ich schon dreizehn Jahr', bin immer noch gegangen. Dann ist man von Haus zu Haus gegangen. Bei uns [im Dorf] waren immer diese Hunde, jeder Bauer hat ein Hund gehabt. Und da hab' ich mir mei Cousin mitgenommen, der hat uns immer auf die Hunde aufgepasst und er hat das [Geld und Naturalien] genommen, [er war] der Kassierer. Und dann hat man, wenn man angekommen ist, hat man den ersten Vers »Vom Himmel hoch …« gesungen und dann hat man gesagt:
>
> »Die heilig drei Könige mit ihrem Stern,
> Sie kommen und suchen den lieben Herrn,
> Sie kommen hervor, vor Herodes sein Haus,
> Da schaut der Herodes zum Fenster hinaus und sprach:
> Warum ist'n einer unter den so schwarz,
> So schwarz und unbekannt ist nicht der König vom Morgenland?
> Bist Du der König aus dem Morgenland?
> Reich mir her Deine rechte Hand.
> Meine rechte Hand die reich ich Dir nicht,
> Denn Du bist Herodes, dir traue ich ja nicht.
> Warum trage ich das Zepter und das Gewehr?
> Möcht' ich wissen, wer es mir verwehren wird.
> Herodes Du Bluthund in jener Stund'
> Ließest die Kindlein töten, die noch nicht konnten reden.«
>
> Dann hat man Geld bekommen, Süßigkeiten bekommen, Obst, Äpfel, Birnen und Feigen hat man bekommen. Und dann haben wir gesagt:
>
> »Ihr habt uns eine Gabe gegeben,
> Ihr sollt das ganz Jahr wieder erleben,
> Ihr und Eure Kinder,
> Ihr und Euer Gesinde.«
>
> Da bin ich mit meiner Schwester und meiner Schulkameradin jedes Jahr gegangen. Das war eben eine Tradition und jeder Mensch hat sie eingelassen, hat sie niemand nicht abgewiesen. Die haben schon immer gewartet.
>
> O. R., geb. 1915 in Kodschalak

Das Kodschalaker Dreikönigssingen 1941 im Umsiedlungslager Burg Rothenfels am Main. In einer etwas anderen als der oben beschriebenen Variante des Dreikönigsspiels fassen am Schluss die »Herr Weiß«, »Herr Rot« und »Herr Blau« genannten Darstellerinnen den Stern an und bewegen ihn vor und zurück und sagen dabei: »Der Stern, der Stern soll rumme gehen, / wir wollen heit abend noch weiter gehen!«

Osterklappern in katholischen Gemeinden

Zwischen Karfreitag und der Osternacht wurden in den katholischen Gemeinden der Dobrudscha die Kirchenglocken nicht geläutet. Stattdessen zogen beispielsweise durch die zehn von Deutschen bewohnten Straßen von Karamurat je sieben Buben, angeführt von zwei Messdienern mit Klappern und Ratschen. Dies war auch in katholischen Gegenden im mittel- und süddeutschen Raum üblich, um zu den Gottesdiensten und zum Angelus-Gebet zu rufen. Zur heiligen Messe gingen die Klapperbuben dreimal die Straßen auf und ab und sangen dazu: »Fors erschte Mol in die Kerch«, danach: »Fors zwetemol in die Kerch«. Beim dritten Mal lautet der Vers »Fors letztemol in die Kerch«.

Die Klapperbuben ersetzten mit ihren hölzernen Instrumenten auch das morgendliche, mittägliche und abendliche Angelusläuten. Früh morgens wurden die Dorfbewohner mit folgendem Gesang im örtlichen Dialekt an das Gebet erinnert:

Ihr lieben Leut', 's läut' Betglockenzeit.
Der Tag fängt an zu schleichen
Den Armen wie den Reichen.
Den hellen Tag,
– s' ist nit versagt –
Gelobt sei Gott und Maria!

Mittags lautete der Ruf:

Ihr lieben Leut', wir wollen Euch etwas sagen,
Das Glöcklein hat zwölf geschlagen.
Das ist das Ave Maria.

Und abends riefen die Klapperbuben:

Ihr lieben Leut', 's läut' Betglockenzeit.
Die Nacht fängt an zu schleichen,
Den Armen wie den Reichen.
Die dunkle Nacht,
– s' ist nit versagt –
Gelobt sei Gott und Maria!

Karsamstagmittags zogen die Klapperbuben mit folgendem Spruch durch die Dorfstraßen, um ihren Lohn einzusammeln:

Wir haben geklappert fürs Heilige Grab,
Wir wollen eine schöne Ostergab',
Nicht zu groß und nicht zu klein,
Dass wir alle zufrieden sein.

Als Belohnung gab es für die Klapperbuben Ostereier, Geld und Kosonak (rum. *cozonac*), ein in Rumänien und Bulgarien traditionelles Feiertagsgebäck. Nach dem Sammeln trafen sich die Klapperbuben –

Osterspiel in Kobadin, 1937

in Karamurat war das in der Schule –, um die Gaben an alle Beteiligten zu verteilen. Für die Kinder wurden am Ostersonntag die häufig mit Wollfäden gefärbten Ostereier in Nestern versteckt.

Eierlesen am Ostermontag

Das Eierlesen wurde in der Regel am Nachmittag des Ostermontags veranstaltet wie einst bei den Vorfahren in Bessarabien. Dieser alte Frühlingsbrauch wurde in vielen dobrudschadeutschen Siedlungen als Wettkampf unter den Dorfjugendlichen ausgetragen. Eine deutsche Dobrudschanerin beschreibt ihn wie folgt:

> In der Gemeinde Mamuslia, aber auch in den anderen Gemeinden, waren das Eierlesen und das Pfingstbaumstellen immer besonders gepflegt worden. […] Die jun-

gen Frauen und Mädchen besorgten sich Bänder in allen Farben, um die Osterfahne damit zu schmücken. Die jungen Burschen hatten das Grün, den Balken und vor allen Dingen den Wein zu besorgen. Am zweiten Ostertag, also am Ostermontag, in der Frühe, noch lange vor dem Gottesdienst, gingen die Burschen auf die Wiese, wählten einen Platz und gruben ein Loch für den Fahnenbalken aus, dann wurden nach zwei Seiten hin in gerader Linie fünfzig kleinere Löcher in gleichem Abstand gemacht, der Wasen ausgehoben und umgekehrt liegengelassen. Nach dem Mittagessen versammelte sich die Jugend in einem Haus am Ende des Dorfes. Dort wurden die letzten Vorbereitungen getroffen. Es mussten zwei Läufer [...] gewählt werden, die die 50 Eier aufzulesen hatten und vier Mädchen, zwei die ihnen von den Läufern zugeworfenen Eier aufzufangen und zwei, die sie wieder in den Eierkorb zu legen hatten.

Das Fest wurde vom ganzen Dorf gefeiert. Sowohl die Dorfjugend als auch die Kinder und ihre Eltern reihten sich von

Eierlesen an Ostern: In der Mitte des am Boden aufgemalten Kreises steckt die Stange.

Musikanten begleitet in einen Zug ein, um auf der Wiese das »Eierlesen« zu beobachten. Angeführt wurde der Zug von zwei »Läufern« mit Fahne und Weinflasche, gefolgt von den Mädchen mit den Ostereierkörben.

Auf der Wiese angekommen, wurde die Fahne an einem Ende des Balkens befestigt, dieser dann eingelassen, also in die Erde, und die Flasche mit dem Wein an dem Fahnenbalken in einer gewissen Höhe angebunden. Dann wurden die Eier ausgelegt, neun weiße und jedes zehnte ein rotes, das fünfzigste, das auch ein rotes war, wurde auf ein etwas erhöhtes Wasenstück gelegt. Anschließend mussten sich die Läufer, die mit roten Bändern am Arm gekennzeichnet waren, bei der Fahnenstange aufstellen. Auf ein Zeichen hin gingen sie zuerst dreimal um die Fahne herum, und ein Schuss gab das Zeichen zum Start. Das eigentliche Eierlesen hatte begonnen, zuerst wurden die neun Eier in der Nähe der Fahnenstange und dann die neun zwischen dem 40. und dem 50. aufgelesen, darauf wurde eine Pause eingelegt, um anschließend wieder um die Fahne zu marschieren und nach dem neuen Startschuss wieder los zu sausen. Die weißen wurden den Mädchen, die bei der Fahnenstange standen, in die Schürzen geworfen und die roten von den danebenstehenden Burschen abgefangen, so wurden in einem Rundlauf nach dem andern alle Eier bis auf das 50. aufgelesen. Wieder wurde eine Pause eingelegt, um für den Endspurt etwas verschnaufen zu können [...], das 50.

musste so rasch als möglich über die Fahne geworfen und die Flasche am Balken ergattert werden. Wer die Weinflasche erobert hatte, hatte gewonnen, der war Sieger und der wurde als solcher auch geachtet. Von ihm sprach man noch manches Mal.

G. S., geb. 1919 in Sofular

Der Sieger des »Eierlesens« erhielt die geschmückte Weinflasche als Trophäe und durfte den Zug zurück ins Dorf anführen. Anschließend wurde in Mamuslia ein Festmahl gefeiert, bei dem auch die Eier verzehrt wurden. Die Osterfahne wurde für Pfingsten aufbewahrt, um damit zum Pfingstfest den Pfingstbaum zu krönen.

Pfingsten

In vielen Orten der Dobrudschadeutschen wurde am fünfzigsten Tag nach Ostern zur Erinnerung an die Entsendung des Heiligen Geistes ein Pfingstbaum aufgestellt – in der Regel mit einer Pfingstfahne, der in manchen Orten noch eine Hahn- oder eine Taubenfigur aufgesetzt war. Dieser bis zur Umsiedlung bewahrte Brauch, an dem sich laut Beschreibung eines Dobrudschadeutschen aus Kobadin auch die türkischen Dorfbewohner erfreuten, wird von einem Siedler wie folgt dargestellt:

Zu Pfingsten haben wir einen Pfingstbaum aufgestellt. Das war zum Zeichen für den Heiligen Geist und die Jünger Jesu. Das nannte man die Pfingstfahne. Manchmal sind wir nicht dazu gekommen, dann haben sich die Türken bei uns beschwert, warum wir keine Pfingstfahne gestellt haben. Das war eine Fahne, die wurde mit Rosen geschmückt. Die Rosen wurden mit Stecknadeln befestigt. Dann kam noch die Jahreszahl drauf. Der Mast war 30 Meter hoch. Oben war eine Glocke dran. Jedes Mädel hatte ein Seidenband gespendet. […] Die Bänder wurden am Rand befestigt, dass sie schön runter hingen. Das war auch immer so feierlich. Manchmal, wenn Uneinigkeit unter den Jugendlichen herrschte, kam man nicht dazu, eine Pfingstfahne zu setzen. Wir holten ja keinen Baum aus dem Wald. Da gab es solche Balken, die musste man kaufen oder ein Mietgeld zahlen. Es gab eine große Verkaufshalle für Bretter. Da gab es auch Balken. Diese Sachen waren alle für den Hausbau bestimmt. Man konnte dann bei dem Besitzer so einen Balken mieten. […] Ein paar Tage zuvor musste man schon hingehen und fragen, ob man wieder einen Balken haben kann. Er wollte dann so und so viel Geld dafür haben. Dann ist gespendet worden. Das hat aber alles die Jugend eintreiben müssen. Der Pfingstbaum wurde immer vor der Kirche aufgestellt.

W. R., geb. 1910 in Kobadin

In vielen Orten gab es auch den Brauch des Pfingstreitens. Am Pfingstmorgen vor dem Gottesdienst ritten die jungen Dorfburschen auf den von den Mädchen mit bunten Bändern und Sträußen bzw. Papierrosen üppig geschmückten Pferden singend an jedem Hoftor der Siedlung vorbei. In Alakap wurden die Pfingstrei-

Pfingstreiten in Horoslar, Aufnahme aus der 1. Hälfte des 20. Jahrhunderts

ter angeführt von einem Spielmann mit einer ebenfalls mit farbigen Bändern dekorierten »Blosbalka« (Ziehharmonika), gefolgt von bis zu zehn Reitern in Zweierreihen. Ein Aufgebot, das als sehr malerisch und farbenfroh beschrieben wird (Straub, *Oster- und Pfingstbräuche*, S. 130).

Fronleichnam

Fronleichnam ist ein Hochfest im Kirchenjahr der römisch-katholischen Kirche und wurde daher nur in den katholischen Siedlungen der Dobrudschadeutschen begangen. Das Fest der leiblichen Gegenwart Christi wurde besonders pittoresk gefeiert, so dass häufig auch Andersgläubige in die katholischen Dörfer kamen, um den Prozessionen als Zuschauer beizuwohnen. Das Fronleichnamsfest wird von einer Karamuraterin wie folgt beschrieben:

> Zu Fronleichnam, wenn die Bögen gewickelt wurden, das hat man abends gemacht, denn es war ja viel Arbeit, weil man ja morgens noch die Äste reingraben musste, und die ganze Straße wurde ja mit Grünem bestreut, so breit wie die Straße war; und der Pfarrer ist unter dem Baldachin gegangen, den haben vier Männer in einem weißen Gewand getragen. Der Pfarrer ist ja mit dem Allerheiligsten gegangen. Die Streumädchen sind ja immer vorneweg gegangen. Die haben sich abgewechselt. Zwei sind bis vor das Allerheiligste, sind runtergekniet und haben Blumen gestreut, und dann sind die zurückgegangen, und die nächsten sind vorgegangen. Wenn das Körbchen leer war, wurde wieder nachgefüllt.
>
> Während der Prozession haben die Glocken geläutet, und es ist gesungen worden. Der Chor hat gesungen und die Vereine, der Rosenkranzverein und die Vereine mit der Fahne. Vorneweg ist einer mit einem Kreuz vorgegangen, ein Messdiener, und auf den beiden Seiten sind Messdiener mit großen Kreuzen gegangen, und es waren auch noch Messdiener beim Priester. Von vorne an waren auf einer Seite die Jungs, erst die kleinen und dann die größeren, und der Kirchenvater hat immer aufgepasst, dass alle im Schritt gegangen sind; und auf der anderen Seite waren die Mädchen, auch von vorne die kleinen und dann die größeren. Dann wurde gesungen, und die Altäre waren wunderbar geschmückt. Das hat dann die Nachbarschaft gemacht. Die Altäre waren Gestelle aus Holz, und die sind dann überzogen worden, mit Spitzenvorhängen und Gardinen und in der Mitte war es dann wie auf dem Altar gewesen; und rundrum war das dann mit Wachssträußen geschmückt und Kerzen

Einer der festlich geschmückten Außenaltäre in Karamurat, an dem die Fronleichnamsprozession Station machte.

und Blumen. Dann kam der Pater und hat das Allerheiligste abgestellt, und es wurde an jedem Altar gebetet und gesungen, und dann ging es weiter. Da standen auch Kruzifixe und Muttergottesfiguren. Das blieb dann stehen bis abends. Meistens hat es geregnet an Fronleichnam. Da sind wir ganz schön nass geworden. Wenn es geregnet hat, haben die alten Weiber und die großen Mädchen sich ihre Röcke über den Kopf geschlagen. Man hat ja mehrere Röcke übereinander getragen. Das war Fronleichnam.

A. T., geb. 1915 in Karamurat

Hochzeiten

In der Dobrudscha haben die deutschen Siedler vergleichsweise früh geheiratet. Die Frauen waren bei ihrer Hochzeit in der Regel 18, 19 Jahre alt, die Männer heirateten meistens nach dem Militärdienst mit 22, 23 Jahren. Häufig ging der potenzielle Bräutigam mit einem Heiratsvermittler, »Kuppelsmann« genannt, oder er schickte diesen alleine zu den Eltern der Auserwählten, um um die Hand der Tochter anzuhalten. Waren die Eltern mit der Ehe einverstanden, wurde kurz danach, etwa drei bis vier Wochen vor der Hochzeit, mit der ganzen Familie Verlobung gefeiert.

Die Hochzeiten fanden in der Regel im Herbst statt, wenn die Ernte eingebracht war und die Bauern mehr Zeit hatten. Zur Hochzeitsfeier wurden alle Verwandten eingeladen, das waren oft mehr als hundert Gäste, schließlich waren viele Dorfbewohner untereinander verwandt. Zum Hochzeitsfest luden die Brautdiener häufig auf von ihren Brautmädchen (Brautjungfern) geschmückten Pferden ein. Für die Organisation der Ausstattung der Feier mit Tischen, Stühlen und Geschirr waren ebenfalls Brautmädchen und Brautdiener (in manchen Orten auch Brautbuben genannt) zuständig. Am Abend vor der Hochzeit fand häufig ein Polterabend statt, auf dem »die Hochzeit eingetanzt« wurde.

Am Hochzeitsmorgen in Malkotsch wurden von den Brautdienern und Brautmädchen die Ehrenväter (Trauzeugen) des Bräutigams, dann die der Braut und schließlich der Bräutigam selbst von zu Hause feierlich abgeholt. Vor dem jeweiligen Zuhause der Beteiligten wurde mit Flinten und Pistolen Salut geschossen und von den »Schenkern« Schnaps angeboten. Gemeinsam wurde anschließend die Braut aus ihrem Elternhaus abgeholt, wo sie sich tränenreich von den Ihren verabschiedete. Der Hochzeitszug war voll-

Brautzug einer Doppelhochzeit auf der Dorf-straße, 1. Hälfte des 20. Jahrhunderts

Hochzeitsgesellschaft in Konstanza, 1913

ständig: Nach dem »Spielmann« mit dem »Blosbalken« (Ziehharmonika) folgte die Braut zwischen den Brautführern und Brautmädchen. Dahinter kam der Bräutigam zwischen den Ehrenvätern – in anderen Siedlungen wurden die Trauzeugen »Brautmutter« und »Brautvater« genannt –, anschließend folgten die weiteren Hochzeitsgäste ohne eine besondere Ordnung.

In der vorderen Reihe sitzen die Eltern bzw. Schwiegereltern des dahinter stehenden Brautpaares, das flankiert wird von den Schenkern. Karamurat, 1. Hälfte des 20. Jahrhunderts

Nach der Trauungszeremonie und dem »Brautamt« führte der Hochzeitszug zum Haus der Braut, wo in der Regel die Feier stattfand. Empfangen wurde mit Ehrensaluten und einer kleinen Stärkung mit Kuchen, Kaffee und alkoholischen Getränken. Der Ablauf der Hochzeitsfeier wurde von einem Brautdiener nach traditionellen Regeln gestaltet. Bevor »Schenker« und »Aufträger« – oft nur junge Männer in weißen Schürzen, in manchen Siedlungen waren sie beiderlei Geschlechts – das üppige Hochzeitsmahl auftrugen, bat der Brautdiener Braut und Bräutigam zum Ehrentanz. Meistens wurde, kurz bevor das Hochzeitsmahl endete, der Brautschuh »gestohlen« und danach symbolisch unter den Hochzeitsgästen versteigert. Das eingenommene Geld samt Schuh wurde dann der Braut überreicht. Gegen Mitternacht folgte in der Regel das »Abkränzen der Braut«, d. h. der frisch Vermählten wurde der Brautkranz (oder der Schleier) abgenommen – nun war sie eine Frau. Am folgenden Tag wurde nochmals gefeiert.

Taufe und Paten

Bei den Dobrudschadeutschen unterschied sich die Taufpraxis je nach Kirchengemeinschaft der Siedler. Während bei Protestanten und Katholiken in der Regel die Kindstaufe durchgeführt wurde, wurde bei Baptisten und Adventisten ausschließlich die Gläubigentaufe praktiziert. Eine katholische Siedlerin beschreibt die Patensuche und die Taufe in Karamurat wie folgt:

> Es wurden Paten aus der Verwandtschaft genommen […] Man hat keine Geschenke gemacht. Die Paten sind dann gekommen und haben die Kinder genommen und sind damit in die Kirche gegangen. Es war keiner dabei, auch die Eltern nicht, da die Frauen noch im Kindbett lagen. So sind die Kinder getauft worden. Man durfte ja sowieso einen Monat lang nicht aus dem Haus gehen, wenn man ein Kind bekommen hatte. Man durfte auch nicht in die Kirche gehen, weil man unrein war. […] Nach einem Monat nahm man das Kind und ging damit zur Kirche zur Aussegnung. Da ist man dann von hinten in die Kirche gekommen und der Pater kam und hat einen in Empfang genommen und hat gespritzt mit Weihwasser und einen rein gemacht. […] Nach einer Taufe ist dann gegessen worden und es gab auch mal einen Schnaps. Es gab aber keine Glückwünsche. Nur wenn sie zur Kirche gingen, haben sie gesagt: »Einen Heiden trag ich weg, einen Christ bringe ich zurück.« Es wurde nicht besonders gefeiert. Geschenke waren sowieso nicht an der Tagesordnung. Man hat das Kind in ein Kissen gelegt und ein Spitzentuch so vorneherum gelegt mit Bändern drangemacht, so schön.
>
> A. T., geb. 1915 in Karamurat

Am 24. Februar 1918 fanden vier Hochzeiten in Kodschalak statt. Die standesamtliche Trauung führte ein deutscher Besatzungsoffizier im Rathaus, die kirchliche Lehrer Rösner im Bethaus durch.

Tod und Begräbnis

Gleich nach dem Eintreten des Todes eines Gemeindemitglieds wurde die Totenglocke geläutet. Der Verstorbene wurde zu Hause aufgebahrt. Nachts wurde Totenwache gehalten, die als Ehrenbezeugung vor dem Verstorbenen vor der Bestattung und auch als Mittel der Trauerbewältigung diente. Der Sarg wurde zum Friedhof gefahren, dahinter folgte der Trauerlieder singende Leichenzug. Die Trauerzeit betrug in der Regel ein Jahr. Es war jedoch allgemein akzeptiert, wenn ein Witwer mit kleinen Kindern bereits nach einigen Wochen erneut heiratete.

In Kobadin wurden die Zeremonien und Rituale einer Beisetzung wie folgt durchgeführt:

> Wenn jemand gestorben war, wurden Totengräber bestellt. Totengräber zu sein war eine Ehrensache. Sie haben das Grab schaufeln müssen. Sie haben den Toten dann auch bis an das Grab getragen. Das Grab war ungefähr zwei Meter tief und dann wurde der Tote mit Stricken in das Grab runtergelassen. Wir hatten kein Totenhaus. Die Toten sind daheim im Zimmer aufgebahrt worden. Die Toten wurden auf Sand gelegt, weil der ja gut kühlt. So konnten sie nicht so schnell anfangen zu

Deutsches Kolonistenbegräbnis am offenen Sarg, Kodschalak 1914

riechen, wenn es warm war. Aber lange hat ein Toter ja nicht gelegen, höchstens 24 Stunden. Es sind dann die Leute gekommen und haben von ihm Abschied genommen.

Es wurde auch gebetet. Dem Toten zog man einen schwarzen Anzug an. Den Frauen zog man ein schwarzes Kleid an und wenn sie noch jünger waren, bekamen sie ein weißes Kleid an. In den Sarg wurden Sägespäne gelegt. Die holte man sich vom Tischler. Auf die Späne legte man ein Tuch und darauf kam dann der Tote. Das war meist ein weißes Leinentuch. Weiter kam nichts in den Sarg. Meistens hat man den Toten auch die Ringe weggenommen. Es wäre ja wertlos, wenn es da drin liegt.

Wir hatten einen Tischler bei uns im Ort, der hat die Särge gemacht. Soweit es möglich war, hatte er schon immer fertige Särge da, [wenn nicht,] hat er Tag und Nacht gearbeitet, dass der Sarg schnell fertig wurde. Der Tote wurde dann mit dem Pferdewagen bis zum Friedhof gefahren. Dabei haben die Glocken geläutet. Auf dem Friedhof hat der Pfarrer dann nochmal eine Ansprache gehalten und den Lebenslauf des Toten geschildert. Dann wurde der Tote ins Grab hinabgelassen. Die Leichenträger haben das Grab dann auch zugeschaufelt. Während sie schaufelten, ist ein Lied gesungen worden. Es war immer ein passendes Lied für eine Beerdigung. Es sind dann auch Kränze auf den Grabhügel gelegt worden. Bis der Grabstein fertig war, wurde ein beschriftetes Kreuz auf das Grab gestellt. Der Grabstein kam erst nach einem Jahr auf das Grab. Manchmal dauerte es auch zwei Jahre, je nachdem, wie schnell sich die Erde senkte. Die Erde musste erst gut gesenkt sein, ehe der Stein drauf kam. Der Grabstein wurde aus Beton gegossen. Dann hat ihn der Grabsteinmacher präpariert. Er hat ihn gespachtelt und eine Marmortafel eingesetzt. Die Tafel war dann in Goldbuchstaben beschriftet. Meistens stand drauf: »Hier ruht in Gott …«. Es stand auch drauf, wann derjenige geboren und gestorben ist. Auf dem Grabstein meines Vaters war ein Porzellan-Porträt eingelassen. Das verwittert dann auch nicht. Nach einer Beerdigung wurde zu Hause ein Leichenschmaus abgehalten. Für die Leichenträger gab es eine

Grabstein für Dorothea Menges auf dem katholischen Friedhof in Karamurat. Foto von 2014

kräftige Mahlzeit. Danach gab es Kaffee und Kuchen. Es war ein stilles Fest und es ist nicht gelacht worden.

W. R., geboren 1910 in Kobadin

Friedhöfe und Bestattungskultur

Der Friedhof spielte auch bei den Siedlern eine bedeutende Rolle in der religiösen Praxis. So hatte in der Dobrudscha jede Religionsgemeinschaft, die in der Regel auch auf die ethnische Zugehörigkeit Rückschlüsse zuließ, ihren eigenen Gottesacker:

Unser Friedhof war ein rein deutscher Friedhof. Die Rumänen und Bulgaren haben für sich einen Friedhof gehabt. Die Italiener hatten auch ihren Friedhof.

S. M., geb. 1910 in Katalui

Muslimischer Friedhof in Horoslar, das 1902 noch etwa gleich viele Rumänen und Türken bzw. Tataren zählte; hundert Jahre später waren es 15 mal mehr Rumänen (12 175) als Türken und Tataren (799).

Unser Friedhof war zwei Hektar groß. Da lagen nur Evangelische. Bei uns gab es keine Katholischen. [...] Um unseren Friedhof war eine Steinmauer. Sie war richtig fest gemauert. Am Tor stand: »Sei getreu bis in den Tod, dann will ich dir die Krone des Lebens geben«. Das Tor war geschmiedet und von einem Kunstschlosser gemacht worden. Es war ein richtiges Stahltor und sehr schön gemacht. Das hat mein Vater noch machen lassen, als er damals Kirchenvorsteher war. Er und der Friedrich Wirth waren Kirchenvorsteher. Dann ist auch die Steinmauer gebaut worden. Die Gemeinde hatte nochmal was zugegeben. So 70 bis 80 Meter von der Bahn lag gleich der Friedhof.

W. R., geb. 1910 in Kobadin

Das eingezäunte Gräberfeld bot den Angehörigen Verstorbener die Möglichkeit, ungestört der Toten zu gedenken. Doch vermutlich nahm durch die stete Wanderschaft der deutschen Siedler in der Dobrudscha die Friedhofskultur bei ihnen nicht den Stellenwert ein wie es beispielsweise bei den Banater Schwaben oder Siebenbürger Sachsen der Fall war. So erzählt eine Karamuraterin:

Bei uns zu Hause ist auch keiner auf den Friedhof gegangen, das ganze Jahr nicht. Nur zu Allerseelen wurde das Grab gemacht, da wurde das Gras gerupft und was man sonst so noch macht. Dann hat man die Erde gerade gemacht und geklopft und von der »Katherein« oder wie man hier sagt, Winteraster, die hat ja jeder im Gar-

Grabstein für Maria Klett auf dem Gelände des evangelischen Friedhofs von Kobadin; im Hintergrund sieht man die neuere orthodoxe Ruhestätte. Foto von 2014

ten, hat man ein Kreuz drauf gemacht oder so. Man hatte nur das Kreuz auf dem Grab, eine Umrandung gab es nicht.

A. T., geb. 1915 in Karamurat

Tracht und Kleidung

Trotz ihres Traditionsbewusstseins hat sich bei den deutschen Siedlern in der Dobrudscha keine Tracht im landläufigen Sinn herausgebildet. Die Alltagsbekleidung der Erwachsenen war protestantisch schlicht, viel Bekleidung wurde selbst hergestellt. Erkennbar sind die Einflüsse Osteuropas und Südosteuropas an einigen rein praktischen Übernahmen aus anderen Kulturen: Karakulmützen und Mäntel mit nach innen gekehrtem Fell ebenso wie die von der russischen Landbevölkerung übernommenen Schirmmützen. Die Frauen trugen meist schlichte dunkle Röcke und Blusen und die verheirateten Frauen ein schwarzes Kopftuch mit langen Fransen. Junge Mädchen trugen häufig eine mehrreihig eng um den Hals gelegte »Potterle« (Perlenkette).

Werktags hat man auch nicht so kostbare Stoffe getragen, die hat man an Sonn- und Feiertagen getragen. Die Männerkleidung wurde auch selbst gemacht, die Hosen und Hemden. Der Martin hat dann in seinen Hemden schon einen steifen Kragen gehabt und auch einen Schlips getragen. Es gab so Brustkragen, so Einsteckkragen. Wir haben alles selber genäht, nur die schweren Arbeitsstoffe nicht. […] Die Männer haben auch einen Stützgurt getragen, wenn sie schwer gehoben haben oder beim Dreschen. Der wurde dann um den Bauch und den Rücken gewickelt, damit das abgestützt war. Das waren dann dicke Stoffstreifen. In Karamurat haben die Männer das getragen und das war immer rot. Im Winter haben die Männer Pelzkappen getragen und im Sommer Schnepperkappe. Die hatte einen Schirm vorne und hinten war es rund. Die Mützen hat man gekauft. Die Männer trugen auch Westen. Im Winter haben die alten Männer Pelze getragen. Die waren nicht zum Knöpfen, die wurden nur übereinadergeschlagen. Das Fell wurde nach innen getragen, und von außen war der mit Stoff überzogen. Die hatten auch Kragen an den Mänteln. Die Frauen hatten ja ihre Wolltücher.

[…] Die Unterwäsche war ganz schlicht. Die Unterhemden hat man genauso genäht wie die Blusen, nur ohne Stehkragen. Das Nachthemd war auch so, nur das es länger war. Die Unterwäsche oder die Nachthemden waren in bunt, man hat wenig weiß getragen. Die Unterröcke hatten meistens unten Spitze, die guckte unter den Röcken hervor. Die Jugendlichen haben auch nicht mehrere Röcke übereinander getragen und auch nicht die jüngeren verheirateten Frauen, die wollten ja nicht dick sein. Das haben nur die älteren Frauen gemacht. Die jüngeren Frauen hatten dann den Unterrock an und einen Rock drüber. Im Winter hat man auch Hosen unter den Röcken getragen, mit einem Schlitz zum auf- und zumachen. Die Hosen waren dann mit einem Leibchen dran gemacht. Da ist man von oben reingestiegen und hat es hinten zugemacht. Im Sommer hat man Schlappen getragen. Die Sommerschuhe waren ja leicht und im Winter hat man höhere Winterstiefel getragen, zum Schnüren. Die Frauen haben so halbhohe getragen.

A. T., geb. 1915 in Karamurat

Kopftuch und Pudelskapp

Erst in den 1930er Jahren wurde im Zuge der Gleichschaltungsaktivitäten der nationalsozialistischen Bewegung und deren Jugendorganisationen versucht, für die dobrudschadeutschen Mädchen eine Volkstracht einzuführen, die sich am bayerischen und österreichischen Dirndl orientierte:

Wir in der Dobrudscha hatten keine Tracht. Die Bessarabier haben ihre Trachten immer mit sich genommen, und die wurden auch von Generation zu Generation weitergegeben. Das war bei uns nicht der Fall. Erst als die Jugendbewegung kam, haben die Mädchen angefangen mit einer Tracht. Das war ein blauer Rock mit schwarzen Samtbändern, eine weiße Bluse und eine schwarze ärmellose Weste. Dazu hatten sie noch weiße Schürzen. Ich selber hatte keine Tracht, aber meine Schwester und die Schwägerin, die jünger waren, die hatten sie schon. Das wurde erst besprochen, und es dauerte eine Zeit, bis sich das durchgesetzt hat. So kamen die Trachten erst zu deren Zeit. Da war ich schon verheiratet, und dadurch bin ich nicht mehr dazu gekommen.

Nur die Jugendlichen haben diese Trachten getragen. Die Älteren hatten schon gar keine Trachten mehr. Das ist vielleicht verlorengegangen auf der Wanderschaft. Ich glaube, dass die Sache nicht nur durch die Jugendbewegung aufkam, sondern auch durch die deutschen Studenten. Dann haben wir auch Kontakt zu den Siebenbürgern aufgenommen. Dadurch ist es dann auch gekommen. Die Siebenbürger

Die weiblichen Mitglieder der »Spielgruppe« von Kodschalak in der neuen, dem Dirndl ähnelnden Tracht, 1938; in der Mitte sitzt der Spielgruppenleiter, Lehrer Otto Wernick.

waren ja sehr für Trachten. Aber wir Dobrudschaner hatten vorher keine. Obwohl wir vom gleichen bessarabischen Stamm waren, hat sich bei uns alles ganz anders entwickelt. Nur das, was man vielleicht mitgebracht hat, hatte man noch eine Weile. Aber das hat sich verloren. In unserer Zeit war da gar nichts mehr davon zu sehen und zu bemerken. Wir haben gar nicht daran gedacht, weiter an den sogenannten alten Zöpfen zu hängen. Später haben die Mädchen ihre Trachten dann sonntags getragen.

A. R., geb. 1919 in Fachria

Männer in Sonntagskleidung in Groß-Mandschapunar

Unterhaltung am Sonntag

In den dobrudschadeutschen Ortschaften gab es kein reges Vereinsleben, deshalb organisierten sich die Jugendlichen ihre Tanzgesellschaften meistens selbst an Sonntagen. Über diese Veranstaltungen berichtet eine Siedlerin aus Fachria, einer der wenigen Ortschaften in der Region, die bis 1940 fast ausschließlich von Deutschen besiedelt waren. In den anderen dobrudschadeutschen Siedlungen verfuhren die Jugendlichen vermutlich ähnlich:

> Am Sonntagmittag sind die Buben mit der Ziehharmonika durch das Dorf gelaufen und haben gespielt. Da hat man sich dann schon immer auf den Tanz vorbereitet. Im Sommer hat der Tanz meistens im Freien stattgefunden. Unten auf der Wiese war so ein schöner Platz, und da hat man dann immer getanzt. Für die kältere Zeit hatten wir das Hirtenhaus. Wenn der Hirte eine eigene Wohnung hatte und das Hirtenhaus leer stand, hat die Jugend dort drin in den Wintermonaten tanzen können. Wenn das nicht der Fall war, hat man die Bauern gefragt, ob sie ein leeres Zimmer haben. Oft ist auch ein Zimmer freigemacht worden, man hat es gemietet und dort wurde dann sonntags getanzt. Wir haben auch rumänische Tänze getanzt. Das waren oftmals Reigen[tänze], denn die Rumänen tanzen viel im Reigen. Aber ich weiß jetzt nicht, wie der Reigentanz geheißen hat. »Sârba« […]. Da gab es noch eine Art Wechseltanz. Ja, da gab es noch die »Ofiţereasca«, so hieß der eine Tanz. Das war so eine Art Wechseltanz, die anderen wurden im Reigen getanzt. Zu der Zeit hat man auch Tango getanzt. Später, als die Jugendbewegung [auf]gekommen ist, hat man auch deutsche Volkstänze getanzt. Da ist der Gruppenleiter Philipp Mehl vom Gauleiter gekommen und da hat man dann die Tänze so gelernt. Auch wenn deutsche Studenten gekommen sind, haben wir die Volkstänze so gelernt. Aber wie sie geheißen haben, kann ich jetzt gar nicht mehr sagen.
>
> Das mit der Ziehharmonika war auch so üblich bei der deutschen Jugend. Da musste jeder junge Mann seinen Beitrag beisteuern und dann ist die Ziehharmonika von der Jugend gekauft worden. Sie ist dann beim Spielmann aufbewahrt worden. Der Spielmann hat sich das auch nur allein gelernt. Die hatten keine Ausbildung. Manchmal haben sich die Kerle herumgeprügelt. Da ist oft die Ziehharmonika kaputtgegangen. Dann ist herumgestritten worden, wer zahlt sie jetzt oder wie.
>
> A. R., geb. 1919 in Fachria

Festlich gekleidete Gesellschaft in einem Garten in Brăila, 1935

Sonntägliche Entspannung in der Dreschzeit in Kodschalie

Obwohl die ältere Generation dem Unterhaltungsdrang der Jugend am Wochenende eher ablehnend gegenüberstand, hat jene trotzdem stets Wege gefunden, um Geselligkeiten zu organisieren. Auf diesen Unterhaltungen wurde von den Jugendlichen allerdings immer darauf geachtet, dass bestimmte Regeln eingehalten wurden:

> Am Samstagabend sind sie auch mit der Ziehharmonika durchs Dorf gegangen und haben gespielt und Volkslieder gesungen. Die alten haben immer gesagt, die Liebeslieder seien schlechte Lieder. Die haben gar nicht richtig reingepasst in das Ganze. Aber sie sind trotzdem gesungen worden. Wir haben viel gesungen. Da haben vielleicht die Bauern eine bessere Stimme gehabt als heute manche Sänger. Es ist selten vorgekommen, dass mal zwei Mädchen zusammen getanzt haben. Es waren ja immer genug Jungs da. Wenn mal zwei Mädchen zusammen getanzt haben, sind gleich die Buben gekommen und haben mit ihnen getanzt. Dadurch ist es öfter vorgekommen, dass ein Mädchen Verbot gekriegt hat. Wenn sie sich weigerten, zu tanzen oder wenn sie jemanden nicht gut leiden konnten, da konnte das schon pas-

sieren. Da hatten die Jungen die Macht zu sagen: »Du kommst nicht mehr.« Es gab aber auch Reigen, wo die Mädchen sowieso nur allein tanzten. Aber für die Jungen gab es keine Extra-Tänze.

A. R., geb. 1919 in Fachria

Eine Gruppe junger Leute auf einem Hof in Horoslar

In größeren Siedlungen wurden Geselligkeiten organisiert, in denen sich die Jugendlichen nach sozialen Kriterien aufteilten:

Bei uns [in Fachria] haben sich die Jugendlichen nicht in Gruppen aufgeteilt, weil unser Dorf nicht so groß war. Aber in manchen deutschen Gemeinden gab es das. Da gab es eine Oberschicht und eine Unterschicht, bei uns aber nicht. Wir waren nur ein kleines Dorf, so dass man froh war, dass man sich hatte.

A. R., geb. 1919 in Fachria

Jugendliche und Erwachsene in den dobrudschadeutschen Siedlungen feierten meist getrennt:

Bei uns im Dorf sind nur die Jugendlichen zum Tanz gegangen. Sobald ein Mann oder eine Frau verheiratet war, sind sie nicht mehr zum Tanz gegangen. Wenn die tanzten, hat sich das im Haus abgespielt. Nach der Verheiratung bildeten sich dann Freundschaften mit anderen jungen Ehepaaren und da hat sich der Tanz bei einem zu Hause abgespielt. Meistens hatte ja jeder sein eigenes Haus und einen großen Hof. Da konnte sich kein Nachbar beschweren, dass es vielleicht zu laut hergeht. Da konnte man sich schon ein bisschen freier bewegen, soweit es von der Familie aus erlaubt war. Wo die Jugendlichen tanzten, war kein Erwachsener Aufpasser. Die Verheirateten haben sich da gar nicht eingemischt. Nur wenn die Jungen durchs Dorf spielten und an der Kirche nicht aufhörten, dann sind die Alten schon aufgebraust. Aber das ist nicht sehr oft vorgekommen. [...]

In den Häusern wurde auch zu den Festen getanzt wie z.B. Weihnachten. Ich glaube, sogar meine Eltern haben das gemacht. Da kamen dann auch Verwandte aus anderen Dörfern. Es gab zu den Festen keine bestimmten Tänze. So große Auswahl hatten wir nicht. Wir gehörten ja nicht zur Intelligenz, sondern zum Bauernvolk. Da hat man alles gelassen genommen, so nach dem Motto: »Die Feste muss man feiern, wie sie fallen.« Da wurden zum Tanzen keine großen Vorbereitungen getroffen.

A. R., geb. 1919 in Fachria

Die Nachbarn der Dobrudschadeutschen

In der Dobrudscha lebten in einer Siedlung häufig bis zu sechs ethnische Gruppen nebeneinander, dieser Zustand pluriethnischer Ortschaften entsprach in der Dobrudscha bis zu einem gewissen Maß der Normalität.

> Und trotzdem die merkwürdige Erscheinung, dass überall und nach jeder Richtung die Scheidewände zwischen ihnen fest und undurchlöchert stehen! Jeder Teil bleibt streng für sich, lebt sein eigenes Leben und hält treu an seiner Eigenart fest. Gegenseitige Eheschließungen sind seltene Ausnahmen, und von einem Verschmelzungsprozess, oder auch nur von einem Aufsaugen dieser oder jener kleineren Gruppe durch eine größere, ist noch nirgends ein Anfang zu sehen. Diese auffallende Tatsache erklärt sich zum Teil dadurch, dass es sehr heterogene Volkselemente sind, die sich hier auf verhältnismäßig kleinem Raum zusammengefunden haben. Sodann hat uns aber der geschichtliche Verlauf der Besiedlung der Dobrudscha gezeigt, daß die gegenwärtige Bevölkerung bis auf einen geringen Bruchteil noch jung auf ihrem Boden ist. Seit dem Beginn der Neubesiedelung sind kaum mehr als zwei Generationen vergangen. So hat auch die Zeit bisher noch nicht die Kraft gehabt, eine Vermischung oder stärkere Annäherung der verschiedenen Elemente herbeizuführen.
>
> Traeger, 1922, S. 286

An dieser von Paul Traeger in den 1910er Jahren in der Dobrudscha beobachteten Situation sollte sich auch bis zur Umsiedlung der Dobrudschadeutschen 1940

Natalie Merkel (weißes Kreuz) aus Baltschik war 1918 Mitglied einer bulgarischen Spielgruppe in Dobritsch. Seit 1920 lebte sie als Natalie Weßling in Berlin-Hermsdorf.

kaum etwas ändern, wenn auch die Wände zwischen den Ethnien in Wirklichkeit doch etwas löchriger waren als hier beschrieben. Für 1882 gibt I. A. Nazaretean (S. 27) die Gesamtzahl der Bevölkerung für die beiden rumänischen Dobrudscha-Kreise Konstanza und Tulcea mit 166 812 an. Laut Grigore Gr. Dănescu setzte sich die Bevölkerung in der rumänischen Dobrudscha 1894, als diese inzwischen seit 16 Jahren zu Rumänien gehörte, folgendermaßen zusammen:

Ethnische Struktur der rumänischen Dobrudscha (Kreise Konstanza und Tulcea) im Jahr 1894

Nationalität	Kreis Konstanza	Kreis Tulcea	Dobrudscha	%
Rumänen	56.617	34.200	90.817	44,0
Bulgaren	10.079	25.000	35.079	17,0
Tataren	20.980	3.900	24.880	12,1
Russen/Lipowaner	1.340	22.000	23.340	11,3
Türken	7.230	5.000	12.230	5,9
Griechen	1.176	5.500	6.676	3,2
Deutsche	3.030	2.700	5.730	2,8
Juden	143	3.500	3.643	1,8
Armenier	372	700	1.072	0,5
Andere	841	2.100	2.941	1,4
Insgesamt	**101.808**	**104.600**	**206.408**	**100**

Dănescu, *Dicţionarul geografic, statistic, economic şi istoric al judeţului Tulcea*, S. 514;
Dănescu, *Dicţionarul geografic, statistic, economic şi istoric al judeţului Constanţa*, S. 258

Mit der Einführung der rumänischen Verwaltung in der Dobrudscha kam es auch zu einer Zuwanderung von Rumänen aus der Moldau und aus der Walachei, die in den ersten Jahren nach der Angliederung der Dobrudscha an Rumänien ungesteuert erfolgte. Die Rumänen konnten die Häuser der abwandernden Türken und Tataren übernehmen. Schließlich wurde die Ansiedlung von Rumänen in der Region zwischen Donau und Schwarzem Meer gezielt vorgenommen sowie staatlich institutionalisiert und forciert. Im Zuge dessen wurden etwa die Kriegsveteranen in der Dobrudscha unter Einräumung erheblicher Privilegien angesiedelt, wodurch sich die anderen ethnischen Gruppen wiederum benachteiligt fühlten. So auch die deutschen Kolonisten aus Bessarabien und Neurussland, die in den 1890er Jahren von der rumänischen Regierung ermuntert worden waren, sich in der Dobrudscha niederzulassen. Nicht selten wurden rumänische Veteranen auf dem ursprünglich deutschen Siedlern zugesagten Land angesiedelt. So wurde in einigen ursprünglich von Deutschen bewohnten Ortschaften wie Valala, Osmanfaca oder Caracicula Grund und Boden den Veteranen übereignet und die deutschen Siedler sahen sich gezwungen, diese Dörfer zu verlassen, um anderswo nach geeigneten Landflächen Ausschau zu halten (Traeger 1922, S. 280).

Für 1917 stellt Traeger fest: »Die Rumänisierung, so erfolgreich sie in Bezug auf die Einwohnerzahl gewesen ist, hatte noch nicht die Zeit und wohl auch nicht die innere Kraft, anziehend und erobernd auch auf die fremden Elemente zu wirken.« Die Bevölkerung, die man in beiden Teilen der Dobrudscha vorfindet, »ist im großen Ganzen eine neue Bevölkerung, eine, die sich nicht kontinuierlich aus alter Zeit entwickelt hat« (*Bilder aus der Dobrudscha*, S. 277). Zehn Jahre vor der Umsiedlung der Dobrudschadeutschen setzte sich die Bevölkerung laut rumänischer Volkszählung von 1930 dann wie folgt zusammen:

Ethnische Struktur der gesamten Dobrudscha laut der Volkszählung von 1930

Ethnie	**Kreis Konstanza**	**%**	**Kreis Tulcea**	**%**	**Kreis Kaliakra**	**%**	**Kreis Durostor**	**%**	**Dobrudscha**	**%**
Rumänen	167.756	66,2	115.276	62,6	37.640	22,6	40.088	19,0	360.572	44,2
Bulgaren	22.560	8,9	19.510	10,6	70.797	42,4	72.412	34,2	185.279	22,7
Türken	17.114	6,8	4.634	2,5	38.430	23,0	90.595	42,8	150.773	18,5
Russen, Lipowaner	3.832	1,5	22.378	12,2	1.000	0,6	216	0,1	27.426	3,4
Tataren	15.174	6,0	372	0,2	4.461	2,7	2.085	1,0	22.092	2,7
Deutsche	9.605	3,8	2.417	1,3	500	0,3	58	0,1	12.581	1,5
Griechen	4.616	1,8	3.127	1,7	1.027	0,6	258	0,1	9.023	1,1
Andere	12.624	5,0	16.323	8,9	13.056	7,8	5.726	2,7	47.729	5,9
Insgesamt	253.093	100	184.638	100	166.911	100	211.433	100	815.475	100

Vasile Popa 2006, S. 71

Rumänen

Verschiedene Reisende in der Dobrudscha erwähnen in ihren Beschreibungen immer wieder auch den walachischen und moldauischen Bevölkerungsanteil in dieser Region. In der rumänischen Geschichtsschreibung, der der Nachweis einer Bevölkerungskontinuität in den verschiedenen Landesteilen in national fokussierter Perspektive noch immer ein Anliegen ist, werden dabei stets dieselben Namen genannt. Der osmanische Schriftsteller Evliya Çelebi, der im 17. Jahrhundert das Osmanische Reich bereiste, geht in seinen Reisebeschreibungen immer wieder auf die Bevölkerung moldauischen und walachischen Ursprungs ein. Der aus Siebenbürgen stammende ungarische Schriftsteller und Politiker Mikes Kelemen erwähnt in seinen *Briefen aus der Türkei* (1717–1758) den rumänischen Bevölkerungsanteil von Cernavodă. Der dänische Schriftsteller Hans Christian Andersen berichtet von rumänischen Schäfern, die er 1840 auf dem Weg von

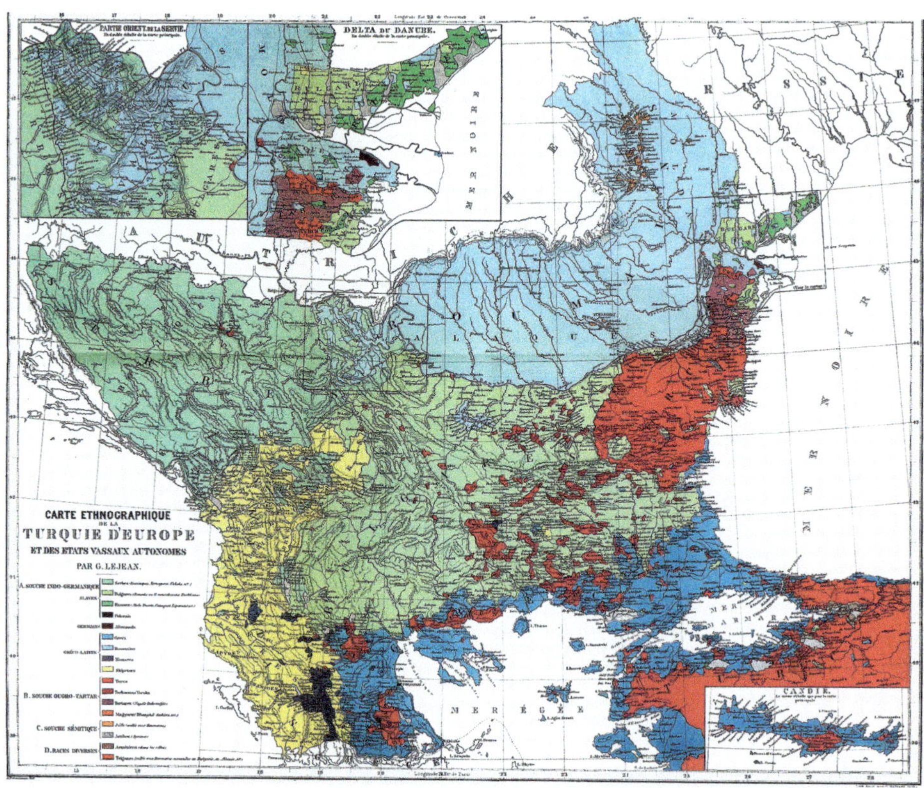

Ethnische Karte der europäischen Türkei und ihrer autonomen Vasallenstaaten von Guillaume Lejean, 1861

Konstanza nach Cernavodă beobachtete. Der französische Geograf und Ethnograf Guillaume Lejean bereiste zwischen 1857 und 1870 den europäischen Teil des Osmanischen Reiches, um Material für sein umfassendes Kartenwerk zum Balkan zu sammeln. Dabei schätzt er den Anteil der Rumänen in der Dobrudscha auf rund 33 000 Personen.

Neben Moldauern und Walachen lebten in der Dobrudscha noch die Mokanen (*mocani*) aus Siebenbürgen, eine transhumant lebende walachische Hirtenbevölkerung, die im saisonalen Wechsel zwischen den Karpaten und den steppenartigen Strauch- und Grasgebieten der Dobrudscha hauptsächlich Wanderweidewirtschaft mit Schafzucht betrieb. Von den Siebenbürger Sachsen in der Hermannstädter Region wurden sie auch als »Gebirgswalachen« bezeichnet.

Nach der Einführung der rumänischen Verwaltung 1878 verließen viele Muslime die Dobrudscha, die Lücken wurden gefüllt mit Rumänen aus allen Teilen Rumäniens. Dazu kamen die Kriegsveteranen, denen bevorzugt Wohnsitze in der Dobrudscha zugeteilt wurden. Die Dobrudscha wurde damit gewissermaßen zu einem ethnografischen Abbild aller rumänischen Regionen. Diese Entwicklung wurde tatkräftig von dem rumänischen Politiker Mihail Kogălniceanu gefördert – nach ihm sind offiziell die bis 1940 zum großen Teil von Dobrudschadeutschen besiedelten Gemeinden Karamurat im Kreis Konstanza sowie Enichioi im Kreis Tulcea benannt.

Der rumänische Politiker, Historiker und Publizist Mihail Kogălniceanu lernte während seines Aufenthalts in Berlin Friedrich Carl von Savigny, Begründer der Historischen Rechtsschule, Alexander von Humboldt, Mitbegründer der Geografie als empirischer Wissenschaft, und den Historiker Leopold von Ranke kennen, von denen er maßgeblich beeinflusst wurde.

Aromunen

Die Aromunen und die meglenitischen Vlachen stellen die jüngsten Bevölkerungsgruppen in der Dobrudscha dar, die erst in den 1920er Jahren in der Region angesiedelt wurden. Zur Ethnogenese der Aromunen und ihrer Siedlungsgebiete vor dem 8. Jahrhundert lassen die bisher bekannten Quellen keine eindeutigen Aussagen zu. Kerngebiet aromunischer Siedlungen ist das Pindos-Gebirge, welches sich heute im Norden Griechenlands, im

Südosten Albaniens und im Südwesten der Republik Nordmazedonien befindet, wo die Aromunen bis ins 13. Jahrhundert hauptsächlich als Wanderhirten lebten. Als ein Teil von ihnen sesshaft wurde, entstanden in den Bergen Siedlungen, die sich aufgrund der aromunischen Handelstätigkeiten im 16. und 17. Jahrhundert zu aufstrebenden Städten entwickelten. Die Suche nach neuen Weidegründen führte zu ersten Auswanderungswellen, die die aromunische Bevölkerung im Pindos-Gebirge zurückgehen ließen. Dieser Trend wurde im 17. und 18. Jahrhundert durch Abwanderung aromunischer Händler im Gefolge griechischer und armenischer Händler in die südosteuropäischen Zentren verstärkt. Es entstanden neue Siedlungen auf dem Balkan und in vielen Städten der Region neue aromunische Viertel, wie zum Beispiel in Thessaloniki, Konstantinopel, Belgrad, Bukarest, Ofen/Buda und Pest sowie in Wien.

Durch die Finanzierung von Schulen für die Aromunen in mehreren Balkanländern versuchte Rumänien zu Beginn des 20. Jahrhunderts, den aromunischen Bevölkerungsgruppen ihre Zugehörigkeit zur rumänischen Ethnie verstärkt ins Bewusstsein zu rufen. Nach den Balkankriegen wurden Aromunen in der von Rumänien annektierten Süddobrudscha angesiedelt, um die in die Türkei ausgewanderten, vertriebenen Tataren

Die aromunischen Inhaber des ehemaligen Hauses von Johannes Speitel in Tariverde haben den Hinweis auf den ehemaligen Eigentümer des Gebäudes (unter dem Giebelfenster links im eingebuchteten Feld: »Johannes J. Speitel. Tariverde 1911«) sorgfältig erhalten. Foto von 2014

Haus von Johannes Speitel in der 1. Hälfte des 20. Jahrhunderts

und Türken zu ersetzen, aber besonders um die rumänische Bevölkerungsgruppe in der Süddobrudscha zu stärken und zu vergrößern. Nach dem Frieden von Craiova wurde die Süddobrudscha 1940 wieder an Bulgarien angegliedert. Dies hatte zur Folge, dass die Aromunen nach ihrem kurzen Aufenthalt in der Süddobrudscha erneut umgesiedelt wurden, hauptsächlich in die von den Dobrudschadeutschen und Bulgaren verlassenen Orte in den Verwaltungskreisen Konstanza und Tulcea in der nördlichen Dobrudscha, die bei Rumänien verblieb. So wurden beispielsweise Aromunen, die ursprünglich aus Griechenland, Albanien und Bulgarien stammten, im deutschen Ortsteil von Karamurat, in Karatai und in Kobadin angesiedelt. Die traditionelle Wanderschäferei konnte in der steppenartigen Ebene nicht weiter fortgeführt werden, die Aromunen mussten sich in der Dobrudscha auf den ihnen bis dahin fremden Ackerbau umstellen. Ebenfalls in den 1920er Jahren wurden rund 450 Familien meglenitischer Vlachen beziehungsweise Meglenorumänen (Eigenbezeichnung *vlași*) aus Nordgriechenland und Südmakedonien zur Rumänisierung der Region in der Süddobrudscha angesiedelt; heute leben sie überwiegend in Cerna im Kreis Tulcea, einem Ort, der bis 1940 überwiegend von Bulgaren bewohnt war.

Der Zusammenbruch des Kommunismus hat es den Aromunen in Rumänien ermöglicht, sich unter Bezugnahme auf ihre Ethnizität als eigenständiges Volk von den Rumänen abzugrenzen, was allerdings sowohl offiziell als auch innerhalb der Gemeinschaft selbst nicht allgemein akzeptiert ist. In Rumänien sind die Aromunen nicht als nationale Minderheit anerkannt, sie werden als rumänischer Volksstamm betrachtet.

Orte in der rumänischen Dobrudscha, in denen 1940 Aromunen und meglenitische Vlachen angesiedelt wurden; mit Stern sind dobrudschadeutsche gekennzeichnet:

Kreis Konstanza		**Kreis Tulcea**	
Ort	Anzahl der Familien	Ort	Anzahl der Familien
Râmnicu	331	Nicolae Bălcescu	341
Sinoe	268	Beidaud	332
Mihai Viteazu	239	Mihail Kogălniceanu	307
Karamurat / Mihail Kogălniceanu*	229	Ceamurlia de Sus	303
Panduru	228	Cerna	262
Kodschalak / Cogealac*	169	Eschibaba	231
*Tariverde**	136	Sarighiol de Deal	220
Groß-Pallas / Palazu Mare*	119	Ceamurlia de Jos	200
Ovidiu	108	Camena	129
*Anadalchioi**	79	Tistimelu	84
Horoslar / Poiana*	70	Caugaz	75
Săcele	65	*Katalui* / Cataloi*	53
Kulelie / Colelia*	61	Agighiol	27
*Techirghiol**	60	*Tulcea**	23
Kobadin / Cobadin*	51	Lunca	16
Baia	50	Războieni	15
Karatai / Nisipari*	45	Casimcea	14
Neue Weingärten / Viile Noi*	45	*Malkotsch* / Malcoci*	12
Dobromir Vale	43	Mihai Bravu	10
Agigea	39	Babadag	8
Palazu Mic	39	Lascăr Catargiu	6
Tuzla	30		
Grădina-Cheia	20		
Dobromir Deal	16		
Mangalia	13		
Kodschalie / Lumina*	7		

Pârâu, *Multiculturalitatea în Dobrogea,* S. 213

Bulgaren

Die Ansiedlung von Bulgaren auf dem Territorium der heutigen Dobrudscha erfolgte in mehreren Etappen. Ihren Anfang nahm sie mit der Eingliederung der Region in das Erste Bulgarische Reich Ende des 7. Jahrhunderts. Mit der Erstürmung von Tarnowo 1393 durch die Osmanen endete die bulgarische Selbständigkeit. Der östliche Teil des Bulgarischen Reiches unter dem Herrscher Dobrotiza wurde unabhängig. War nun Ivanko, Sohn von Dobrotiza, der letzte Herrscher über die Dobrudscha oder der walachische Fürst Mircea der Alte? Bulgarische und rumänische Historiker streiten bis heute darüber, ob die Dobrudscha als bulgarisches oder walachisches Territorium unter die Kontrolle der Osmanen gelangte (Traeger, *Bilder aus der Dobrudscha*, S. 258 f.).

Die Zahl der Bulgaren in der Region stieg ab Mitte des 18. Jahrhunderts bis zum Beginn der ersten Hälfte des 19. Jahrhunderts durch Zuwanderung erheblich an, als zahlreiche bulgarische Siedlungen hauptsächlich um den Razim-See in der Norddobrudscha entstanden. Nach dem Krimkrieg flüchteten zahlreiche Tataren in die Dobrudscha, die häufig in der Nähe von oder in bulgarischen Dörfern der Region angesiedelt wurden. Die Bulgaren mussten den Tataren oft die besten Äcker und Weiden überlassen, so dass viele von ihnen den Versprechungen der russischen Regierung auf Privilegien und dem Ruf nach Neurussland folgten; allein 1861 verließen rund 10 000 Bulgaren die Dobrudscha in Richtung Krim (Traeger, *Bilder aus der Dobrudscha 1918*, S. 272).

Eine Bulgarin mit bestickter Weste, sie hält ein Kind im Arm. Aufnahme aus Srebarna, heute ein Naturreservat bei Silistra in der Süddobrudscha.

Der Vertrag von Craiova von 1940, durch den die Dobrudscha in einen bulgarischen Südteil und einen rumänischen Nordteil geteilt wurde, führte zu einer ethno-territorialen Entmischung von Bulgaren und Rumänen in der Region, die euphemistisch als Bevölkerungsaustausch umschrieben wurde. Tatsächlich handelte es sich um eine Zwangsumsiedlung. Innerhalb von nur drei Monaten mussten rund 61 000 Bulgaren die Norddobrudscha verlassen und gut 100.000 rumänische und aromunische Siedler, die zum großen Teil erst in den 1920er Jahren während des rumänischen Intermezzos in der Süddobrudscha angesiedelt worden waren, wurden aus dem Süden der Region in den nördlichen Teil zwangsumgesiedelt.

Tataren

Der Sieg von Dschingis Khan 1223 über die Russen führte auch zur Eroberung des Territoriums der nördlichen Dobrudscha. Die wenigen erschlossenen archäologischen, literarischen und numismatischen Quellen lassen die Annahme zu, dass die Ansiedlung von Tataren in der nördlichen Dobrudscha bereits unter Nogai Khan, dem Anführer der Goldenen Horde in der Region (1280–1310), begann. Die Nogaier erhielten zur Ansiedlung Grund und Boden sowie Material zum Hausbau. Ihr wirtschaftlicher Schwerpunkt war die Viehzucht mit Pferden und Rindern. Die wichtigsten und kompaktesten Siedlungen der Dobrudschatataren befanden sich in den Steppen im Zentrum und im Süden der Region, die besonders günstig für die Viehzucht waren.

Die Besetzung der Krim durch Russland 1873 veranlasste einen Teil der Krimtataren zur Auswanderung in die Dobrudscha. Das rasche Anwachsen der krimtatarischen Gruppe in der Dobrudscha blieb nicht ohne Konsequenzen. Diese betrafen nicht nur die Verschiebung des Anteils von Muslimen und Christen in der Region zugunsten ersterer sowie die Veränderung des Proporzes zwischen Tataren und Türken. Binnen kürzester Zeit wurden auch die Nogaier zur Minderheit innerhalb der tatarischen Bevölkerungsgruppe selbst. Die vor Kurzem noch dominierenden Nogai-Tataren verloren ihre ökonomischen und politischen Privilegien, was zu Friktionen zwischen den beiden Tatarengruppen führte. Die zahlenmäßig stärkere Gruppe der Krimtataren setzte sich schließlich kulturell und ökonomisch durch.

Niyazi Mehmet wurde 1878 in Vânători (türk. Aşçılar) im Kreis Konstanza geboren. Angesteckt von der Begeisterung seines krimtatarischen Vaters für die Krim, ging Mehmet nach seinem Studium als Lehrer auf die Halbinsel. Die russischen Behörden wiesen Mehmet wegen seines Einsatzes für die Krimtataren aus, daher wurde er im Anschluss Lehrer in Konstanza und danach im muslimischen Seminar in Medgidia. Als Herausgeber von Zeitschriften, Journalist, Pädagoge und Dichter setzte er sich vehement für die Selbstbestimmung der Krimtataren ein. Er starb 1931 in Medgidia, wo er auch beerdigt liegt. Foto von 2014

Die Tataren bildeten 1878 die stärkste ethnische Gruppe in der Dobrudscha, ohne allerdings die numerische Mehrheit zu erreichen. Unter rumänischer Verwaltung verlor die tatarische Minderheit allerdings recht schnell rund zwei Drittel ihrer Bevölkerung, denn aufgrund der neuen politischen Situation verließen viele Tataren, oft nicht unbedingt freiwillig, die Dobrudscha in Richtung Türkei. Während der russischen Besatzung und auch noch in den ersten Monaten der rumänischen Verwaltung in der Dobrudscha kam es zu Verwüstungen von Dörfern, Überfällen auf die Zivilbevölkerung und Vergewaltigungen; davon waren die muslimischen wie die christlichen Bevölkerungsgruppen in der Region gleichermaßen betroffen. Diesen Zuständen konnte erst 1881 ein Ende gesetzt werden. Nach 1916 wurde die Auswanderung der Dobrudschamuslime größtenteils durch staatliche Institutionen des Osmanischen Reiches organisiert. Allerdings wurden die Rückbesinnung der Dobrudschatataren auf ihre krimtatarische Herkunft und die Herausbildung eines tatarischen Nationalismus ab Mitte der 1930er Jahre von den türkischen Nationalisten als hemmend für eine Aufnahme der Dobrudschamuslime in die Türkei aufgefasst.

Tatarische Kinder in Kobadin. Deutsche und tatarische Kobadiner blieben auch nach der Umsiedlung in Kontakt. So grüßten 1965 mit einem in der Türkei aufgenommenen Foto drei tatarische Männer ihre dobrudschadeutschen Freunde im *Jahrbuch der Dobrudschadeutschen* (Nr. 15, 1970, S. 67).

Der Tatare Izet Cabul in seinem Haus in Karamurat. Foto von 2014

Wie viele andere Gruppierungen hatte in der Zwischenkriegszeit die dobrudschatatarische Gruppe einen tiefergehenden Modernisierungsprozess durchgemacht, der sich in erster Linie an der gesellschaftlichen Erneuerung in der Türkei orientierte. Ein großer Teil der dobrudschatatarischen Elite nahm diese Reformen, wie beispielsweise die Abschaffung des Amtes des Kadi, des islamischen Richters, jedoch eher negativ auf, denn die Mehrheit der Amtsinhaber war tatarischer Abstammung. Des Weiteren fürchtete man eine verstärkte Türkisierung in Schule und religiösen Institutionen. Die Unterrichtssprache in den muslimischen Schulen war das osmanische Türkisch, das im Zuge der Reformen in der Türkei von persischen und arabischen Einflüssen »gereinigt« worden war und nun auch in der Dobrudscha gelehrt wurde.

Der Zweite Weltkrieg und die Errichtung des kommunistischen Regimes in Rumänien beendeten die Migration der Muslime in die Türkei, und fortan nahm die Anzahl der Tataren in der Dobrudscha nicht mehr weiter ab.

Türken

Für das Osmanische Reich war die Dobrudscha unter strategischen Gesichtspunkten eine wichtige Region. Sie bildete eine Grenzregion des Osmanischen Reiches, die ein wichtiges militärisches Aufmarsch- und Durchgangsgebiet darstellte, durch die aber auch eine bedeutende Handelsroute verlief. Diese reichte von der osmanischen Hauptstadt über Babadag und Isaccea in der Dobrudscha bis nach Polen. Entlang dieser Strecke wurden bereits unter Sultan Bayezid I. die ersten Turkstämme aus Anatolien angesiedelt. Aus diesen Bevölkerungsgruppen wurden unter anderem Hilfstruppen für die osmanische Armee rekrutiert.

Wie im Osmanischen Reich hatten die religiösen Orden auch in der Dobrudscha eine tragende Rolle bei der Festigung des Islams in der Region eingenommen. Wichtig waren sie außerdem im politischen sowie im militärischen Leben. Neben den Moscheen und muslimischen Friedhöfen sind auch Mausoleen und Grabdenkmäler von bedeutenden Derwischen (Mönchen) erhalten, beispielsweise das von Murat Baba in Karamurat. Diese Gedenkstätten, genauso wie die wegen des tiefen Grundwasserspiegels oft bis zu zwölf Meter tiefen Brunnen mit Ziehstange, prägen heute noch die Landschaft der Dobrudscha. Die muslimische Bevölkerung in der Dobrudscha bekennt sich fast ausnahmslos zum sunnitischen Islam hanafitischer Rechtsschule.

Nach dem Russisch-Osmanischen Krieg 1877/78 kam es zu einer ersten großen Fluchtwelle der türkischen Bevölkerung aus der Dobrudscha in das Osmanische Reich. Die teilweise Rückansiedlung dieser muslimischen Bevölkerung konnte

Grabesstätte von Ali Gaza Pascha in Babadag. General Ali Gaza Pascha veranlasste zu Beginn des 17. Jahrhunderts, dass in seiner Residenzstadt eine Moschee errichtet wurde, die seinen Namen trägt. Nach seinem Tod wurde ihm in der Nähe der Moschee diese Grabesstätte errichtet. Foto von 2014

Schafherde am Dorfbrunnen von Fântâna Mare (türk. *Başpınar*), einem bis in die Gegenwart von überwiegend Muslimen bewohnten Dorf im Kreis Konstanza, wie sie heute noch in vielen muslimischen Siedlungen der Dobrudscha zu sehen sind. Foto von 2014

den Beginn des Exodus der Türken (und Tataren) nach der Angliederung der Norddobrudscha an Rumänien 1878 nicht mehr aufhalten, obwohl Rumänien in der Region keine explizit antimuslimische Politik verfolgte.

Die neu gegründete Türkische Republik begann schließlich Ende der 1920er Jahre aus pragmatischen Motiven, sich verstärkt für die Auslandstürken zu interessieren, einerseits um dünn besiedelte Gebiete in Anatolien mit ihnen aufzufüllen, andererseits aber auch, um den Führungsanspruch in der »türkischen Welt« wieder neu zu beleben. Deshalb führte sie mit Unterstützung ihrer Vertretungen besonders auf dem Balkan eine häufig aggressive Migrationspolitik durch. Durch das Migrationsabkommen mit der Türkei vom 4. September 1936 unterstützten rumänische Behörden die Abwanderung der Muslime. Daraufhin stieg die Zahl der Dobrudschatürken, die in die Türkei auswanderten, erneut an.

Nach dem Zweiten Weltkrieg begegnete man der türkischen Minderheit, ähnlich wie auch der tatarischen Minorität, von offizieller rumänischer Seite voller Miss-

Die Sultan Esmahan-Moschee, ältestes muslimisches Gotteshaus auf dem Territorium Rumäniens, wurde 1573 in Mangalia von der Tochter Sultan Selims II. errichtet.

trauen. Beiden Minderheitengruppen wurde vorgeworfen, sowohl von islamistischen als auch von antikommunistischen und nationalistischen Kräften durchdrungen zu sein, die von einer ausländischen feindlichen Macht, nämlich der Türkei, gesteuert seien. Die türkische und die tatarische Minderheit wurden in offiziellen Dokumenten von der Mitte der 1940er bis Mitte/Ende der 1950er Jahre entweder als eine gemeinsame »türkische« Minderheit oder als religiöse (muslimische) Minorität, dann aber auch wieder als zwei voneinander unabhängige Minderheiten geführt und bezeichnet.

Im ländlichen Raum der Dobrudscha führten die Türken bis in die 1950er Jahre hinein ein hauptsächlich auf die eigene Gemeinschaft konzentriertes Leben; nichtmuslimische Einflüsse wurden weitgehend ausgeklammert. Zwar half diese Einstellung, die Traditionen und das Brauchtum zu bewahren, sie bremste gleichzeitig aber den sozialen und ökonomischen Fortschritt innerhalb der türkischen Bevölkerungsgruppe. Die rasche Urbanisierung Rumäniens ab der Mitte der 1950er Jahre erfasste aber auch die Dobrudschatürken, die nun zunehmend ihre Heimatdörfer verließen, um in den großen Industriebetrieben zu arbeiten. Der Umzug der einst ländlichen Bevölkerung hat im urbanen Raum, wo sie nicht mehr in einer homogenen türkischen Gemeinschaft leben wie auf dem Dorf, den weitgehenden Verlust ihrer Traditionen zur Folge.

Tscherkessen

Eine weitere muslimische Bevölkerungsgruppe in der Dobrudscha bildeten die Tscherkessen. Das ursprünglich im Kaukasus beheimatete Volk der Tscherkessen wurde vor allem seit dem Ende des Krimkriegs (1853–1856) vom russischen Zaren aus seiner Heimat vertrieben. Von Zar Alexander II. im April 1864 vor die Wahl gestellt, sich entweder in Regionen umsiedeln zu lassen, in denen sie von den russischen Behörden besser kontrolliert werden konnten, oder ins Osmanische Reich auszuwandern, flüchteten die meisten Tscherkessen. Laut einigen Schätzungen wurden etwa 1,2 Millionen Tscherkessen aus ihrer Heimat vertrieben, von denen rund ein Drittel die Flucht nicht überlebte. Rund 20 000 Tscherkessen wurden von der Hohen Pforte in der nördlichen Dobrudscha angesiedelt, unter anderem in der Nähe der deutschen Kolonien Atmadscha und Tschukurowa. In der Nähe dieser Dörfer trägt noch heute eine Ortschaft einen Namen, der an diese ethnische Gruppe erinnert: Slava Cercheză. Heute ist die Siedlung überwiegend von russischen Lipowanern bewohnt. In vielen Berichten der deutschen Siedler gerade aus diesen Niederlassungen wird über die häufigen Überfälle und Plünderungen durch die Tscherkessen geklagt, die damit ihr eigenes Überleben zu sichern suchten, aber zum Schrecken und zur Plage für die anderen Dobrudschabewohner wurden. Nach der Angliederung der Dobrudscha 1878 an Rumänien fand diese Bedrohung für die Landbevölkerung zwischen Donau und Schwarzem Meer ein rasches Ende; die Tscherkessen verließen die Region vollständig in Richtung Osmanisches Reich.

Ukrainer

Nach Beendigung des Russisch-Türkischen Krieges widersetzten sich 1774 die ukrainischen Kosaken von Saporischschja einer Besiedlung ihres Gebietes mit Russen. Zarin Katharina II. zerschlug ihre Militärorganisation und ließ deren Führung nach Sibirien deportieren. Daraufhin flüchteten etwa 5 000 ukrainische Kosaken, denen sich in Podolien noch eine nicht unerhebliche Zahl von Bauern anschloss, in die damals osmanische Dobrudscha. Nach Auseinandersetzungen mit den im Donaudelta bereits siedelnden russischen Altgläubigen ließen sich die Kosaken in entlegenen Ortschaften zwischen dem Sfântu Gheorghe-Arm und dem Razim-See nieder, wo sie Zuflucht vor Verfolgung fanden. Auch in der Dobrudscha blieben die Ukrainer zunächst ihren althergebrachten militärischen Strukturen treu und organisierten sich in der sogenannten Sitsch, einem befestigten Verwaltungszentrum, in dem sich ihre traditionelle Lebensweise und ihre militärdemokratische Ordnung erhielten. In unmittelbarer Nähe der Sitsch, in der nur ledige Kämpfer leben durften, errichteten die ukrainischen Familien ihre Siedlungen. Diese Familien ließen sich auch deshalb im Donaudelta nieder, weil sie hier ihren bereits am Dnjepr ausgeübten traditionellen Hauptbeschäftigungen, dem Fischen und der Jagd, nachgehen konnten.

Andere Ukrainer, die später in die Dobrudscha kamen, betrieben Landwirtschaft und ließen sich deshalb vorwiegend in Orten außerhalb des Deltas in der Nähe der Stadt Tulcea nieder.

Zu Ostern 1828 erschütterte ein einschneidendes Ereignis die ukrainischen Siedlungen im Donaudelta: Die Flucht des Kosakenführers Yosyp Hladky mit einem Teil der Kosaken nach Russland wurde von der Hohen Pforte als Verrat gedeutet. Dies führte zur Auflösung der Sitsch jenseits der Donau. Ein Teil der zurückgebliebenen Donaukosaken wurde getötet oder inhaftiert. Um der Rache der

Osmanen zu entgehen, zogen viele Ukrainer in die naheliegenden Städte, was den Niedergang einiger ihrer Dörfer zur Folge hatte. Nach nur kurzer Zeit in Russland wurden die Kosaken Hladkys in die reguläre Armee eingegliedert, was bei vielen von ihnen Unzufriedenheit auslöste. Dies veranlasste erneut viele ehemalige Kosaken zur Rückkehr in die Norddobrudscha.

Die Angaben zur Größe dieser Bevölkerungsgruppe in der Mitte des 19. Jahrhunderts schwanken zwischen 10 000 (A. Ioanne, E. Engelhardt) und 50 000 (Poujarde). Die Ukrainer in der Dobrudscha erhielten von der Hohen Pforte gewisse Privilegien. So stellte ihnen die osmanische Verwaltung Boden zur Verfügung, für den sie sechs Jahre lang keine Steuern zahlen mussten. Nach zwanzig Jahren Nutzung ging der Grund in ihr Eigentum über. Darüber hinaus sicherten die Ukrainer ihren Lebensunterhalt durch Viehzucht und Fischfang; die Frauen taten sich besonders im Weben hervor.

Die Ukrainer in der Dobrudscha bekennen sich zur Orthodoxie alten Stils. Sie sind in der Regel Nachkommen von Einwanderern, die aus unterschiedlichen Regionen der Ukraine stammten. Die neu herausgebildeten dobrudscha-ukrainischen Traditionen können deswegen nur selten auf ein bestimmtes Gebiet in der Ukraine zurückgeführt werden, sondern stellen vielfach eine Mischung ver-

Die Kosaken der Sitsch von Saporischschja antworten dem türkischen Sultan. Die Szene bezieht sich auf einen von Beleidigungen und Vulgaritäten strotzenden Brief, den die im Kampf siegreichen Kosaken dem Ultimatum Sultan Mehmeds, sich ihm trotzdem zu unterwerfen, 1676 entgegenhielten. Gemälde von Ilja Repin, zwischen 1878 und 1891

Ukrainer in Caraorman. Foto von 2014

schiedener regionaler Überlieferungen dar – ähnlich wie bei den Dobrudschadeutschen.

Von den anderen Ethnien werden die Ukrainer in der Dobrudscha auch Chacholen (rum. *haholi*, russ. *hohly*) genannt, was auf die Frisur der ukrainischen Kosaken verweist, die aus einem Haarbüschel auf der oberen Kopfhälfte bestand. Die meisten Dobrudscha-Ukrainer empfinden diese Bezeichnung als pejorativ und lehnen sie deshalb ab.

Russen

Nach der Reform der russisch-orthodoxen Kirche 1667 und der Verfolgung der Reformgegner (russ. *raskolniki*) durch die Regentin Sofia im Jahre 1685 mussten die Altgläubigen aus Russland fliehen. Ein Teil der Reformgegner kam in die Bukowina und in die osmanische Dobrudscha.

Die überwiegende Mehrheit der Russen in der Dobrudscha bekennt sich zum orthodoxen Glauben alten Ritus. Sie gehören im Wesentlichen zwei Richtungen an, die sich nur geringfügig voneinander unterscheiden: die Altgläubigen mit Priester (russ. *popovcy*) und die kleinere Gruppe der Altgläubigen ohne Priester (russ. *bespopovcy*). Letztere erkannten die vom Metropoliten geweihten Priester nicht an und lehnten auch die Pfarrer der offiziellen russischen Kirche ab. Der Gottesdienst wurde von Predigern gestaltet. Nach dem politischen Umbruch erkannte diese Gruppe im März 1990 den Erzbischof von Nowozybkow (Region Brjansk, Russland) als ihr Oberhaupt an, und somit wurde der Klerus bei ihnen wieder eingeführt. Sie verfügen über Kirchen in fünf Orten: in Sarichioi, Slava Cercheză, Slava Rusă, Tulcea sowie in Mahmudia. Auch in diesen Siedlungen bilden sie innerhalb der russischen Altgläubigen eine Minderheit.

Laut einer Theorie wurden alle Russen alten Ritus (russ. *russkie staroobrjadzy*) oder Altgläubige (russ. *starowery*), wie sie sich selbst bezeichneten, in der Bukowina von den österreichischen Behörden

Russische Altgläubige während einer Zeremonie an Mariä Himmelfahrt im Kloster Uspenia in Slava Rusă. Foto von 2014

Lipowaner beim Fischen mit Reusen im Donaudelta

als Lipowaner geführt – benannt nach ihrem ersten Siedlungsort auf dem heutigen Territorium Rumäniens, Lipoveni – was gleichbedeutend ist mit russischer Bevölkerung, die aus Russland flüchtete und die sich dem orthodoxen Glauben alten Ritus verpflichtet fühlt. Seit 1990 führt nun die politisch-kulturelle Interessenvertretung Gemeinschaft der Russischen Lipowaner in Rumänien den Begriff *(russkich-lipovane)* in ihrem Namen.

In die Dobrudscha sind aus Russland auch Anhänger von Sekten geflohen: Die religiöse Sondergemeinschaft der Skopzen (»Verschnittene, Eunuchen, Kastraten«) lebte die Askese in rituellen Verstümmelungen der äußeren Genitalien und der weiblichen Brust aus. Später praktizierte die Gruppe »geistlicher Skopzen« keine körperlichen Verstümmelungen mehr, forderte allerdings die totale sexuelle Enthaltsamkeit von ihren Mitgliedern. Von der russisch-orthodoxen Kirche hatte sich auch die spirituelle Gemeinschaft der Molokanen (»Milchtrinker«) abgespalten, die sich in der Nachfolge des Urchristentums sieht. Laut Traeger lebten in der Dobrudscha noch aus Russland zugewanderte Anhänger der Sekten der Subbotniki (»Sabbatarier«) und der Nemolioki. Die Mitglieder dieser Sekten, die häufig am Rande der lipowanischen Dörfer lebten, sind ab den 1940er Jahren während der Umgestaltung der Gesellschaft und aufgrund von Verfolgungen weitgehend in den russisch-lipowanischen Gemeinschaften aufgegangen.

Juden

Bereits zu Zeiten der griechischen Handelskolonien lebten Juden zwischen Donau und Schwarzem Meer. Aus der Zeit der osmanischen Herrschaft über die Dobrudscha gibt es nur spärliche Zeugnisse über jüdische Gemeinschaften in der Region. Erst im 19. Jahrhundert, etwa zu der Zeit, als auch die Einwanderung der deutschen Kolonisten begann, wuchs die jüdische Bevölkerung in der Dobrudscha, vor allem im städtischen Bereich. So spricht Ion Ionescu de la Brad im Jahr 1850 von 69 jüdischen Familien in Babadag, 30 in Tulcea und 20 in Isaccea. In der Region wurden auch Synagogen errichtet: 1843, 1855 und 1860 in Tulcea sowie 1866 und 1872 in Konstanza. Nach der Angliederung der Dobrudscha an Rumänien im Jahr 1878 wurden in der Region für die

Der Choral-Tempel wurde 1888 in Tulcea erbaut. Er ist eines der wenigen Gebäude, der auf das einst jüdische Leben in dem Viertel hinweist. Die 2014 renovierte Synagoge dient auch heute der nur noch sehr kleinen jüdischen Gemeinde von Tulcea als Gebetshaus. Foto von 2020

wachsende jüdische Bevölkerung weitere Synagogen gebaut.

Nach der Ermordung des Zaren Alexander II. kam es unter seinem Nachfolger, Alexander III., in Odessa, Kiew und anderen russischen Städten zu antijüdischen Ausschreitungen, die zu Pogromen führten. Daraufhin flohen Zehntausende Juden nach Rumänien. In der rumänischen Politik und Presse wurde über ihre Ansiedlung im ländlichen Bereich der Dobrudscha diskutiert, dieser Vorschlag wurde allerdings nicht umgesetzt. Nach dem blutigen Kischinauer Pogrom von 1903 flohen erneut zahlreiche Juden aus dem Zarenreich, vor allem in die rumänische Moldau und die österreichische Bukowina. Doch auch in Rumänien kam es zu Ausschreitungen, vor allem gegen jüdische Händler und Pächter, und an den Universitäten gab es antijüdische Demonstrationen. Auch um dort dem großen Andrang rumänischer Studenten Herr zu werden, wurde eine Beschränkung der Anzahl jüdischer Studierender gefordert. In diesem Milieu

Deutsche Mädchen, Tatarinnen, Bulgarinnen und Rumäninnen stehen Schlange beim jüdischen Stoffhändler, vermutlich in Silistra in der bulgarischen Dobrudscha.

entstanden die »Eiserne Garde« und die »Christlich-Nationale Partei« des Octavian Goga, die Judenfeindlichkeit in ihre

Die aschkenasische Große Synagoge in Konstanza wurde in den 1910er Jahren errichtet. Die Ruine kann nicht mehr als Gebetshaus genutzt werden. Die sephardische Synagoge in Konstanza wurde während des Erdbebens 1977 stark beschädigt und danach abgerissen.

Programme aufnahmen. Die Situation der Juden im Land verschlechterte sich zunehmend, als die Regierung Goga am 22. Januar 1938 ein Dekret erließ, das zur Folge hatte, dass die den Juden nach dem Ersten Weltkrieg gewährte rumänische Staatsbürgerschaft »überprüft« wurde. Es folgten gesetzliche Einschränkungen für Juden in der Berufsausübung, aber auch im Verbandswesen und an den Universitäten. Ab 1940 kam es unter dem Terminus »Rumänisierung« zu Entlassungen und Enteignungen von Juden. Die Verfolgung der Juden in Rumänien richtete sich in erster Linie nach geografischen Kriterien. In der Dobrudscha blieben sie von Deportationen weitgehend verschont. Die antijüdischen Gesetze wurden auch nicht konsequent angewandt, vielmehr konnten die Betroffenen mit den rumänischen Behörden Ausnahmen aushandeln. Dies galt allerdings nicht für die Juden Bessarabiens und der Nordbukowina; sie wurden nach Transnistrien deportiert und in Konzentrationslager gebracht. Edgar Hilsenrath hat den dort ermordeten Juden mit seinem Roman *Nacht* ein Denkmal gesetzt.

Während des Zweiten Weltkriegs sind viele osteuropäische Juden über den Hafen von Konstanza vor der Verfolgung durch die Nationalsozialisten auf dem Seeweg nach Israel geflohen. Die Passage von Konstanza aus war eine der letzten offenen Fluchtrouten. Bekannt wurde der tragische Fall der Struma, die mit fast 800 jüdischen Flüchtlingen an Bord in Istanbul an der Weiterfahrt nach Palästina

ידיעו — Sonntag, den 9. Januar 1972

Geheimdokumente bestätigen:

England schickte die Olim der „Struma“ in den Tod

London (I) — Die jetzt veröffentlichten Geheimdokumente des englischen Kolonialministeriums enthüllen interessante Einzelheiten über die Katastrophe der „Struma“, die im Herbst 1942 im Bosporus gesunken war und an 750 Maapilim ins Meeresgrab mit sich riss. Nur drei Ueberlebende wurden vom torpedierten Schiff gerettet.

Die Geheimdokumente bestätigen ganz klar, was man in Israel immer angenommen hat: dass die Intervention der englischen Regierung die Türkei bewogen hat, das als seeuntüchtig befundene Schiff zum Verlassen des Hafens von Istanbul zu zwingen, mit dem Befehl, in den Ausgangshafen Constanza zurückzukehren. London hatte bisher offiziell immer wiederholt, die türkische Regierung hätte sich selbst zu diesem fatalen Schritt entschlossen.

Nun stellt sich heraus, dass der damalige englische Botschafter in Ankara, Sir Hugh Knatchbull-Hughessen seiner Regierung empfohlen hatte, die 750 jüdische Flüchtlinge, die auf der „Struma“ der europäischen Hölle entronnen waren, aus humanitären Gründen nach Palästina hereinzulassen. Dies stiess aber auf heftigsten Widerstand des damaligen antisemitischen High Commissioners Harold MacMichael, dessen Standpunkt von leitenden Beamten des Kolonialministeriums unterstützt wurde.

Einer dieser Beamten schrieb in einem charakteristischen Memorandum: „Die türkische Regierung zeigte jetzt das erste Mal Zeichen der Bereitwilligkeit, an der Verhinderung der illegalen Einwanderung nach Palästina mitzuwirken, und nun kommt der Botschafter und verdirbt alles, aus humanitären Gründen, die auf einen verblüffenden Mangel seiner Urteilskraft deuten.“ Ein anderer Beamter begnügte sich mit der Bemerkung, dass „Sir Hugh (Knatchbull-Hughessen) eine ausgezeichnete Gelegenheit verpasst hat »diese Leute« (die Maapilim der Struma) in Istanbul aufzuhalten und sie nach Constanza zurückzuschicken“.

Auf Verlangen des Kolonialministeriums schritt d. Foreign Office ein und kurz darauf gaben die türkischen Behörden den Befehl zur Rückkehr des Schiffes nach Constanza. Kurz nach der Ausfahrt aus dem Hafen wurde das Schiff im Bosporus torpediert (oder stiess vielleicht auf eine Seemine) und sank. England lehnte jede Verantwortung ab.

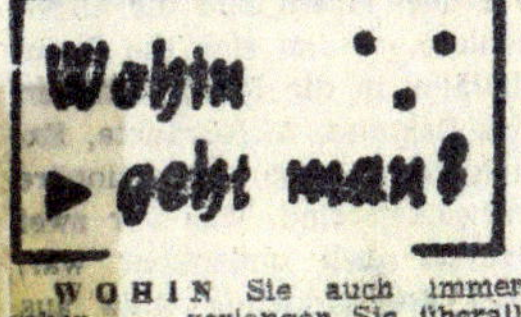

Nicht die türkische, sondern die englische Regierung hatte das seeuntüchtige Schiff Struma aus dem Istanbuler Hafen zurück zum Ausgangshafen Konstanza befohlen, den es nicht mehr erreichte; Ausschnitt aus einer israelischen Zeitung.

gehindert und schließlich von einem sowjetischen U-Boot versenkt wurde, wobei fast alle Besatzungsmitglieder und Passagiere getötet wurden.

Nach Ende des Zweiten Weltkriegs entstand wieder ein Dachverband der Jüdischen Gemeinschaften, doch eine Wiedergutmachung erfolgte nicht. Ab Ende der 1950er Jahre konnte der Großteil der jüdischen Bevölkerung schließlich auswandern, nachdem Israel pro Person (abhängig vom Alter und von der Aus-

Jüdische Gräber auf dem Friedhof in Sulina im Donaudelta

Die armenische Kirche in Tulcea von Anfang des 19. Jahrhunderts; hier gibt es auch noch eine Filiale der armenischen Gemeinde.

bildung) eine Summe zwischen 4000 und 6000 US-Dollar an den kommunistischen Staat gezahlt hatte. Heute ist die Anzahl der Juden in der Dobrudscha und in ganz Rumänien so gering, dass viele ehemalige jüdische Einrichtungen dem Verfall preisgegeben sind.

Armenier

Bedeutende Handelskarawanen, angeführt von einem armenischen Karwan-Baschi, durchquerten die Dobrudscha. Sie benutzten die Route von Lemberg, wo bereits seit dem 14. Jahrhundert Armenier lebten, über die Moldau und die Dobrudscha nach Isaccea, Babadag und Basardschik oder Silistra nach Konstantinopel. Die älteste armenische Gemeinschaft in der Dobrudscha ist für Silistra dokumentiert. Ebenfalls Anfang des 15. Jahrhunderts sind Armenier in Babadag urkundlich erwähnt. Große armenische Kolonien gab es auch in Konstanza und Tulcea, wo noch heute armenische Kirchen existieren. Das wichtigste Betätigungsfeld der Armenier in der Dobrudscha war der Handel, der Bereich, in dem sie vor allem beim Verkauf von Waren in Kontakt mit deutschen Siedlern traten. Die Armenier taten sich auch in der Dobrudscha auf dem Gebiet der Kaffeeröstung besonders hervor.

Roma

Die Roma sind Nachkommen von Nomaden indischer Herkunft, die über den Balkan auf das heutige Territorium Rumäniens eingewandert sind, nachdem sie lange Zeit im Byzantinischen Reich gelebt hatten. Dort erhielten sie auch ihre Bezeichnung »Zigeuner«. Weder im Byzantinischen noch im Osmanischen Reich waren sie freie Menschen, sondern Leibeigene, ähnlich wie auch in den rumänischen Fürstentümern.

Rauchende Zigeunerin, aufgenommen von der deutschen Etappenverwaltung zwischen 1916 und 1918

In der Dobrudscha gab es während der osmanischen Herrschaft Roma, die sich weitgehend in die türkischen und tatarischen Gemeinschaften integriert hatten. So gibt es zwischen Donau und Schwarzem Meer muslimische, orthodoxe und neoprotestantische Roma, die Romanes, Rumänisch oder Türkisch als Umgangssprache benutzen. Immer wieder taucht in älteren Darstellungen der Terminus »türkische Zigeuner« auf, der auch heute noch in der Dobrudscha gebräuchlich ist. Häufig wird dabei betont, dass diese allerdings außer der Religion nichts mit den Türken gemeinsam hätten. In ihrer eigenen Sprache bezeichnen sich die muslimischen Roma selbst als Xoraxané – ein Begriff, den sie auch für Tataren, Türken und andere Muslime verwenden. Die Roma bildeten folglich keine homogene Gruppe, sie unterschieden sich nach regionalen, religiösen, kulturellen, sozialen und sprachlichen Kriterien teilweise erheblich.

Muslimische Roma in Kobadin

Die muslimischen Roma fanden in der Statistik keine Berücksichtigung, sie gaben bei den Volkszählungen ihre Nationalität in der Regel mit türkisch an, weil die wenigsten sich selbst als Roma bezeichneten. In der Dobrudscha ist die Anzahl der Roma im Vergleich zu anderen Regionen Rumäniens und Bulgariens relativ gering.

Italiener

Im 1. Jahrhundert n. Chr. wurde die heutige Dobrudscha Teil der römischen Provinz Moesia. Der bekannteste Römer in Moesia war der Dichter Publius Ovidius Naso. Ovid, wie er im deutschsprachigen Raum genannt wird, wurde von Kaiser Augustus im Jahr 8 n. Chr. nach Tomis (dem heutigen Konstanza) verbannt. Im Exil schrieb Ovid die fünf Bücher *Tristia* (»Lieder der Trauer«) und die vier Bücher *Epistulae ex Ponto* (»Briefe vom Schwarzen Meer«). In den während der Verbannung entstandenen

Trauerelegien, die alle in Briefform entstanden sind, hadert er mit seinem Schicksal und beschreibt die Stadt und ihre Bewohner negativ. Von den Römern sind in der Dobrudscha zahlreiche archäologische Zeugnisse erhalten.

> Ovids Klage
> Zu spät wirft Rom, die Südlandmetze,
> Nach mir aus ihre heissen Netze;
> Ich flehe hier zum Skythenstern,
> Austustus' Aas ins Grab zu zerrn.
> Du. Fremdmeer, schenk mir gischtge
> Geisseln,
> Mein Wort in Wellen nachts zu meisseln;
> Du, Fremdwehn, das kein Segel schwellte,
> Schenk mir den Kahlschlag deiner Kälte,
> Schenk, Fremdland, mir die Flockenfülle,
> Dass ich in sie den Schneerumpf hülle;
> Fremdfrühling, der hier karg erglühte,
> Schenk mir den Brosam einer Blüte.
>
> Weißglas, *Aschenzeit,* S. 114

Ovid-Statue in Konstanza

Mitte des 13. Jahrhunderts gründeten die Genueser Kolonien im Schwarzmeerraum. Sie hielten sich bis 1475 in der Region – in diesem Jahr fielen die letzten Genueser Niederlassungen an das Osmanische Reich. Um 1300 wurde in Konstanza der Genueser Leuchtturm errichtet und zwischen 1858 und 1860 von Artin Aslan, einem französischen Ingenieur armenischer Abstammung, wieder originalgetreu nachgebaut.

Die Gründung der Europäischen Donaukommission 1856 mit Sitz in Sulina zog eine Anzahl italienischer Spezialisten in die Dobrudscha. In Sulina lebt bis heute eine kleine italienische Gemeinde. Auch für den nach dem Anschluss an Rumänien einsetzenden Modernisierungsschub wurden zahlreiche Fachkräfte, besonders im Bergbau, benötigt. Die Arbeiten im Steinbruch übernahmen in erster Linie Italiener, die zunächst im Winter wieder zu ihren Familien nach Italien zurückkehrten. Mit der Zeit ließen sie sich mit ihren Familien vor allem in Iacobdeal, Turcoaia und Greci nieder, blieben in der Mehrzahl allerdings italienische Staatsbürger, wie auch die Italiener von Katalui. Diese rund 40 italienischen Familien kamen zunächst in die Moldau, von wo aus sie 1889 nach Katalui zogen und in der Nähe des deutschen Ortsteils ihr eigenes Viertel errichteten. Die Kataluier Italiener pachteten gut 1 000 Hektar Land und widmeten sich genauso der Landwirtschaft wie ihre baptistischen und lutherischen deutschen Nachbarn. Die italienische Gemeinschaft hatte ihre eigene Schule, sie errichtete sich eine römisch-katholische Kirche und bestattete ihre Toten auf einem eigenen Friedhof. Die Italiener in Konstanza, Tulcea und Sulina waren überwiegend im Hafen und auf den Werften tätig.

Noch vor der Umsiedlung der Dobrudschadeutschen 1940 ins Dritte Reich wurde auch der größte Teil der italienischen Gemeinschaft der Dobrudscha, überwiegend als italienische Staatsbürger, nach Italien rückgesiedelt. Die meisten in der Dobrudscha verbliebenen Italiener waren rumänische Staatsbürger wie die in dem Ort Greci, wo heute noch eine kleine italienische Gemeinschaft existiert. In Katalui blieb nur eine einzige italienische Familie zurück.

Einige Grabsteine italienischer Kolonisten wurden auf dem ehemaligen katholischen Friedhof von Katalui zu einem Gedenkensemble vereint und sind sichtbare Zeugnisse der einstigen italienischen Besiedlung des Ortes.

Der Genueser Leuchtturm liegt in einem kleinen Park an der Promenade in Konstanza.

Griechen

Sehr früh lassen sich griechische Siedlungen in der Dobrudscha nachweisen. Eine der ältesten und bedeutendsten griechischen Handelskolonien in der Region ist Histria (gr. *Ἰστρίη*). Die Ruinen der an-

Tropaeum Traiani

Das Tropaeum Traiani oder Siegesdenkmal von Adamklissi/Adamclisi steht in der Dobrudscha. Es wurde im Jahr 109 n. Ch. in der damaligen Region Moesia Inferior errichtet, um an den Sieg des römischen Kaisers Trajan über die Daker in der Schlacht von Adamklissi im Winter 101/102 n. Ch. zu erinnern. Im Jahr 1977 wurde das Denkmal rekonstruiert. Teile des ursprünglichen römischen Denkmals und weitere archäologische Objekte befinden sich im nahe gelegenen Museum. Der Ort Adamklissi war während der osmanischen Herrschaft über die Region mit Türken besiedelt. Nach der Angliederung der Dobrudscha an Rumänien 1887 und der Auswanderung der Türken wurden in Adamklissi Rumänen aus Siebenbürgen und der Walachei angesiedelt.

Das Siegesdenkmal von Adamklissi. Foto von 2017

Die griechische Kirche von Sulina wurde 1866 geweiht. Nach dem Zweiten Weltkrieg wurde sie der rumänisch-orthodoxen Kirche übergeben, obwohl in der Stadt noch eine kleine griechische Gemeinschaft verblieben ist.

tiken Stadt, die Ende des 7. Jahrhunderts v. Chr. gegründet wurde, liegen rund zehn Kilomenter von der Meeresküste entfernt in der Nähe des heutigen Ortes Istria. Nördlich davon, auf dem Gebiet der gegenwärtig überwiegend von russischen Lipowanern bewohnten Siedlung Jurilovca, lag die Niederlassung Orgame (gr. *Ὀργάμη*, lat. *Argamum*), eine Tochterstadt von Histria. Südlich von Histria befand sich die griechische Kolonie Tomis (gr. *Τόμις*), die sich auf dem Stadtgebiet von Konstanza befand. Tomis hatte durch den günstigen Ankerplatz eine bedeutende handelswirtschaftliche Funktion, so dass es Ende des 3. Jahrhunderts zum Haupthafen am Pontos Euxeinos, also am Schwarzen Meer wurde. Eine weitere wichtige griechische Kolonie war Kallatis (gr. *Κάλλατις*), die sich auf dem Territorium von Mangalia befand und eine eher agrarische Entwicklung nahm. Auf dem Gebiet des heutigen Baltschik befand sich im 7. Jahrhundert v. Chr. die von Ioniern aus Milet gegründete Siedlung Krounoi (gr. *Κρουνοι*), die seit der zweiten Hälfte des 3. Jahrhunderts v. Chr. unter dem Namen Dionysopolis (gr. *Διονυσόπολις*) bekannt ist.

Griechen lebten über die Jahrhunderte in der Dobrudscha vor allem als Händler. Im 19. Jahrhundert stieg die Zahl der griechischen Bevölkerung besonders in den Donauhäfen, beispielsweise in Sulina im Donaudelta. Hier lebten und arbeiteten Mitte des 19. Jahrhunderts 14 ethnische Gruppen. Rund achtzig Prozent der Bevölkerung waren Griechen, die überwiegend im Handel und im Hafen arbeiteten, so dass die Wirtschaftssprache das Griechische war. In Sulina gab es zwei griechischsprachige Schulen und eine griechische Kirche. Außer in Sulina sind heute noch griechische Gemeinschaften in der Dobrudscha besonders in Izvoarele, Tulcea und Konstanza zu finden.

Die Dobrudschadeutschen und ihre Nachbarn – Fazit

Norddobrudscha

Ethnizität	1880	1899	1913	1930	1956	1966	1977	1992	2002	2011
Insgesamt	139.671	258.242	380.430	437.131	593.659	702.461	863.348	1.019.766	971.643	897.165
Rumänen	43.671 *31 %*	118.919 *46 %*	216.425 *56,8 %*	282.844 *64,7 %*	514.331 *86,6 %*	622.996 *88,7 %*	784.934 *90,9 %*	926.608 *90,8 %*	883.620 *90,9 %*	751.190 *83,7 %*
Tataren	29.476 *21 %*	28.670 *11 %*	21.350 *5,6 %*	15.546 *3,6 %*	20.239 *3,4 %*	21.939 *3,1 %*	22.875 *2,65 %*	24.185 *2,4 %*	23.409 *2,4 %*	19.720 *2,2 %*
Bulgaren	24.915 *17 %*	38.439 *14 %*	51.149 *13,4 %*	42.070 *9,6 %*	749 *0,13 %*	524 *0,07 %*	415 *0,05 %*	311 *0,03 %*	135 *0,01 %*	58 *<0,01 %*
Türken	18.624 *13 %*	12.146 *4 %*	20.092 *5,3 %*	21.748 *5 %*	11.994 *2 %*	16.209 *2,3 %*	21.666 *2,5 %*	27.685 *2,7 %*	27.580 *2,8 %*	22.500 *2,5 %*
Russen-Lipowaner	8.250 *6 %*	12.801 *5 %*	35.859*	26.210 *6 %*	29.944 *5 %*	30.509 *4,35 %*	24.098 *2,8 %*	26.154 *2,6 %*	21.623 *2,2 %*	13.910 *1,6 %*
Ukrainer	455 *0,3 %*	13.680 *5 %*	*9,4 %*	33 *0,01 %*	7.025 *1,18 %*	5.154 *0,73 %*	2.639 *0,3 %*	4.101 *0,4 %*	1.465 *0,1 %*	1.117 *0,1 %*
Griechen	4.015 *2,8 %*	8.445 *3 %*	9.999 *2,6 %*	7.743 *1,8 %*	1.399 *0,24 %*	908 *0,13 %*	635 *0,07 %*	1.230 *0,12 %*	2.270 *0,23 %*	1.447 *0,1 %*
Deutsche	2.461 *1,7 %*	8.566 *3 %*	7.697 *2 %*	12.023 *2,75 %*	735 *0,12 %*	599 *0,09 %*	648 *0,08 %*	677 *0,07 %*	398 *0,04 %*	166 *0,01 %*
Roma	702 *0,5 %*	2.252 *0,87 %*	3.263 *0,9 %*	3.831 *0,88 %*	1.176 *0,2 %*	378 *0,05 %*	2.565 *0,3 %*	5.983 *0,59 %*	8.295 *0,85 %*	11.977 *1,3 %*

Dănescu, *Dobrogea,* 1903; Roman, *La population de la Dobrogea,* 1919; Mănuilă, *La Population de la Dobroudja,* 1939; Recensământul populaţiei şi al locuinţelor 18 martie 2002.; Recensământul populaţiei şi al locuinţelor 2011, Tab. 8.
*1913 wurden Russen und Ukrainer in einer gemeinsamen Rubrik geführt.

Süddobrudscha

Ethnizität	1910	1930	2001	2011
Insgesamt	282.007	378.344	357.217	285.489
Bulgaren	134.355 *(47,6%)*	143.209 *(37,9%)*	248.382 *(69,5%)*	195.164 *(68,3)*
Türken	106.568 *(37,8%)*	129.025 *(34,1%)*	76.992 *(21,6%)*	63.756 *(22,3)*
Roma	12.192 *(4,3%)*	7.615 *(2%)*	25.127 *(7%)*	21.020 *(7,3)*
Tataren	11.718 *(4,2%)*	6.546 *(1,7%)*	4.515 *(1,3%)*	*
Rumänen	6.348 *(2,3%)*[3]	77.728 *(20,5%)*	591 *(0,2%)*	*

Mănuilă, *La Population de la Dobroudja*, 1939; * Tataren und Rumänen sind nicht separat aufgeführt.

Das Leben in der Dobrudscha bedeutete für die Deutschen, die sich gerne auf Distanz zu den fremden Nachbarn hielten, letztlich beständigen Kontakt zu den anderen Ethnien. Bei den Fischern, meist Ostslawen, kaufte man Fisch – und lernte gegebenenfalls die Kochrezepte dazu; von ihrer Alltagskleidung hatten bereits die eigenen in Bessarabien und Neurussland lebenden Vorfahren einiges Praktische übernommen. Bei den Händlern – Griechen, Armeniern, Juden – kaufte man, was man nicht selbst herstellen konnte. Inwieweit die Rumänen eine eigene dobrudschadeutsche Kultur mitgeprägt haben, das wäre eine eigene Untersuchung wert; die Einflüsse sind in vielen Bereichen der Lebenswelt von der Küche bis zur Sprache greifbar.

Man selbst wurde zum interessanten Anschauungsobjekt für die Nachbarn, etwa wenn man seine mit erheblichem Aufwand vorbereiteten Jahreshauptfeste beging, die Türken und Tataren als Zuschauer anlockten. Der Kulturkontakt zwischen den Mikrogemeinschaften beförderte bereits nach zwei, drei Generationen Besonderheiten. Am Ende hatten sich auch die Dobrudschadeutschen als Volksgruppe in diesem multiethnischen Mosaik Eigenheiten zugelegt: Man aß und trank ein wenig anders als die Vorfahren; die Muttersprache hatte Neues, Fremdes aufgenommen; die Bekleidung war nur noch teilweise mit der der aus Neurussland kommenden Vorfahren vergleichbar. Wenn etwas den Dobrudschadeutschen eine eigene Identität geben kann, obwohl sie sich als weiterwandernde Bessarabien- bzw. Russlanddeutsche kaum mit Eigenem profilieren konnten, dann sind das diese kleinen Unterschiede, die sich im Umgang mit den in der Dobrudscha nebenan lebenden fremden Gemeinschaften herausgebildet haben.

Kircheninneres der Katholischen Kirche St. Konrad von Parzham in Techirghiol, 2014

Was Wunder, wenn weh die Gedanken gehn,
Hin zu dem Land, wo ich den Sommer gesehn.
Wo die Donau den Weg zum Meere hin fand,
das für mich aber für immer verschwand.

Wilhelm Schwarz, Wehmut im Sommer, *JdDD 1963, S. 23*

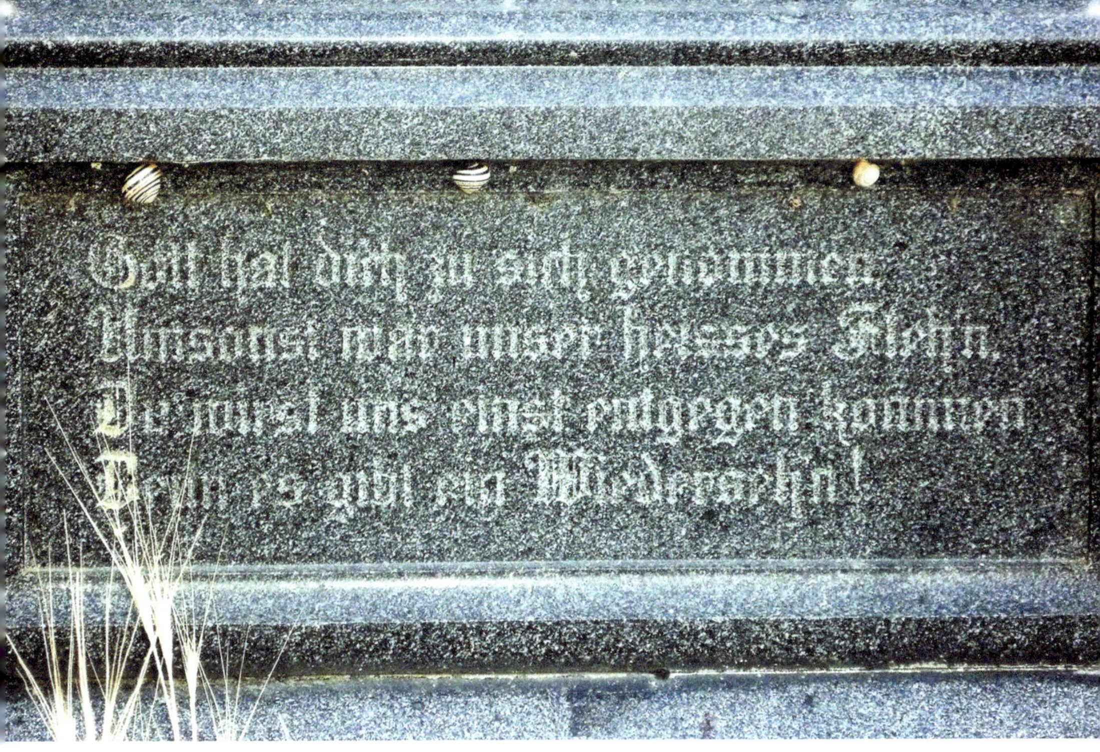

Nachwort

Knapp einhundert Jahre währte die Zeit der Dobrudschadeutschen. Sie gehören damit zu den kurzlebigsten deutschen Siedlergruppen im östlichen Europa; auch war ihre Anzahl so gering, dass sie nie einen bedeutenden demografischen Faktor in der seit jeher von zahlreichen größeren und kleineren ethnischen Gruppen bevölkerten Dobrudscha darstellten. Es kam ihnen auch niemals eine kulturell-politische Führungsrolle zu, wie beispielsweise den Siebenbürger Sachsen; es gelang ihnen bis zuletzt nicht einmal, sich selbst wirkungsvoll politisch-sozial zusammenzuschließen. Es kam ihnen zugute, dass sie in einer bei ihrer Ankunft sehr rückständigen Region zu den weniger Rückständigen gehörten; die nach der Angliederung an Rumänien in der Dobrudscha dann doch schnell einsetzende Moderne mit Eisenbahn, Hochseehafen, organisiertem Wirtschaften und auch zaghafter Industrialisierung ging jedoch an den meisten Dobrudschadeutschen mit wenig Wirkung vorüber – Anschluss an die Mo-

▲ Grabsteininschrift auf dem katholischen Friedhof in Sulina, Foto von 2014

Am Hafen von Konstanza. Foto von 2014

derne fanden vor allem diejenigen unter ihnen, die in die Neue Welt weiterwanderten. Das 19. Jahrhundert endete für die Dobrudschadeutschen definitiv erst nach dem Ersten Weltkrieg. Für viele war die Dobrudscha ohnehin Durchgangsstation; so entwickelten sich auch wenige kulturelle Spezifika, die als typisch dobrudschadeutsch bezeichnet werden könnten.

Ein Charakteristikum mag vielleicht sein, dass die Dobrudschagemeinschaften stets dörflich und von einer gewissen Isolation geprägt waren, fast alle waren in der Landwirtschaft tätig, in der es einige zu bescheidenem Wohlstand brachten, obwohl in den meisten Gemeinden nach spätestens zwei Generationen der Boden zu knapp für die kinderreichen Familien wurde. Ein weiteres konstituierendes Spezifikum waren sicherlich auch die als grundständig deutsche Eigenschaften angesehenen Charakteristika Ordnung und Sauberkeit, die sie in einen gewissen – und auch bewusst gepflegten – Gegensatz zu den anderen mitwohnenden Ethnien setzten. Dies ist gut sichtbar auf dem erhaltenen Bildmaterial, wurde aber auch immer wieder von außen instrumentalisiert, um ein tatsächlich nicht in dieser Form vorhandenes Kulturgefälle zu postulieren. Die Armut wiederum hatten viele Dobrudschadeutsche mit den anderen Dobrudschavölkern gemeinsam, was auf einem anderen Blatt steht.

Die sprichwörtliche Frömmigkeit der Dobrudschadeutschen wird, schaut und hört man genauer hin, von den Angehörigen der Minderheit selbst sehr verschieden bewertet; die Abgeschiedenheit der Dobrudschadörfer allerdings machte sie zu einem attraktiven Ziel für freikirchliche Gemeinden, von denen es unter den Dobrudschadeutschen einige gab, die aber größtenteils bald in die Neue Welt weiterwanderten. Auch für religiöse Splittergruppen aus anderen Kultur- und Sprachräumen war die Dobrudscha bekanntermaßen bereits unter osmanischer Herrschaft ein bevorzugter Ansiedlungsraum. Dies gilt in gewisser Weise selbst für den in der Dobrudscha zeitweise verbreiteten Sufismus unter den Türken.

Kann man die Dobrudschadeutschen eigentlich mit gutem Recht überhaupt als eine Gruppe bezeichnen? Einiges spricht heute dafür, dass sie in der Tat nie eine homogene Gruppe waren, zu groß waren die konfessionellen, sprachlichen Unterschiede, die der primären und sekundären Herkunft, auch innerhalb der Gemeinden selbst. Wer von ihnen hätte sich schon vor der Umsiedlung als Dobrudschadeutscher bezeichnet? Eine Bezeichnung, die sogar heute noch viele meiden, sie bevorzugen häufig die Selbstbezeichnung »Dobrudschaner«. Sie waren Malkotscher, Groß-Pallaser, Karamurater – aber Dobrudschadeutsche?

Dazu wurden sie eigentlich erst nach ihrer fast restlosen Umsiedlung 1940 durch die Nationalsozialisten; ihre (im Vergleich zu anderen deutschen Gruppen in Rumänien) sehr verhaltene Affirmation des Nationalsozialismus sollten viele der erst durch die Entheimatung zu solchen gewordenen Dobrudschadeutschen bitter bezahlen. Immer wieder wurden sie von den Obrigkeiten drangsaliert und interniert, das zieht sich durch ihre kurze Geschichte, und diese Erfahrungen endeten für die meisten von ihnen erst, nachdem sie aufgehört hatten, eine existierende Volksgruppe zu sein. Sie waren deutsche Siedler im Osten Europas, die eine Heimat suchten, in der des Bleibens sein konnte; sie wurden überrollt von der Moderne und den Verwerfungen des 20. Jahrhunderts.

Auf einer Wiedersehensreise in die Dobrudscha prüft Gretel Leyer, ob die Brunnen noch funktionieren. Foto von 2015

Literatur- und Quellenverzeichnis

Adam, Johann: Die Umsiedlung und ihre Folgen. Aus dem Tagebuch von Johann Adam. In: JdDD 1 (1956), S. 44–48

ders.: Aus meiner Internierung. In: JdDD 14 (1969), S. 60–61

ders.: Chronik der Gemeinde Tschukurowa, verfaßt anläßlich ihres 75jährigen Bestehens. In: JdDD 17 (1972), S. 29–37

Ağuiçenoğlu, Hüseyin: Zwischen Bindung und Abnabelung. Das »Mutterland« in der Presse der Dobrudscha und der türkischen Zyprioten in postosmanischer Zeit (= Istanbuler Texte und Studien, 29). Würzburg 2012

Akmolla, Güner: Monografie localității Techirghiol [Monografie des Ortes Techirghiol]. Tekırkol/ Techirghiol 2008

dies./**Omer,** Șeyla: Monografia comunei Albești [Monografie der Gemeinde Sarighiol]. Constanța 2007

Anghel, Florin: Despre motivele unui refuz: Comunități polone din Dobrogea în secolul al XIX-lea și la începutul secolului XX [Zu den Gründen einer Ablehnung: Die polnischen Gemeinschaften in der Dobrudscha im 19. Jahrhundert und zu Beginn des 20. Jahrhunderts]. In: Minoritățile etnice în România în secolul al XIX-lea [Die ethnischen Minderheiten in Rumänien im 19. Jahrhundert]. Hg. v. Achim Venera u. Achim Viorel, București 2010, S. 153–161

Bart, Jean: Europolis. Roman. Aus dem Rumänischen übertragen von Alfred Kittner. Berlin 1974

Bast, Emilie: Von unserem Leben in Sarighiol. In: JdDD 6 (1961), S. 110–116

Baudis, Anni: Auszug aus der Familienchronik »Rastlos durch halb Europa«. In: Der Dobrudscha-Bote 27 (2003) 86, S. 24–29

Bâtlan, Vasile: Constanța 1939–1945. Aspecte cotidiene [Konstanza 1939–1945. Alltagsaspekte] Constanța 2006

Bergen, Lydia: Kindheit in der Dobrudscha. Erinnerungen einer Rumäniendeutschen. Münster 2002

Bernhard, Ferdinand: Kalfa. In: JdDD 17 (1972), S. 195–207

ders.: Johann Bernhard aus Kalfa (Süddobrudscha) 1871–1945. In: JdDD 19 (1974), S. 63–77

Bieber, Anni: Als Lehrerin in der Dobrudscha. In: JdDD 5 (1960), S. 157–159

Bilder aus der Dobrudscha. Hg. v. d. Deutschen Etappen-Verwaltung in der Dobrudscha, Constanza 1918

Boariu, Ana; Victor Bortaş: Biserici catolice din Dobrogea [Katholische Kirchen der Dobrudscha] Bucureşti 2009

Bohrmann, Alfred: Menschen und Grenzen. Band 2: Bevölkerung und Nationalitäten in Südosteuropa. Köln 1969

Boia, Lucian: Balcic. Micul paradis al României mari [Baltschik. Das kleine Paradies Großrumäniens]. Bucureşti 2014

ders.: Cum s-a românizat România [Wie sich Rumänien rumänisierte]. Bucureşti 2015

Bordânc, Floarea: Analiza regională a spaţiului rural dobrogean [Regionalanalyse des ländlichen Raums der Dobrudscha]. Bucureşti 2008

Böhm, Johann: Die Deutschen in Rumänien und die Weimarer Republik 1919–1939 (= Publikationen des Arbeitskreises für Geschichte und Kultur der deutschen Siedlungsgebiete im Südosten Europas e. V., Reihe I, Geschichte und ihre Hilfswissenschaften, 3). Ippesheim 1993

Brandenburger, Lydia: Flucht aus dem Warthegau. Erlebnisbericht. In: Der Dobrudscha-Bote 18 (1995) 61, S. 14–22

Brandes, Detlef: Von den Zaren adoptiert. Die deutschen Kolonisten und die Balkansiedler in Neurußland und Bessarabien 1751–1914 (= Schriften des Bundesinstituts für Ostdeutsche Kultur und Geschichte, 2). München 1993

Brenner, Wilhelm: Als Umsiedler zwischen 1940 und 1945. In: JdDD 5 (1960), S. 96–107

Burgemeister, Sophie: Aus meinem Heimatdorf Kodschalak. In: JdDD 19 (1974), S. 122–127

Cammann, Alfred: Deutsche Volksmärchen aus Rußland und Rumänien. Bessarabien, Dobrudscha, Siebenbürgen, Ukraine, Krim, Mittelasien. 2., unveränderte Auflage (= Monographien der Wittheit zu Bremen, 6). Göttingen 1988

Christoph, N[ikolaus]: Die Dobrudscha – das bulgarische Preußen. Sofia, Berlin [1941]

Ciobanu, Vasile: Germanii din România în anii 1918–1919 [Die Deutschen Rumäniens 1918–1919]. Sibiu-Hermannstadt 2013

ders.: »Bist du Rumäne oder Deutscher?« – Das Verhältnis der Dobrudschadeutschen zum rumänischen Staat und zur rumänischen Bevölkerung in der Zeit des Ersten Weltkrieges. In: Jahrbuch für deutsche und osteuropäische Volkskunde 55 (2014), S. 124–136

ders.: Date noi privind germanii din Dobrogea în perioada interbelică [Neue Daten zu den Dobrudschadeutschen während der Zwischenkriegszeit]. In: Germanii dobrogeni – istorie şi civilizaţie. Ediţia a II-a revăzută şi adăugită [Die Dobrudschadeutschen. Geschichte und Zivilisation. 2. überarbeitete und ergänzte Auflage]. Hg. v. Valentin Ciorbea, Corina-Mihaela Apostoleanu u. Olga Kaiter, Constanţa 2014

Clauß, Susanne: Zum Gedächtnis einer »vergessenen Minderheit«. Die Nachlässe von Otto Klett und Johannes Niermann als Zeitzeugnis der Dobrudschadeutschen. In: Spiegelungen 9 (2014), H. 1, S. 49–58

dies.: Akazienalleen und Schwarzmeerstrand. Naturerinnerung und Identität der Dobrudschadeutschen. In: Symbolhaltige Naturlandschaften und Naturwahrzeichen in historischen Siedlungsregionen mit Deutschen im östlichen Europa. Ausgewählte Aspekte. Hg. v. Michael Prosser-Schell (= Schriftenreihe des Instituts für Volkskunde der Deutschen des östlichen Europa, 14). Münster, New York 2014, S. 105–124

dies.: Lebenserinnerungen an eine verlorene Heimat. »Oh schöne Dobrudscha, Dich grüß ich immerzu«. In: Deutsch-Rumänische Hefte 18 (2015), H. 2, S. 6–8

Cojoc, Marian: Evoluţia Dobrogei între anii 1944–1964. Principalele aspecte din economie şi societate [Die Entwicklung der Dobrudscha zwischen 1944–1964. Die Hauptaspekte aus Wirtschaft und Gesellschaft]. Bucureşti 2001

Covacef, Petre: Cimitirul viu de la Sulina [Der lebendige Friedhof von Sulina]. Constanţa 2003

Dănescu, Grigore Gr.: Dobrogea – La Dobroudja. Étude de Géographie physique et ethnographique. Bucarest 1903

ders.: Dicţionarul geografic, statistic, economic şi istoric al judeţului Tulcea [Geographischer, statistischer, ökonomischer und historischer Diktionär des Kreises Tulcea]. Bucurescĭ 1896

ders.: Dicţionarul geografic, statistic, economic şi istoric al judeţului Constanţa [Geographischer, statistischer, ökonomischer und historischer Diktionär des Kreises Konstanza]. Bucurescĭ 1897

Darsow, Erich: Zum Kirchbau in Kodschalak. In: JdDD 17 (1972), S. 52–56

Der Erste Weltkrieg auf dem Balkan. Perspektiven der Forschung. Hg. v. Jürgen Angelow. Berlin 2011

Die Dobrudscha. Ein neuer Grenzraum der Europäischen Union. Sozioökonomische, ethnische, politisch-geographische und ökologische Probleme. Hg. v. Wilfried Heller u. Josef Sallanz (= Südosteuropa-Studien, 76). München 2009

Die Dobrudscha: Ethnische Minderheiten – Kulturlandschaft – Transformation. Ergebnisse eines Geländekurses des Instituts für Geographie der Universität Potsdam im Südosten Rumäniens. Hg. v. Sallanz, Josef (= Praxis Kultur- und Sozialgeographie, 35). Potsdam 2005

Die Roma – eine transnationale europäische Bevölkerung. Hg. v. Berliner Institut für vergleichende Sozialforschung, Berlin 2000

Die völkischen Organisationen der Dobrudschadeutschen. Aufgezeigt an Hand der Satzungen der jeweiligen Zusammenschlüsse von den Anfängen bis heute. In: JdDD 7 (1962), S. 7–29

Dobrogea 1878–1928. Cincizeci de ani de vieaţă românească. Volum editat cu prilejul împlinirii a 125 de ani de la revenirea Dobrogei în cadrul statal românesc [Die Dobrudscha 1878–1928. Fünfzig Jahre rumänisches Leben. Sammelband zum Gedenken an den 125. Jahrestag der Rückkehr der Dobrudscha in den rumänischen Staatsverband]. Constanţa 2003

Eisfeld, Alfred: Die Rußlanddeutschen (= Vertreibungsgebiete und vertriebene Deutsche, 2). München 1992

ders.: Die Schwarzmeerdeutschen. In: Die Deutschen in Ostmittel- und Südosteuropa. Geschichte, Wirtschaft, Recht, Sprache. Hg. v. Gerhard Grimm u. Krista Zach. Band 1 (=Veröffentlichungen des Südostdeutschen Kulturwerks. Reihe B: Wissenschaftliche Arbeiten, 53). München 1995, S. 193–210

Enßlen, Otto: Reinhold Görres zum Gedächtnis. In: JdDD 4 (1954), S. 98–100

ders.: Das Kirchspiel Kodschalak-Tariverde. In: JdDD 17 (1972), S. 57–60

Entstehung der »Banca Dobrogei«. Von einem Freund der Deutschen. In: JdDD 7 (1962), S. 30–36

Erasmus, Georg: Erinnerung an die deutsch-evangelische Gemeinde Atmadscha. In: JdDD 19 (1974), S. 7–17

Erker, Therese: Von unseren Hebammen. In: JdDD 4 (1959), S. 153–156

dies.: Unsere Flucht 1945 – als Flüchtlinge in Österreich. In: JdDD 6 (1961), S. 149–181 dies.: Von Karamurat und seinen Menschen. In: JdDD 19 (1974), S. 133–139

Erolova, Jelis: Dobrudža. Granici i identičnosti [Die Dobrudscha. Grenzen und Identitäten] (= Biblioteka Academica Balkanica: Sekcija Balkanska etnologija). Sofija 2010

Fiebrandt, Maria: Auslese für die Siedlergesellschaft. Die Einbeziehung Volksdeutscher in die NS-Erbgesundheitspolitik im Kontext der Umsiedlungen 1939–1945 (=Schriften des Hannah-Arendt-Instituts für Totalitarismusforschung, 55). Göttingen 2014

Forchert, Eduard: Warum ich über unsere Umsiedlung froh war und heute dafür dankbar bin. In: JdDD 11 (1966), S. 155–161

Frank, Johann: Mamuslie. In: JdDD 17 (1972), 126–130

Gahlen, Gundula: Erfahrungshorizonte deutscher Soldaten im Rumänienfeldzug 1916/17. In: Am Rande Europas? Der Balkan – Raum und Bevölkerung als Wirkungsfelder militärischer Gewalt. Hg. v. Bernhard Chiari, Gerhard P. Groß unter Mitarbeit von Magnus Pahl (= Beiträge zur Militärgeschichte, 68). München 2009

dies.: Die Dobrudschadeutschen in der Sicht deutscher Kriegsteilnehmer 1916 bis 1918. In: Jahrbuch für deutsche und osteuropäische Volkskunde, 55 (2014), S. 137–156

Germanii dobrogeni – istorie şi civilizaţie. Ediţia a II-a revăzută şi adăugită [Die Dobrudschadeutschen. Geschichte und Zivilisation. 2. überarbeitete und ergänzte Auflage]. Hg. v. Valentin Ciorbea, Corina-Mihaela Apostoleanu u. Olga Kaiter, Constanţa 2014

Grabow, Irene: Meine Arbeit als Gemeindeschwester in Kobadin. In JdDD 4 (1959), S. 148–152

Hahn, Pastor: »Zurück aus dem hohen Norden«. Erinnerung von Pastor Hahn an Maria Tschernyschow. In: Der Dobrudscha-Bote 18 (1994) 60, S. 59–60

Hahner, Gudrun: Heimatgeschichtlicher Museumsführer. Hg. v. d. Landsmannschaft der Dobrudscha- und Bulgariendeutschen. Heilbronn o. J.

Hamm, Wilhelm: Südöstliche Städte und Steppen. Nach eigener Anschauung geschildert von Dr. Wilhelm Hamm. Frankfurt am Main 1862

Handwörterbuch für das Grenz- und Auslandsdeutschtum. Dobrudscha. Hg. v. Carl Petersen, Otto Scheel, Paul Hermann Ruth u. Hans Schwalm. Band 2. Breslau 1940, S. 278–290

Hartmann, Michael: Die erste deutsche Volksschule in der Dobrudscha. In: JdDD 5 (1960), S. 152–155

Hausleitner, Mariana: Deutsche und Juden in Bessarabien 1814–1941. Zur Minderheitenpolitik Russlands und Großrumäniens (= Veröffentlichungen des Instituts für deutsche Kultur und Geschichte Südosteuropas, 102). München 2005

Heimatbuch der Dobrudscha-Deutschen 1840–1940. Hg. v. d. Landsmannschaft der Dobrudscha- und Bulgariendeutschen e. V. [Heilbronn 1986]

Hoffmann, Friedlieb: Tariverde. In: JdDD 17 (1972), S. 60–66

Hoffmann, Theophil: Zur Stellung des Lehrers in den Dobrudscha-Gemeinden. An den engeren Ausschuß des Vereins der Dobrudschadeutschen zu Händen des Vorsitzenden Herrn Eduard Brenner. In: JdDD 7 (1962), S. 12

Hopp, Alfred: Alakap. In JdDD 17 (1972), S. 130–133

Hopp, Theophil: Von Fachria in der Dobrudscha zur Fachria-Siedlung in Nordhausen im Kreise Heilbronn. In: JdDD 6 (1961), S. 182–186

ders.: Fachria – Die Geschichte meines Heimatdorfes (= Der Dobrudscha-Bote, Sonderausgabe 1995). Heilbronn 1995

Horn, Louis: Erinnerungen eines deutschen Lehrers in der Dobrudscha. In: JdDD 5 (1960), S. 133–137

Hotopp-Riecke, Mieste: Das transkulturelle Regionalbewusstsein der Dobrudschaner. Deutsche und Tataren zwischen Integration, Solidarität und Migration. In: Deutsch-Rumänische Hefte 16 (2013), H. 1, S. 7–9

Ich bin das ganze Jahr vergnügt. Lieder für uns alle aus Westungarn, dem Pester Komitat, dem Bakonyer Wald, der Schwäbischen Türkei (u.v.m.). Hg. v. Konrad Scheierling. Kassel, Basel 1955

Ichirkov, A[nastas] et al.: La Dobroudja. Géographie, histoire, ethnographie, importance économique et politique. Sofia 1918

ders.: Les Bulgares en Dobroudja. Aperçu historique et ethnographique. Berne 1919

Ionașcu, Viorel: Dobrogea. Studiu de geografie a turismului [Die Dobrudscha. Studie der Geographie des Tourismus]. București 2011

Iorga, N[icolae]: România cum era pînă la 1918. (vol. II) Moldova și Dobrogea [Rumänien, wie es bis zum Jahre 1918 war. (Bd. II.) Moldau und Dobrudscha] (= Biblioteca pentru toți, 718). București 1972

Issler, Erwin: Seltenes Priesterjubiläum. In: Der Dobrudscha-Bote 18 (1994) 59, S. 11–14

ders./**Issler,** Hans: Die Isslers. Eine Familiengeschickte. Eine Zeitreise durch 500 Jahre. o. O. 2015

Jachomowski, Dirk: Die Umsiedlung der Bessarabien-, Bukowina- und Dobrudschadeutschen. Von der Volksgruppe zur »Siedlungsbrücke« an der Reichsgrenze (= Buchreihe der Südostdeutschen Historischen Kommission, 32). München 1984

Jacobi, Günther: Die Bodenreformen Rumäniens vom 15. Dezember 1918 und 23. März 1945. Inaugural-Dissertation zur Erlangung der Würde eines Doktors der Wirtschaftswissenschaften (Dr. oec.) an der Hochschule für Wirtschafts- und Sozialwissenschaften Nürnberg 1950

Kabisch, Ernst: Der Rumänienkrieg 1916. Berlin 1938

Kahl, Thede/**Sallanz,** Josef: Die Dobrudscha. In: Rumänien. Raum und Bevölkerung – Geschichte und Geschichtsbilder – Kultur – Gesellschaft und Politik heute – Wirtschaft – Recht und Verfassung – Historische Regionen. Hg. v. Thede Kahl, Michael Metzeltin u. Mihai-Răzvan Ungureanu (= Österreichische Osthefte; 48). Wien, Münster, Berlin 2006, S. 857–879

Klatt, Brunhilde: Der leidvolle Abschied von Chucerowa. In: Der Dobrudscha-Bote 17 (1993) 55, S. 36–39

Klein, Mathilde: Von Malkotsch nach Welbsleben. Eine Dobrudscha-Deutsche erzählt ihr Leben. Norderstedt 2009

Klett, Emanuel: Vom Kobadiner Dorfjungen zum Direktor und Generalbevollmächtigter einer Weltfirma. In: JdDD 19 (1974), 86–106

Klett, Otto: Vom Schulwesen der Dobrudschadeutschen. In: Südostdeutsche Vierteljahresblätter 15 (1966), H. 1, S. 23–25

ders: Eduard Brenner. In: JdDD 7 (1966), S. 38–40

ders: Die Internierten. In: JdDD 14 (1969), S. 55–59

Kotzsche, Hasso: Schlußbericht über die Taxation im Gebiet Do 5 (Cogealia). In: JdDD 1 (1956), S. 90–93

Klukas, Johannes: Wie es zur Umsiedlung der Dobrudschadeutschen gekommen ist. In: JdDD 16 (1971), S. 41–42

Knopp-Rüb, Gertrud: Gedenksteine in der Dobrudscha. Im Auftrag der Geschichte. Sonderausgabe. Flein 2002 dies.: Gedenksteine in der Dobrudscha. Im Auftrag der Geschichte. Sonderausgabe Teil 2. Flein 2003

Kraus, Therese: Unterwegs. In: JdDD 15 (1970), S. 64–70

Kroner, Michael: Die Deutschen Rumäniens im 20. Jahrhundert. Siebenbürgen, Banat, Sathmar, Bukowina, Bessarabien, Dobrudscha, Altrumänien (= Eckartschrift, 171). Wien 2004

Kotzian, Ortfried: Die Umsiedler. Die Deutschen aus West-Wolhynien, Galizien, dem Buchenland, Bessarabien, der Dobrudscha und der Karpaten-Ukraine (= Studienbuchreihe der Stiftung Ostdeutscher Kulturrat, 11). München 2011

Künzig, Johannes/**Werner-Künzig,** Waltraud/**Ruscheinski,** Paul: Aus dem Liedgut des dobrudschadeutschen »Singers« Paul Ruscheinski. Authentische Tonaufnahmen 1956–1973. 3 Schallplatten + Begleitheft (= Quellen deutscher Volkskunde, 6). Freiburg im Breisgau 1977

Lebensweg der Dobrudschadeutschen in Bildern. 1840 – 1940 – 1999. Hg. v. Albert Stiller u. Gerlinde Stiller-Leyer. [Heilbronn] 1992

Lebrun, Francis: La Dobroudja. Esquisse historique, géographique, ethnographique et statistique. Paris 1918

Leyer, Otto: Geschichte des deutschen Dorfes Kobadin in der Dobrudscha. Wiesbaden [1933]

Limona, Răzvan: Naţionalităţile şi problemele lor în documentele de arhivă dobrogene (1879–1941) [Die Nationalitäten und ihre Fragen in den Dokumenten der Archive in der Dobrudscha], 2009. http://tulcealibrary.ro/doc/Razvan-Limona-Nationalitati-si-problemele-lor.pdf

ders.: Populaţia Dobrogei în perioada interbelică [Die Bevölkerung der Dobrudscha in der Zwischenkriegszeit], 2009. http://tulcealibrary.ro/doc/Razvan-Limona-Populatia-Dobrogei.pdf

Lorenz, Werner; Robert Krötz: Die Rückkehr der Volksdeutschen aus der Dobrudscha und dem Süd-Buchenland. Mit einem Geleitwort von SS-Gruppenführer Werner Lorenz und einer Einführung von SS-Kriegsberichter Robert Krötz. Berlin u. a. 1942

Lup, Aurel: Dobrogea agricolă de la legendă … la globalizare [Die landwirtschaftliche Dobrudscha von der Legende … zur Globalisierung]. Constanţa 2003

Mandache, Diana: Balcicul Reginei Maria [Das Baltschik der Königin Maria]. Bucureşti 2014.

Mănuilă, Sabin: Studiu etnografic asupra populaţiei României [Ethnographische Studie über die Bevölkerung Rumäniens]. Bucureşti 1940

ders.: La Population de la Dobroudja. Bucarest 1939

Mauch, Gerhard: Otto Mauch, Arzt und Volksratspräsident in der Dobrudscha. In: JdDD 18 (1973), S. 149–159

Mayer, Regina: Ich war in der alten Heimat. In: JdDD 5 (1960), S. 111–125

Menges, Hieronymus: Die Rückkehrer des Jahres 1945. In: JdDD 15 (1970), S. 71–74

ders.: Die deutsch-katholischen Dörfer in der Dobrudscha. In: JdDD 17 (1972), S. 143–207

Menges, Peter: Aus meinem Leben und noch manche Erinnerungen. In: JdDD 4 (1959), S. 101–103

ders.: Meine Internierungszeit während des 1. Weltkrieges. In: JdDD 14 (1969), S. 67–72

Menyes, Johann: Dobrudschadeutsche Bauern auf einer Lehrfahrt durch Siebenbürgen und das Banat. In: JdDD 3 (1958), S. 64–67

Merten, Kai: Untereinander, nicht nebeneinander. Das Zusammenleben religiöser und kultureller Gruppen im Osmanischen Reich des 19. Jahrhunderts (= Marburger Religionsgeschichtliche Beiträge, 6). Berlin 2014

Meschendörfer, Adolf: Der Büffelbrunnen. Roman. München 1942

Meyer, Ernst: Meine Internierung. In: JdDD 14 (1969), S. 73–79

Mikes, Kelemen: Briefe aus der Türkei. Ausgewählt und eingeleitet von Gyula Zathureczky. Übersetzt von Sybille Boronin Manteuffel-Szöege. Kommentiert von Thomas von Bogyay. Mit einem literaturgeschichtlichen Beitrag von Antal Szerb. Graz [u. a.] 1978

Milian, Mihai: Dobrogea ca mozaic etnic [Die Dobrudscha als ethnisches Mosaik]. Tulcea 2013

Miller, Harry: Ich kann die Dobrudscha nicht vergessen. In: JdDD 15 (1970), S. 142–148

Mitu, Constantin: Istoria Bisericii Creştine Baptiste din Mangalia 1891–2013. O minune a lui Dumnezeu la malul mării [Die Geschichte der Christilichen Baptistischen Kirche in Mangalia 1891–2013. Ein Wunder Gottes am Meeresstrand]. Deva 2013

Miu, Petrică; Traian Cristea: Costineşti – pagini de istorie locală [Groß-Mandschapunar – Seiten der Lokalgeschichte]. Constanţa 2005.

ders.; Traian Cristian Velicu; Emanoil Velicu: Monografia comunei Mihail Kogălniceanu, judeţul Constanţa [Monografie der Gemeinde Karamurat, Kreis Konstanza]. Constanţa 2012

Muscan, Maria-Elena/Kaiter, Olga: Die Dobrudscha-Deutschen. Zum Porträt einer Ethnie. In: Zeitschrift der Germanisten Rumäniens 9 (17–18), 2000, S. 355–365.

Müller, Dietmar: Agrarpopulismus in Rumänien. Programmatik und Regierungspraxis der Bauernpartei und der Nationalliberalen Partei Rumäniens in der Zwischenkriegszeit (= Rumänien-Studien, 1). St. Augustin 2001

Müller, Johannes Florian: Ostdeutsches Schicksal am Schwarzen Meer. Donzdorf 1981

Nazarettean, I. A.: Notiţe istorice şi geografice asupra provinciei Dobrogea [Historische und geografische Aufzeichnungen zur Provinz Dobrudscha]. Tulcea 1882. http://www.biblioteca.ct.ro/publicatii_electronice/carti/notite_istorice_si_geografice_asupra_provinciei_dobrogea.pdf

Netzhammer, Raymund: Aus Rumänien. Streifzüge durch das Land und seine Geschichte. Einsiedeln, Waldshut, Cöln a. Rh. 1909

ders.: Bischof in Rumänien. Im Spannungsfeld zwischen Staat und Vatikan. Band II. Herausgegeben von Nikolaus Netzhammer in Verbindung mit Krista Zach (= Veröffentlichungen des Südostdeutschen Kulturwerks: Reihe B, Wissenschaftliche Arbeiten, 71). München 1996

Neugebauer, Manfred: Die Türkenkriege. Aufstieg und Fall des Osmanischen Reiches. Wolfenbüttel 2011

Nicoară, Vasile: Dobrogea. Spaţiu geografic multicultural [Dobrudscha. Multikultureller geographischer Raum]. Constanţa 2006

Niermann, M. Monika: Deutsche Kindheit in der Dobrudscha (= Schriftenreihe der Kommission für deutsche und osteuropäische Volkskunde in der Deutschen Gesellschaft für Volkskunde e. V., 74). Marburg 1996

Nötges, Divisionspfarrer: Deutsches Bauernleben in der Dobrudscha. In: JdDD 2 (1957), S. 88–95

Opfer-Klinger, Björn: Eine kleine Region spaltet den Vierbund – Die Dobrudscha als Konfliktregion im Ersten Weltkrieg. In: Halbjahresschrift für südosteuropäische Geschichte, Literatur und Politik 26 (2014), H. 1–2, S. 38–63

Oprisan, Ana/**Grigore,** George: The Muslim Gypsies in Romania. In: ISIM Newsletter (8) 2001, S. 32

Oswald, Otto: Als Grabsteinmacher in der Dobrudscha. In: JdDD 4 (1959), S. 178–182

Otto Bartning. Architekt einer sozialen Moderne. Mit Textbeiträgen von Werner Durth, Wolfgang Pehnt, Sandra Wagner-Conzelmann. Hg. v. d. Akademie der Künste u. d. Wüstenrot Stiftung. Darmstadt 2017

Pastor, H. W.: Kodschalie. In: JdDD 17 (1972), S. 80

Pârâu, Steluţa: Multiculturalitatea în Dobrogea [Die Multikulturalität in der Dobrudscha]. Constanţa 2007

Pătraşcu, Dumitru-Valentin: Dobrogea. Evoluţia administrativă (1878–1913) [Die Dobrudscha. Die Entwicklung der Verwaltung]. Iaşi 2014

Penakoff, Iwan S.: Die Bevölkerung der Süddobrudscha. In: Donaueuropa. Zeitschrift für die Probleme des europäischen Südostens (1942), H. 8, S. 574–581

Petri, Hans: Geschichte der deutschen Siedlungen in der Dobrudscha. Hundert Jahre deutschen Lebens am Schwarzen Meer (= Veröffentlichungen des Südostdeutschen Kulturwerks. Reihe B. Wissenschaftliche Arbeiten, Bd. 4). München 1956

Popa, Vasile: Dobrogea. Spaţiu de interferenţe geopolitice [Dobrudscha. Raum geopolitischer Interferenzen]. Bucureşti 2006

Popoiu, Paula: Antropologia habitatului în Dobrogea. Om – natură - cultură [Anthropologie des Wohnraums in der Dobrudscha. Mensch – Natur – Kultur]. Bucureşti 2001

dies.: Convieţuire interetnică şi multiculturalitate în Dobrogea: Atmagea – un sat german. Interethnic cohabitation and multiculturalism in Dobruja: Atmagea – a german village. Craiova 2011

Prokopowitsch, Erich: Einige Bilder aus der Vergangenheit des Dobrudschadeutschtums. In: JdDD 9 (1964), S. 67–71

Rădulescu, Adrian/**Bitoleanu,** Ion: Istoria Dobrogei. Ed. a 2-a rev. [Geschichte der Dobrudscha. 2. überarb. Aufl.]. Constanţa 1998.

Rauschenberger, Elsbeth: Zur Geschichte der Baptistengemeinde Katalui. In: JdDD 17 (1972), S. 208–217

Recensământul general al populaţiei României din 29 decembrie 1930. Vol. II – Neam, limbă maternă, religie [Allgemeine Volkszählung vom 29. Dezember 1930. Band 2 – Bevölkerung, Muttersprache, Religion]. Hg. v. Institutul Central de Statistică, Bucureşti 1938

Recensământul populației și al locuințelor 18 martie 2002. Vol. IV: Populație – Structură etnică și confesională [Volks- und Wohnungszählung vom 18. März 2002. Bd. 4: Bevölkerung – Ethnische und konfessionelle Struktur]. Hg. v. Institutul Central de Statistică, București 2003

Roman, Jean N.: La population de la Dobrogea. D'apres le recensement du 1er janvier 1913. In: Anghel Demetrescu: La Dobrogea roumaine. Études et documents. Bucarest 1919

Rommenhöller, C[arol] G[ustav]: Groß-Rumänien. Seine ökonomische, soziale, finanzielle und politische Struktur, speziell seine Reichtümer. Berlin 1926

Rösner, Johanna: Gottlieb Rösner. In: JdDD 4 (1959), S. 96–98

Rösner, Theofil: Wilhelmine Brenner. In: JdDD 4 (1959), S. 146–147

ders.: Kobadin während des Ersten Weltkrieges. In: JdDD 14 (1969), S. 37–40

Rubel, Alexander: Die antike Dobrudscha als multikultureller Raum. In: Spiegelungen 9 (2014), H. 1, S. 7–18

Rüb, Karl: Erinnerungen an die Notjahre 1945–1948. In: JdDD 7 (1962), S. 43–61

Rühl, Gustav: Als deutscher Soldat während des Ersten Weltkrieges in der Dobrudscha. In: JdDD 18 1973), S. 112–118

Sallanz, Josef: Bedeutungswandel von Ethnizität unter dem Einfluss von Globalisierung. Die rumänische Dobrudscha als Beispiel (= Potsdamer Geographische Forschungen, 26). Potsdam 2007

ders.: Die Deutschen in der Dobrudscha. In: Globus. Zeitschrift für deutsche Kulturbeziehungen im Ausland 39 (2007), H. 2, S. 22–23

ders.: Die rumänische Dobrudscha – eine periphere Region im Wandel. In: Globalisierung – Europäisierung – Regionalisierung. Hg. v. Balla Bálint u. Anton Sterbling (= Beiträge zur Osteuropaforschung, 16). Hamburg 2009, S. 117–138

ders.: »… doch es gibt eine Kraft, die uns zusammenhält.« Ethnizität und aktuelle Lebenslagen nationaler Minderheiten in der rumänischen Dobrudscha. In: Historische Regionen und ethnisches Gruppenbewusstsein in Ostmittel- und Südosteuropa. Grenzregionen – Kolonisationsräume – Identitätsbildung. Red. v. Josef Wolf (= Danubiana Carpathica, Jahrbuch für Geschichte und Kultur in den deutschen Siedlungsgebieten Südosteuropas, 3/4). Tübingen 2010, S. 433–469

ders.: Dobrudscha. In: Online-Lexikon zur Kultur und Geschichte der Deutschen im östlichen Europa, 2012. http://ome-lexikon.uni-oldenburg.de/54120.html (Stand 03.07.2012)

ders.: »Wir haben hier keine Arbeit, um überleben zu können.« Zur Migration der russischen Lipowaner aus der rumänischen Dobrudscha. In: Abwanderungen aus ländlichen Gebieten. Ursachen, Motive, Erscheinungsformen und Folgeprobleme. Hg. v. Vera Sparschuh, Anton Sterbling (= Politische Soziologie, 2). Magdeburg 2013, S. 55–66

ders.: 100 Jahre zwischen Donau und Schwarzem Meer. Kurzer Überblick zur Geschichte der Dobrudschadeutschen. In: Spiegelungen 9 (2014), H. 1, S. 19–36

ders.: »[K]ein freier Bauer auf freier Scholle«. Zur Umsiedlung der Dobrudschadeutschen ins Deutsche Reich vor 75 Jahren. In: Deutsch-Rumänische Hefte 18 (2015), H. 2, S. 4–5

ders.: »Da aber die Schule in einem schauerlichen Zustand ist …« Zum Unterrichtswesen der deutschen Siedler in der Dobrudscha. In: Partizipation und Exklusion: Zur Habsburger Prägung von Sprache und Bildung in der Bukowina. 1848 – 1918 – 1940. Hg. v. Markus Winkler (= Schriftenreihe des Instituts für deutsche Kultur und Geschichte an der Ludwig-Maximilians-Universität München, 132). Regensburg 2015, S. 173–186

Sava, Jenica; Bogdan Dumitru Sava: Nisipari – un sat din stepa dobrogeană [Karatai – ein Dorf in der dobrudschanischen Steppe]. Constanța 2009

Șandru, Dumitru: Mișcări de populație în România (1940–1948) [Bevölkerungsbewegungen in Rumänien]. București 2003

Schares, Thomas: Eine Reise in die Dobrudscha mit dem Roman »Der Büffelbrunnen« von Adolf Meschendörfer. In: Spiegelungen 9 (2014), H. 1, S. 59–80

ders.: Deutschsprachige Publizistik im besetzten Rumänien 1916 bis 1918 – Beispiele und Tendenzen. In: Jahrbuch für deutsche und Osteuropäische Volkskunde 55 (2014), S. 157–169

ders.: Konstanza/Constanța. In: Online-Lexikon zur Kultur und Geschichte der Deutschen im östlichen Europa, 2012. http://ome-lexikon.uni-oldenburg.de/54290.html (Stand 12.05.2015)

Schiel, Harald: Lebenserinnerungen. Erster Teil: Vom Karpatenbogen an den Alpenrand. Meine Kindheit und Jugend. München 2001. http://www.bas-services.de/basvs/HSchielLebenErsterTeil.pdf (22.06.2017

Schielke, Alida: Einige Angaben zur Geschichte Fachrias. In: JdDD 17(1972), S. 67–74

Schlaps, Emanuel: Aus dem Tagebuch meines Vaters (Schluss). In: JdDD 15 (1970), S. 38–42

Schmidt, Otto: Adschemler. In: JdDD 17 (1972), S. 138–142

Schmidt-Rösler, Andrea: Rumänien nach dem Ersten Weltkrieg. Die Grenzziehung in der Dobrudscha und im Banat und ihre Folgeprobleme (= Europäische Hochschulschriften 3, Geschichte und ihre Hilfswissenschaften 622). Frankfurt am Main u. a. 1994

dies.: Von Bessarabien in die Dobrudscha. Zur Siedlungsgeschichte der Dobrudschadeutschen. In: Regensburger Hefte zur Geschichte und Kultur im östlichen Europa. Sonderheft 6 (2007), S. 53–60

dies.: Die evangelischen Gemeinden in der Dobrudscha. In: Spiegelungen 9 (2014), H. 1, S. 37–48

Schmolke, Friedrich: Kurzer Bericht über meine Erlebnisse im Jahre 1945. In: JdDD 5 (1960), S. 108–110

Schroeder, Olga: Die Deutschen in Bessarabien 1914–1940. Eine Minderheit zwischen Selbstbehauptung und Anpassung. (= Schriften des Heimatmuseums der Deutschen aus Bessarabien, 45). Stuttgart 2012

Schwandt, Traugott: Dobrudschadeutsche finden in Heilbronn Zuflucht, Arbeit und neuen Mut. In: JdDD 9 (1964), S. 33–37

Seefried, Eduard: Michael Em. Leyer. In: JdDD 4 (1959), S. 93–95

Sommer, Berta: Vom Brauchen und Pfingstreiten in Alacap. In: JdDD 4 (1959), S. 156–161

Sparr, Hans von: Die Arbeitsberichte der Taxatoren. Bericht des Gebietstaxators. In: JdDD 1 (1956), S. 73–83

Speitel, Christian: Die deutschen Volksschulen in der Dobrudscha. In: JdDD 5 (1960), S. 129–133

Stache, Christa: Die deutsche evangelische Kirchengemeinde in Atmagea. In: Evangelisch in Altrumänien. Forschungen und Quellen zur Geschichte der deutschsprachigen evangelischen Kirchengemeinden im rumänischen Regat. Hg. v. Christa Stache u. Wolfgang G. Theilemann (= Veröffentlichungen des Evangelischen Zentralarchivs in Berlin, 9; Miscellanea ecclesiastica. Veröffentlichungen des Zentralarchivs der Evangelischen Kirche A. B. in Rumänien, 9). Hermannstadt, Bonn 2012, S. 122–144

Stănciugel, Robert; Liliana Monica Bălașa: Dobrogea în secolele VII–XIX. Evoluție istorică [Die Dobrudscha im 7.–19. Jahrhundert. Historische Evolution]. București 2005

Steinmann, Friedrich: Interniert. In: JdDD 6 (1961), S. 136–143

ders.: Von Krieg zu Krieg. Aufzeichnungen aus meinem Leben. In: JdDD 15 (1970), S. 42–63

Steinmann, Otto: Horoslar. In: JdDD 17 (1972), S. 90–93

Stiller, Irmgard Gerlinde: Heimat – Umsiedler, Ansiedler, Flüchtling, Neubürger. In: JdDD 5 (1960), S. 31–94

Stinghe, Horia; Cornelia Toma: Despre germanii din Dobrogea. Ediţia a II-a [Über die Dobrudschadeutschen. 2., Aufl.]. Constanţa 2007

Ştiucă, Narcisa; Steluţa Pârâu; Mihai Milian; Valeriu Leonov: Terra promessa – scurt istoric al comunităţii italiene din Dobrogea de Nord [Terra promessa – kurze Geschichte der italienischen Gemeinschaft in der Norddobrudscha]. Constanţa 2006

Straub, Johann: Oster- und Pfingstbräuche. In: JdDD 2 (1957), S. 129–130

ders.: Dreißig Jahre Lehrerdienst in der Dobrudscha. In: JdDD 5 (1960), 137–146

ders.: Turmweihe in Kodschalak. In: JdDD 17 (1972), 56–57

ders.: Kodschalie. In: JdDD 17 (1972), S. 76–78

ders.: Sarighiol. In JdDD 17 (1972), S. 93–95

ders.: Aus der Diasporagemeinde Groß-Pallas. In: JdDD 17 (1972), S. 142–143

Tavitian, Simion: Armenii dobrogeni în istoria şi civilizaţia românilor. Ediţia a II-a revăzută şi adăugita [Die Dobrudschaarmenier in der Geschichte und Gesellschaft der Rumänen. 2. überarbeitete und ergänzte Ausgabe]. Constanţa 2004

Ternes, Anton: Michael Ternes. In: JdDD 4 (1959), S. 95–96

Ternes, Hans: A Word List of the German Dialect of Caramurat. https://library.ndsu.edu/grhc/history_culture/custom_traditions/Caramurat.html (Stand 27.06.2017)

Teutschlaender, Willibald Stefan: Geschichte der Evangelischen Gemeinden Rumäniens mit besonderer Berücksichtigung des Deutschtums. Ein Beitrag zur Kulturgeschichte Rumäniens. Bukarest, Leipzig 1891. https://archive.org/stream/geschichtederevooteutgoog#page/n271/mode/2up

Traeger, Paul: Die Deutschen in der Dobrudscha. Zugleich ein Beitrag zur Geschichte der deutschen Wanderungen in Osteuropa (= Schriften des Deutschen Ausland-Instituts Stuttgart. A. Kulturhistorische Reihe, Bd. 6). Stuttgart 1922

Tuşa, Enache: Imaginar politic şi identităţi colective în Dobrogea [Politische Einbildung und kollektive Identitäten in der Dobrudscha]. Bucureşti 2011

Unterschütz, Siegfried: Suche nach Infos von P. Unterschütz. Siegfried Unterschütz aus Dortmund bittet um Unterstützung. In: Der Dobrudscha-Bote 18 (1994) Nr. 60, S. 61–62

Vopicka, Charles J.: Secrets of the Balkans. Seven years of a dipomatist's life in the storm centre of Europe. Chicago 1921

Weigand, Georg: Reiseeindrücke einer Schulreise in die Dobrudscha. In: JdDD 13 (1968), S. 58–61

Weißglas, Immanuel: Aschenzeit. Gedichte. Aachen 1994

Wychowaniec, Paula: Zurück nach den Neuen Weingärten. In: JdDD 11 (1966), S. 149–153

Zaharia, Ion: Monografia satului Tariverde, comuna Cogealac – Constanţa [Monographie des Dorfes Tariverde, Gemeinde Kodschalak – Konstanza]. Constanţa 2011

Zeller, Lydia: Tschobankuius. In: JdDD 17 (1972), S. 134–135

Ziebart, Gustav Joh.-Aug.: Sofular. In: JdDD 17 (1972), S. 121–126

Zimmerling, Richard: Kurze Geschichte der Gemeinden des Kirchenspiels Atmadscha. In: JdDD 17 (1972), S. 26–29

Periodika

Der Dobrudscha-Bote

Jahrbuch der Dobrudschadeutschen (JdDD)

Rundbrief der Dobrudscha-Deutschen

Archive

ASC = Arhiva şcolii din Ciucurova [Schularchiv Tschukurowa]

BA = Bundesarchiv, Berlin

DJCAN = Direcţia Judeţeană Constanţa a Arhivelor Naţionale [Kreisdirektion Konstanza der Nationalarchive]

DJTAN = Direcţia Judeţeană Tulcea a Arhivelor Naţionale [Kreisdirektion Tulcea der Nationalarchive]

PAAA = Politisches Archiv des Auswärtigen Amtes, Berlin

PA Inland IID 30/

Personenverzeichnis

Ortsverzeichnis

Bei vorliegender Publikation handelt es sich um ein historisches Sachbuch, daher wurden die Haupteinträge den seit der Zeit der deutschen Besiedlung gebräuchlichen Namen zugeordnet.

Gewässer, Gebirge, Landschaften, historische Gebietsbenennungen, Länder

Abbildungsverzeichnis

Das Deutsche Kulturforum östliches Europa e. V. dankt den Archiven, Institutionen und Privatpersonen für die erteilten Reproduktionsgenehmigungen und die freundliche Unterstützung bei der Realisierung dieser Publikation. Das Kulturforum hat sich bis Redaktionsschluss intensiv bemüht, alle weiteren Inhaber von Bild- und Textrechten ausfindig zu machen. Personen und Institutionen, die möglicherweise nicht erreicht wurden und Rechte an verwendeten Abbildungen bzw. Texten beanspruchen, werden gebeten, sich nachträglich mit dem Kulturforum in Verbindung zu setzen. Das Bildmaterial wurde uns freundlicherweise zur Verfügung gestellt oder gefertigt von:

© akg: 66; © Archiv Gedenkstätte Flossenbürg: 95; © Bessarabiendeutscher Verein e. V., Stuttgart: 130 li.; © bpk/DeA Picture Library/Biblioteca Ambrosiana: 159; © Bundesarchiv: 60, 79; © Haus der Geschichte Baden-Württemberg: 100 (Sammlung Weishaupt); © Moritz Hengelhaupt 52 u.; © Gretel Leyer: 11, 88, 144, 160 o., 222, 230; © Siegfried Leyer: 9 (Bearbeitung: Kulturforum), 93, 166, 175, 181; © Vasile Mureşan-Murivale: 56 u.; © Muzeul Naţional Brukenthal: 56 Mi.; © Nachlass Otto Klett/Johannes Niermann: 19, 25, 31, 33 o., 34, 37, 38, 40, 44, 51, 64, 80, 85, 92, 161, 163, 164, 167, 168, 171 o., 173, 176, 182, 184, 185, 186, 194, 196, 203, 205, 216 o.; Heinz-Jürgen Oertel: 62; © Siegfried Pfeiffer: 109; © Josef Sallanz: 17, 20, 27, 30 li., 33 u., 41, 45, 50, 53 o., 54, 55, 73 u., 110 u., 112, 114, 115, 116, 117, 119, 120 o., 122, 128 o., 129 u., 130 re., 131, 132, 142, 143, 187, 189, 190, 191, 202, 206, 207 u., 208, 209, 213, 215, 216 u., 218, 219, 220, 221, 223, 226/227, 229, 231; © Dan Sambra: 155 o.; © University of Texas Libraries – University of Texas at Austin: 58; © Wikimedia Commons: 12, 13, 14, 15, 18, 22, 23, 49, 89, 141, 159, 181, 200, 201, 210, 212; © Dr. Heinrich Winter: 178.

Folgende Abbildungen wurden den nachstehend aufgelisteten Titeln entnommen:

106, 109, 113: Der Dobrudscha-Bote, 1977–2008, Mitteilungsblatt der Dobrudscha- und Bulgariendeutschen Landsmannschaft e. V.

68, 73 o., 74, 101 u., 178, 207 o.: Jahrbuch der Dobrudschadeutschen, 1956–1977, Selbstverlag, mit Unterstützung der Stadt Heilbronn

219 o., Nachsatz: Bilder aus der Dobrudscha 1916–1918. Deutsche Etappenverwaltung in der Dobrudscha, Konstanza 1918

29, 30 re., 53 u., 56 o., 59 re., 70, 71, 83, 96, 97, 98, 101 o., 104, 107, 108, 125, 127 u., 133, 135, 136, 137, 138, 139, 140, 147, 148, 149 re., 152, 157, 158, 160 u., 162, 170, 176, 177, 180, 188, 193 o., 195, 197, 214: Lebensweg der Dobrudschadeutschen in Bildern 1840 – 1940 – 1990. Hg. v. Albert und Gerlinde Stiller-Leyer und der Dobrudschadeutschen Landsmannschaft e. V. Heilbronn 1992

46, 48, 52 o., 59 li., 61, 76, 81, 82, 84, 86, 87, 90, 102, 103, 110 o., 111, 120 u., 121, 123, 126, 127 o., 128 u., 129 o., 146, 149 li., 150, 153, 155 u., 156, 171 u., 192, 193 u., 194: Heimatbuch der Dobrudscha-Deutschen 1840–1940. Hg. v. der Landsmannschaft der Dobrudscha- und Bulgariendeutschen e. V.

35: Paul Traeger, Die Deutschen in der Dobrudscha, zugleich ein Beitrag zur Geschichte der deutschen Wanderungen in Osteuropa. Stuttgart 1922. https://opacplus.bsb-muenchen.de/title/BV006978734

Karte im Vorsatz: Stadtplanerei BLOCHPLAN, Dipl.-Ing. Dirk Bloch (Grundlage: Wikimedia Commons)

Über den Autor

Josef Sallanz (geb. 1963 in Arad, Rumänien), Studium der Politikwissenschaft, Germanistik, Romanistik und Humangeografie in Heidelberg und Potsdam, Forschung und Lehre in Heidelberg, Potsdam, Mainz und Magdeburg. Seit 2016 Lektor des Deutschen Akademischen Austauschdienstes (DAAD) in der Republik Moldau an der Staatlichen Pädagogischen Ion Creangă-Universität Kischinau/Chişinău.

Seine Forschungs- und Interessengebiete: Regionale Themen über die Dobrudscha, das Banat und Bessarabien aus historisch-geografischer Perspektive; Transformationsprozesse in Südosteuropa nach 1989; Minderheiten- und Kulturpolitik; Grenzregionen im östlichen Europa. Mehrere Forschungsaufenthalte in Rumänien, der Republik Moldau, Bulgarien und der Ukraine.

Die vorliegende Monografie entstand im Rahmen des von der Beauftragten der Bundesregierung für Kultur und Medien (BKM) geförderten Forschungsprojekts »Deutsche und ihre Nachbarn in der Dobrudscha. Zu den Verflechtungen ethnischer Gruppen zwischen Donau und Schwarzem Meer« am Historischen Seminar der Johannes Gutenberg-Universität Mainz.

Der Autor, Dr. Josef Sallanz (re.), mit dem aus der Türkei entsandten Hodscha im Gebetsraum der Ali-Gazi-Pascha-Moschee in Babadag. Die Moschee wurde um 1609 von General Ali Gazi Pascha im Zentrum der damaligen dobrudschanischen Residenzstadt des Paschas errichtet. Während der staatssozialistischen Periode diente die Moschee bis 1989 als Museum. Von 1990 bis 1999 wurde das Gebäude mit finanzieller Unterstützung einer türkischen Stiftung restauriert, seither wird es wieder als Moschee genutzt.

Das **Deutsche Kulturforum östliches Europa** engagiert sich für die Vermittlung deutscher Kultur und Geschichte des östlichen Europa. Dabei sind alle Regionen im Blick, in denen Deutsche gelebt haben oder bis heute leben. Das Kulturerbe dieser Gebiete verbindet die Deutschen mit ihren Nachbarn. Das soll einer breiten Öffentlichkeit bewusst gemacht werden – im Dialog und in zukunftsorientierter Zusammenarbeit mit Partnern aus dem östlichen Europa.

Zum Programmangebot des Kulturforums gehören Diskussionsveranstaltungen, Vorträge, Thementage, Wanderausstellungen, Preisverleihungen, Konzerte und Workshops. In seiner *Potsdamer Bibliothek östliches Europa* erscheinen Sachbücher und Kulturreiseführer. Unter **www.kulturforum.info** und auf der Facebook-Seite sowie über den YouTube-Kanal des Kulturforums können Veranstaltungshinweise, Radio- und Fernsehtipps, Rezensionen, Nachrichten, virtuelle Ausstellungen, Audiomitschnitte und Filme abgerufen werden.

Das Kulturforum versteht sich als Vermittler zwischen Ost und West, zwischen Wissenschaft und Öffentlichkeit, zwischen Institutionen und Einzelinitiativen. Mit seiner Arbeit leistet es einen aktiven Beitrag zu internationaler Verständigung und Versöhnung in Europa.

Das Buch über die gut 125-jährige Vergangenheit (1814–1940) der deutschen Kolonien an der nordwestlichen Schwarzmeerküste beschreibt die Herkunft der Bessarabiendeutschen, ihre von lokaler Autonomie und protestantischer Ethik geprägte ländliche Kultur sowie das Zusammenleben mit den anderen Nationalitäten wie Rumänen, Ukrainern, Russen, Juden und Bulgaren.

Ute Schmidt

Bessarabien

Deutsche Kolonisten am Schwarzen Meer

2., aktual., erw. u. korr. Auflage. Mit zahlr. farb. u. S.-W.-Abb., Kartenteil und Übersichtskarte in Einstecktasche, Zeittafel u. ausführl. Registern.
420 S., gebunden
[D] 19,80 €; [A] 20,30 €
ISBN 978-3-936168-65-5

»Es hat mich berührt, die Lebenswege von Bessarabiendeutschen […] so anschaulich, einfühlsam und zugleich so wohltuend sachlich dargestellt zu sehen.«
Horst Köhler, Bundespräsident a. D.

Von deutschen Donauhäfen aus fuhren im 18. Jahrhundert regelmäßig Schiffe flussabwärts. Menschen, die sich im südöstlichen Mitteleuropa eine bessere Zukunft versprachen, ließen sich einschiffen. Die meisten stammten aus den südwestlichen Ländern des Heiligen Römischen Reiches Deutscher Nation. Ihr Ziel war das Königreich Ungarn. Die Einwanderer nannte man unabhängig von ihrer Herkunft »Schwaben«. Nach 1918 gehörten diese nun »Donauschwaben« genannten Gruppen drei verschiedenen Staaten an. Ab 1944 verloren Hunderttausende durch Flucht, Vertreibung und Deportation ihr Zuhause, Tausende ihr Leben. Ein Großteil fand in Süddeutschland Zuflucht. Die Verbliebenen bilden heute aktive deutsche Minderheiten in ihren Heimatstaaten.

Gerhard Seewann, Michael Portmann

Donauschwaben

Deutsche Siedler in Südosteuropa

Mit zahlr. farb. u. S.-W.-Abb., Karten und ausführl. Registern.
371 S., gebunden
[D] 19,80 €; [A] 20,30 €
ISBN 978-3-936168-72-3

»[…] eine aktuelle wichtige Publikation zum Verständnis eines Kapitels im Werden Europas […]«
Allgemeine Deutsche Zeitung für Rumänien